JEAN SCHOPFER

Voyage idéal en Italie

L'ART ANCIEN ET L'ART MODERNE

LAUSANNE
F. PAYOT, LIBRAIRE-ÉDITEUR
1, RUE DE BOURG, 1

1899

Voyage idéal en Italie

L'ART ANCIEN ET L'ART MODERNE

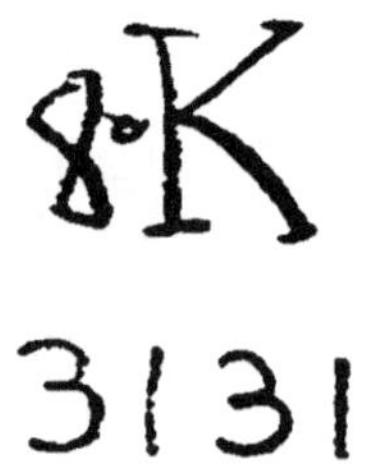

JEAN SCHOPFER

Voyage idéal en Italie

L'ART ANCIEN ET L'ART MODERNE

PARIS
LIBRAIRIE ACADÉMIQUE DIDIER
PERRIN ET Cie, LIBRAIRES-ÉDITEURS
35, QUAI DES GRANDS-AUGUSTINS, 35
1899

VOYAGE IDÉAL EN ITALIE

L'ART ANCIEN ET L'ART MODERNE

J'aimerais esquisser le voyage que ferait en Italie un homme amoureux d'art, qui voudrait mettre de la raison dans son itinéraire.

S'il suit le seul ordre géographique, c'est-à-dire s'il va de ville en ville suivant les commodités de lieu, il vivra dans une étrange confusion. Ce que la réalité lui offre est le composé le plus extraordinaire d'idées et de sentiments contraires, affirmés avec une égale assurance au même endroit. La suite des temps a pris des centaines, et parfois des milliers d'années, pour établir des contrastes qu'il ne peut éviter. Ici l'œuvre de plusieurs siècles a été détruite; là un monument isolé se dresse, seul témoin d'une civilisation disparue. D'un passé autrefois harmonieux et coordonné, il ne reste que des fragments entre lesquels l'esprit a la plus grande peine à établir un lien et qui souvent sont d'époques si diverses que tout rapprochement est impossible.

Après avoir écouté pendant une heure l'histoire

de Notre-Seigneur Jésus-Christ, telle qu'elle est racontée aux murs d'un cloître du XIVe siècle, le voyageur bénévole entre dans un musée d'antiques voisin, où le corps admirable d'un Apollon s'offre à ses regards dans la plénitude d'une vie physique que nul souci extra-terrestre ne trouble.

Comment faire pour goûter dans le même temps les dieux olympiens et Celui à la naissance de qui il est raconté, que le pilote d'un navire, voguant un soir au temps de Tibère sur la mer de Corinthe, entendit une voix forte venant du rivage, parmi les lamentations et les pleurs comme de plusieurs personnes, crier que le grand Pan était mort?

Non seulement il n'échappera pas à la confrontation incessante du monde ancien et du moderne, mais il se trouvera, dans le moderne même, en face de monuments d'époques et d'écoles les plus diverses et il sera heurté à chaque visite nouvelle, faite sur les injonctions du Baedeker qu'on ne peut fléchir. D'une cathédrale gothique, il sera renvoyé à un temple baroque, des fresques de Raphaël à une mosaïque datant de Constantin le Grand. Après avoir vécu quelques semaines à l'époque de la Renaissance et avoir couru Rome en compagnie de Benvenuto Cellini, il arrivera dans une petite ville, dont les rues étroites, bordées de palais aux lourdes portes et aux fenêtres en ogive, dont les églises gothiques aux autels enrichis de tableaux sur fond d'or, qui brillent dans l'ombre des nefs obscurcies, disent les siècles religieux du moyen âge. Au sortir des mythologies chères aux peintres bolonais, il trouvera raides et barbares les saints alignés, dans leurs robes couvertes d'orfèvrerie, aux murs des chapelles. Il ne pourra revenir brusquement en arrière et ramener son esprit au sentiment de l'art chrétien.

Et son voyage continuera ainsi, jusqu'à ce qu'il soit brisé par ces changements continuels de décors et qu'il ait définitivement renoncé à se laisser aller aux choses, puisqu'elles le secouent d'une manière si désagréable.

Nous avons pitié de ce voyageur, car nous avons souffert comme lui.

Sans doute il ne dépend pas de nous de supprimer la diversité de spectacles qu'offre un même lieu. Il y a des contrastes qu'on ne peut éviter. Le christianisme a demandé son premier mode d'expression à l'art antique. Nombre d'églises primitives sont construites là même où une divinité païenne était adorée ; le lieu était déjà saint. Vous ne pouvez faire ici que le monde ancien et le moderne ne se heurtent dans votre esprit, comme ils l'ont fait dans la réalité. Il y a dans cette juxtaposition même de quoi bercer agréablement les méditations d'un esprit philosophique.

Mais il reste à mettre, dans la suite des villes que l'on visite, un ordre par lequel les transitions seront ménagées et un enchaînement établi entre les grandes époques d'art.

Je me souviens de notre premier hiver en Italie. Nous venions de passer, après cinq semaines à Rome, quinze jours à Naples, à Pompéi et à Paestum. Nous avions vécu la vie antique. Nous connaissions l'aspect de chacun des immortels. Jupiter, père des dieux et des hommes, Mercure, protecteur des gymnases, Junon, et Diane, telle qu'elle se glisse vers Endymion, Minerve casquée, le Bacchus barbu, majestueux dans sa robe plissée, et le Bacchus imberbe, juvénile et féminin, Apollon Solaire ou Tueur de lézards, et la foule dansante des Satyres et des Faunes. Les formes des casseroles romaines nous étaient, je crois bien, plus familières que celles des ustensiles de cuisine modernes, et même un des grands dieux de l'Olympe grec, Poseidôn, nous était apparu, un instant en personne, entre les colonnes ruinées de son temple de Paestum.

Quittant Naples, nous gagnâmes directement l'Ombrie. C'était rentrer sans ménagement dans le christianisme et franchir d'un coup trop de siècles. Nous fûmes impuissants à nous mettre en accord avec ce monde nouveau.

Nous t'avons méconnue, terre si douce de saint François d'Assise! Nous n'avons pas su respirer le parfum délicat de tes vertus mystiques. Un peuple de dieux souriants habitait en nous et nous empêchait de contempler face à face le mystère de la croix.

Ces paysages ondulés, — vallées plantées d'arbres

grêles, collines rocheuses où perchent des villes en nid d'aigles, oliviers noueux sur les pentes raides, — n'ont pas su nous raconter ta vie, petit frère des pauvres, qui t'approchas si près, dans la simplicité de ton cœur, du maître compatissant de Nazareth. Dans ces campagnes où tu vécus et qui sont pénétrées de ta légende, sonnait encore à notre oreille l'éclat de rire des Faunes, dont nous avions été les trop récents compagnons.

Ce fut une grande déception.

Ces déceptions, on les peut éviter, et c'est pour cela que je veux tracer le plan idéal d'un voyage en Italie. Mon seul postulat est de supposer les distances abolies, postulat admissible qu'une découverte, demain, peut rapprocher infiniment de la réalité. Nos meilleurs trains font cent kilomètres à l'heure; les meilleures postes en faisaient vingt. Il n'est pas téméraire de supposer un mode de locomotion, qui multiplie à nouveau par cinq le trajet actuel parcouru en soixante minutes. Alors qu'on pourra se rendre en une heure de Florence à Naples, ou de Venise à Rome, les distances seront des quantités vraiment négligeables, et les touristes du XXe siècle feront en Italie le voyage suivant, qui n'est idéal que vu l'infériorité momentanée de nos moyens de transport. L'unité des recherches sera acquise au prix de quelques-unes de ces courses rapides, que l'on peut aisément imaginer.

Elles seront du reste exceptionnelles ; on pourra voir à peu près chaque province dans son ensemble. Lorsqu'on est à Florence, il n'y a aucune raison de ne pas visiter Prato, Pistoie, Lucques, Pise, Sienne et Arezzo, ou, alors qu'on passe en Ombrie, de ne pas s'arrêter, près de Pérouse, à Cortone et à Gubbio. De même, au retour, on pourra parcourir sans guide la Lombardie et l'Emilie.

En réalité, il y a un certain nombre de villes qu'il faut voir dans un certain ordre. Cela est tout à fait important, si l'on veut jouir complètement de chacune de ces villes et revivre dans leur succession les siècles décisifs de l'histoire de l'art. Il faut voir Ravenne avant Assise, Assise avant Florence, et surtout il faut voir Naples et Rome avant tout le reste. Etablir cette suite et en montrer les fortes raisons, tel est le but de mon entreprise.

Quant aux cités secondaires, on les verra suivant les commodités de lieu et de temps.

J'indiquerai les livres indispensables qui, pour chaque époque, seront nos compagnons. Je veux n'oublier jamais que les monuments divers où nous nous arrêterons ont été construits par des hommes. De ces hommes, les littératures contemporaines nous diront les vies traversées, médiocres et incertaines, tandis que les monuments nous montreront ces mêmes vies relevées et ennoblies par la recherche de la beauté qui seule au milieu des ruines a survécu aux grandeurs éphémères des empires et des religions. Et ces contrastes nous rendront les pierres plus chères encore.

Enfin je demande que l'on veuille se borner. Il ne s'agit pas de tout voir, mais de voir bien. Il faut savoir fermer les yeux. Gœthe, lorsqu'il visita Assise, s'en fut regarder la colonnade antique qui forme le porche de l'actuelle église de la Minerve. Il y trouva tant de plaisir qu'il quitta la ville de saint François, sans en vouloir connaître autre chose que la ruine du temple païen qu'elle renferme, car il ne se souciait pas de gâter par le mélange la pureté de ses sensations.

Le sentiment qui le poussait est celui qui inspire le *Voyage idéal en Italie*. Imitant Gœthe en cela, nous saurons ne rechercher qu'une joie à la fois pour la ressentir plus fortement.

Mais, à Assise, ce ne sera point le portique de la Minerve qui nous retiendra.

LE MONDE ANTIQUE

PAESTUM

Il n'y a aucune incertitude sur l'étape initiale de notre voyage. Nous le commençons à l'extrémité de la Péninsule, dans cette Grande-Grèce qui, alors que Rome n'avait que des cabanes à montrer dans les boues de son forum, s'enorgueillissait de sanctuaires rivaux de ceux d'Athènes.

Au temple de Poseidôn, à Paestum, nous nous arrêtons. Il fut édifié à la fin du VIe siècle par des Grecs aventureux, qui avaient quitté leur patrie et traversé Charybde et Scylla pour venir fixer leurs lares sur les rivages riants des Calabres. A Poseidôn, protecteur de leurs nefs fragiles, ils élevèrent au bord de l'eau ce temple. La ville qu'il défendait des colères possibles du dieu a disparu; des ronces poussent dans la plaine maintenant abandonnée; autour de lui, c'est le silence et la fièvre; la mer qui le baignait s'est retirée au loin; mais il se dresse encore, défiant les âges, dans la force éternellement jeune de sa simplicité première.

Les murs de la cella sont ruinés; seule la forêt

des robustes colonnes demeure, portant le large entablement et les frontons abaissés. La pierre patinée par les siècles, hâlée par les brises du large qui l'ont imprégnée de sels marins, a pris des tons jaunes, cuivrés et chauds, qui s'enlèvent sur l'horizon azuré des mers ou sur les montagnes sombres.

Il faut rester là quelques heures, gravir les trois marches géantes qui séparent le temple de la terre, s'asseoir sur un des blocs ruinés de l'ancienne cella, puis examiner chaque détail de son organisme, la forme exacte de la colonne, massive lorsqu'elle jaillit du sol et amincie progressivement jusqu'au renflement du chapiteau, noter avec précision le profil du chapiteau et le degré de sa tension, puis la plaque qui le surmonte, la largeur de l'entablement et de la frise, la disposition des métopes, le fronton enfin et l'angle obtus de son faîte. Lorsque vous serez assuré de connaître le profil exact de chaque articulation et que les lignes de l'ensemble seront fixées dans votre mémoire, allez passer quelques minutes à la Basilique voisine et au temple de Cérès. Refaites le même travail ; comparez détail à détail, ensemble à ensemble.

Cette demi-heure d'examen méthodique vous en apprendra plus sur la beauté logique de l'art grec que des volumes lus dans des bibliothèques. Vous comprendrez ainsi par vous-même les raisons qui font de l'un une merveille architecturale et des autres des œuvres secondaires. Pourtant, si le premier n'était pas là pour témoigner d'une beauté supérieure, le temple de Cérès et la basilique seraient les meilleurs monuments de l'Italie.

Mais le modèle est incomparable. Il a l'unité suprême de l'être organisé, dont tous les membres sont dans un rapport nécessaire les uns avec les autres. On ne peut pas plus modifier la largeur de l'architrave ou l'angle du fronton qu'il n'est loisible de représenter un homme avec, sur de larges épaules, la tête d'un enfant de six mois.

Plus tard, la pensée gothique, avec des données nouvelles, créera un art différent, mais doué de vie au même titre que celui-là; car il n'y a (le sait-on assez?) que deux styles organiques en architecture, le grec et le gothique, et hors de là nous n'aurons plus que les styles mêlés et secondaires, dont l'Italie est la vraie patrie.

Mais il n'y a rien de latin dans le Temple de Poseidòn; vous ne trouverez pas son égal dans tout votre voyage; les plus belles ruines de Rome n'évoqueront point son souvenir. Il est, sur ce sol, unique et absolu.

Il faut en avertir le lecteur tout de suite. La seule journée de Paestum suffira à diminuer de beaucoup l'intérêt qu'il prendra plus tard aux monuments de Rome ancienne. Renoncerez-vous pourtant au grand plaisir d'architecture que l'Italie puisse offrir?

Je conseille donc mon itinéraire. Si l'on s'en tient au seul art romain, les jouissances seront minces. Il n'existe qu'en tant que reflet de la beauté grecque, car l'âme romaine n'a jamais été créatrice d'art. Mais on se rattrapera par ailleurs à Rome où les souvenirs historiques seront suffisants pour souffler la vie aux pierres du Forum et du Palatin.

Les heures de Paestum seront immédiatement suivies d'une visite au Musée de Naples, où je demande que l'on descende au musée égyptien. Dans la seconde salle se trouve provisoirement exposé un groupe provenant d'un temple grec, construit à Locris dans les Calabres, à peu près au même temps que celui de Paestum. Il représente un des Dioscures, appuyé sur un cheval que porte un monstre marin. En face, l'autre Dioscure a été reconstitué. Ce groupe ornait sans doute le fronton du temple. Ce qu'il en reste est d'une grande beauté. L'art qui édifia le temple de Poseidôn modela ces héros ; c'est la même race, la même perfection plastique, qui s'affirment en des objets différents. Puis, avant de quitter le Musée, cherchez dans la galerie des chefs-d'œuvre un immortel buste d'Homère et, quand vous l'aurez longuement contemplé, rentrez chez vous, satisfait d'avoir éprouvé en quelques heures les plus complètes jouissances grecques que l'Italie puisse vous offrir.

Si vous êtes encore capable de lire un texte grec, prenez l'Odyssée pour vous endormir et le sommeil vous emportera au monde élyséen des rêves antiques.

. . . .

J'écris ces pages en l'avril pluvieux d'un climat septentrional; mais ma pensée, pour qui les distances n'existent pas et qui connaît déjà la route du voyage idéal en Italie, retourne à la Grande-Grèce et revit les émotions de nos heures de Paestum, l'arrivée au temple, aperçu soudain au tournant d'un mur, et l'aspect inoubliable de sa majesté dans la désolation du rivage.

Les quelques touristes descendus du train avec nous avaient rapidement fait le tour des trois ruines, puis s'étaient éloignés, et nous restions seuls.

Nous nous assîmes sur les ruines des remparts, près de ce qui fut la porte de la ville. De lourds nuages passaient, obscurcissant parfois le soleil et laissant sur le paysage des traînées sombres, comme si c'était à tout jamais fini de la sérénité des ciels d'autrefois, comme si la clarté ne pouvait survivre à l'oubli des cultes anciens.

Des enfants fiévreux, des chiens, vinrent près de nous se disputer les bribes d'une frugale collation d'œufs durs et d'oranges.

Une grande tristesse emplissait ces lieux abandonnés.

Sous le portique, trois femmes agenouillées arrachaient les mauvaises herbes qui perçaient entre les dalles disjointes. Elles commencèrent un chant bizarre, sans analogue ; leurs voix étaient gutturales et métalliques ; les notes se traînaient sur un rythme inaccoutumé en plaintes brusquement interrompues, éveillant l'idée obscure de deuils très lointains, de lamentations immémoriales. La mélodie flottait autour des pierres jaunies comme pour les caresser ; un rayon de soleil filtra entre deux nuages et soudain la structure puissante du temple sembla s'animer à ces cadences reconnues ; la vieille âme endormie en ce corps ravagé et magnifique tressaillit à l'appel deviné des gardiennes ; le parfum d'un passé à jamais disparu s'exhala dans le sanctuaire.

Ce ne fut qu'un instant. Les voix en tremblant se turent l'une après l'autre ; le colosse reprit son lourd sommeil interrompu et continua le rêve de solitude où l'exil des vrais dieux le condamne. Et nous nous éloignâmes incertains et troublés dans notre cœur, car nous avions senti passer près de nous le souffle redoutable de la divinité.

NAPLES ET POMPÉI

Nous passons quelques jours à Naples. Cette ville bruyante, qui se mire aux eaux d'un des plus beaux golfes du monde, est une excellente station d'étude pour l'art antique, non seulement par le Musée national et Pompéi voisine, mais à cause de son noble paysage et des grands souvenirs qu'elle évoque. Nous aurions pu débuter par Rome, mais une fois sortis de Paestum et du monde grec, l'antiquité est pour nous sensiblement au même plan et il importe peu de commencer par l'une ou par l'autre de ces deux cités.

A Naples, il est également important d'être éloigné des quartiers populaires et d'avoir une vue étendue sur le golfe; aussi installez-vous dans la ville haute. Lorsqu'on rentre fatigué le soir, il faut pouvoir passer à sa fenêtre une heure de complet repos.

Ce sont des minutes exquises où l'esprit se délasse dans la contemplation. Au loin on voit monter les nuages; ils s'élèvent du point où l'horizon se confond avec les flots et voguent en masses glorieuses, arrondies et dorées à la conquête des plaines infinies du ciel. Au-dessous d'eux, partis du même lointain que rougissent les dernières lueurs du couchant, de larges vaisseaux s'avancent, maîtres puissants des pâturages de la mer. Leurs voiles blanches se gonflent aux mêmes souffles qui emportent les nuages. Les uns et les autres luttent de vitesse pour gagner la terre où nous sommes. Les nuées dévorent peu à peu l'azur qu'elles envahissent, tandis que, sous les mâts pliants, les proues avides paissent sans cesse les vagues moutonneuses.

A droite, près de vous, Pausilippe étage des villas en terrasse, qui descendent la colline couronnée de pins-parasols ombrageant le tombeau de Virgile. En face, les montagnes peu élevées se dessinent, qui séparent le golfe de Naples de celui de Salerne : à la pointe, Sorrente, sur une falaise ; plus loin Capri se laisse deviner, île de rêve échafaudant ses rocs dans les vapeurs d'argent du crépuscule ; puis, au fond de la baie, des villes paresseuses se baignent aux flots bleus, ourlés de blanc sur le rivage ; et c'est le mamelon conique du Vésuve, qu'escaladent à mi-hauteur d'insouciantes maisons, puis enfin, Naples, tout entière, pâmée à vos pieds.

Des souvenirs classiques bercent vos pensées. Près d'ici, au cap Misène,

> Æternumque tenet per sæcula nomen,

débarqua le pieux et triste Enée, après avoir laissé Didon aux rives de Carthage, lamentant jusques au bûcher son infortune et appelant encore le héros charmant, mais si correct, qui l'a abandonnée. Virgile a vécu de préférence en ces lieux :

> Mantua me genuit, Calabri rapuere, tenet nunc
> Parthenope.

Non loin d'ici dort Pompéi, aux deux tiers recouverte du linceul de cendres qui nous a conservé l'empreinte fidèle des corps qu'il enveloppait.

Ce paysage est tel qu'il fut. C'est la même atmosphère de douceur, le même azur des flots, les mêmes lignes des rivages et des collines. La nuit vient, et le ciel, d'une éternelle jeunesse, fait fleurir encore pour nous les étoiles que les anciens dénommèrent. L'Ourse, comme jadis, à gauche, s'illumine; à droite réapparaît Orion, à la ceinture étincelante; au-dessus de nos têtes, à la place accoutumée où les fixa Jupiter, ce sont les Dioscures voisins, chers aux navigateurs. La grande respiration de la mer monte comme autrefois à intervalles réguliers, et l'on voit flamboyer sur le flanc de la montagne la bouche rouge du Vésuve. En face de ces lieux qui n'ont point changé, l'esprit remonte sans peine le cours des âges jusqu'aux heures où Pline l'Ancien commandait en chef la flotte impériale stationnée au cap Misène.

Nous sommes ici en terre latine.

Si l'on donne six matinées, de dix heures à midi et demi au Musée, on en tirera l'essentiel. A Pompéï deux visites suffisent.

Ce n'est pas le but du *Voyage idéal* de prendre le lecteur par la main et de le mener devant chaque statue. Il se propose de marquer les étapes successives du voyage, et, à chaque étape, les monuments d'art propres à créer l'idée la plus forte de l'époque étudiée.

Le reste a été admirablement fait; nul pays n'a été fouillé et décrit avec plus d'amour, et par les artistes, et par les historiens, et par les littérateurs. — Quand nous mettrons-nous à parcourir du même cœur le pays de France qui, à des beautés naturelles plus variées que celles de l'Italie, joint la richesse d'un passé d'art qui ne le cède à aucun autre?

Dans l'étude d'un musée, chacun a sa méthode ou celle de Baedeker. Voici la mienne pour les musées antiques.

Je débute par les chefs-d'œuvre. Y a-t-il une œuvre grecque originale ou une copie ancienne, y a-t-il un Praxitèle, un Scopas, ou un Lysippe, j'y cours, et le reste vient à son heure. C'est ainsi que j'assure ma première impression, la bonne. Je ne m'énerve pas devant des pièces médiocres qui m'empêcheraient de goûter le modèle de la même ardeur fraîche. De l'original ou de la plus ancienne copie, je descends aux copies secondaires qui peuvent avoir encore bien du charme et bien des raisons d'intérêt. Lorsque je les ai étudiées, je retourne au type premier et je m'étonne à chaque fois de le trouver plus beau encore qu'il ne m'avait paru, et, le comparant à toutes les œuvres intéressantes, mais incomplètes, que je viens d'examiner, j'arrive à voir clairement pourquoi il est unique et vraiment chef-d'œuvre. Il y a peut-être dix ou douze bustes d'Homère dans les galeries italiennes, mais c'est celui de Naples qu'il faut voir en premier et auquel on revient après tous les autres. Les œuvres de second plan s'ordonnent par rapport à l'œuvre maîtresse.

Cette méthode suppose, il est vrai, qu'on prépare

ses visites aux musées et qu'on a feuilleté quelques histoires de la sculpture grecque.

Je recommande comme guide aux musées antiques, le *Cicerone* de Jacob Burckhardt. Ce professeur suisse fut un des nobles esprits historiques de ce siècle; la pénétration de son intelligence et l'immensité de son savoir sont également admirables.

Au Musée national, les premières heures seront consacrées au fronton du temple de Locris déjà vu, à quelques bas-reliefs grecs que l'on trouvera dans la salle VII, enfin à la galerie des chefs-d'œuvre, où sont le buste d'Homère, la *Vénus Callipyge*, aux jambes si belles, le *Faune et l'Enfant*, l'émouvant fragment qu'est dans sa délicatesse la *Psyché de Capoue*, le torse de Bacchus, d'autres encore. Le jour suivant serait donné aux bronzes, parmi lesquels il y a de merveilleuses choses : ce sont le *Mercure assis*, le *Bacchus barbu*, le *Satyre ivre*, les *Athlètes* qui cherchent à se saisir, la *Bérénice*, l'*Ecouteur*, les *Danseuses* d'*Herculanum*, tous les chefs-d'œuvre que les notices de Burckhardt situent en peu de mots.

Une troisième visite suffira pour les autres salles du rez-de-chaussée, bustes et dieux, où les répliques médiocres d'œuvres très belles sont nombreuses. On verra, ce jour-là, le *Taureau Farnèse*, groupe trop célèbre et trop restauré auquel nous n'avons pris aucun plaisir, non plus qu'à l'*Hercule* rebondi de la même collection, qui lui fait pendant.

La matinée suivante sera pour les fresques provenant de Pompéi. Ici l'intérêt change ; il est plus de curiosité que d'art. Il faut un peu de patience pour suivre pièce à pièce ces mythologies, rendues pour la plupart assez froides par la médiocrité de l'exécution. Cependant c'est une excellente préparation à la journée de Pompéi. Quelques-unes de ces peintures ont, en outre, une réelle valeur d'art.

Enfin, pour se faire une collection de types romains, on étudiera la salle dite des Empereurs, dont les visages accentués peupleront pour vous la solitude de Pompéi.

POMPÉI

Tout a été dit sur Pompéi et les poètes sont à consulter autant que les savants.

Une première visite dans le silence de cette ville vraiment morte est grandement émouvante. Les lieux parlent d'eux-mêmes et il suffit de les parcourir pour qu'ils vous en racontent long sur les autrefois disparus, sur la vie privée et publique des citoyens romains et sur le sens décoratif d'une époque où, bien que l'on y collectionnât déjà des objets anciens, des œuvres égyptiennes, des bibelots, il y avait une unité de goût qui se montre dans les moindres fragments sculptés ou peints, dans les objets les plus usuels.

Le plan de la ville, bien plus au cordeau et à

l'américaine qu'on ne pourrait croire, le forum, les temples, les théâtres et les bains, les boutiques et les fours, tout est intéressant, et cent fois la comparaison s'impose entre ce que les habitants d'une ville romaine de trente mille âmes demandaient d'une cité et, d'autre part, ce que nos ancêtres au moyen âge ou les Italiens modernes mettaient et mettent dans l'organisation d'un groupement semblable.

Dans l'antiquité, à la base de la vie sociale, on trouve la famille. Le chef de famille est le prêtre du dieu-lare : sa maison est le temple de ce dieu familial. Tout vient de là. Une famille, un dieu, une maison; l'idée d'appartement s'accordait mal avec les croyances religieuses. Pompéi ne renferme que des maisons particulières, petites ou grandes: la cohabitation dans le même bâtiment, règle de notre société actuelle, était exceptionnelle. Les Italiens n'ont pas su conserver de la maison antique le jardin intérieur et le plainpied des appartements. Dans les climats méridionaux, le péristyle est précieux pendant onze mois de l'année. Il fait suite à l'atrium dont la disposition est, en petit, la même. Sur ces deux jardins ouverts donnaient les différentes pièces de la maison, les salons, les salles à manger, les chambres à coucher dont l'exiguité étonne; mais, comme l'on passait seize heures au moins sur vingt-quatre en plein air et qu'on ne faisait absolument que dormir dans les *cubicula*, l'aération était moins nécessaire que pour nos chambres, qui sont des pièces d'habitation. En outre, je ne pense pas que les portes en fussent closes sur le péristyle ; il est probable qu'un léger rideau les fermait pour l'ordinaire. Derrière la maison, ou sur les côtés extérieurs se trouvaient l'appartement des esclaves et les cuisines.

Sous le péristyle décoré de fresques et supporté par des colonnes de stuc, le Romain coulait des heures paisibles. Au centre, sous le manteau bleu foncé du ciel, c'était le jardin, quelques fleurs, quelques buis entourant des hermès taillés dans une pierre dure ; des fontaines où des cygnes de marbre, maintenus par de petits génies, lançaient de fins jets d'eau dont les gouttes s'égrenaient aux bassins de porphyre ; une table posée sur de massives chimères. Au mur, derrière lui, des amours polissons vendangeaient une vigne dont les enroulements mêmes étaient lascifs. Pâris enlaçait Hélène ; Vénus attirait Mars dans ses beaux bras ; Diane allait retrouver Endymion, tandis que, dans les mosaïques du sol, des poissons faisaient étinceler l'or fluide de leurs écailles.

Voilà une installation parfaitement adaptée au climat voluptueux de l'Italie méridionale. Le ciel n'a pas changé, mais la maison a perdu depuis l'antiquité ce qui en faisait le principal agrément.

De même au point de vue des divertissements publics, la ville moderne est au-dessous de l'ancienne. Quelle figure feraient Dijon, Avignon, ou même Rouen, avec à peine leurs cinq mois de saison théâtrale et peut-être l'exceptionnalité d'un cirque forain emplissant, trois semaines durant, la ville de ses fanfares et de ses cavalcades, en face de Pompéi, avec ses deux théâtres, l'un de plein air, l'autre couvert, et son amphithéâtre immense où toute la population s'accommodait ? — J'admets toutes réserves sur la qualité des émotions que l'on offrait au public dans ce dernier, où les jeux n'étaient rien moins qu'innocents.

Il est certain aussi que la voirie était supérieure chez les Romains. Le service des eaux était mieux compris qu'il ne l'est dans aucune ville du monde. Rome, qui fait couler une eau si abondante dans ses nombreuses fontaines, n'emploie pas le cinquième de ce que consommait la ville impériale.

Pompéi, dans sa seule partie découverte, a trois bains publics. Les Thermes, poussés à ce degré de luxe et de confort, sont une invention vraiment romaine. Tout y était réuni qui sert à développer le corps et à l'entretenir en parfaite santé ; on y trouvait une palestre où l'on s'exerçait à des jeux athlétiques ; on entrait ensuite dans le bain de vapeur ; on se faisait masser, puis laver dans le grand bassin d'eau tiède ; enfin, pour terminer, on tirait sa coupe dans la piscine froide. Pompéi comptait, sans doute, six ou huit de ces établissements publics, qui pouvaient recevoir un millier de personnes, au moins, chaque jour. En outre, les maisons riches avaient leurs bains et étuves particuliers. On arrive ainsi à l'idée d'une ville dont les habitants atteignaient un degré de propreté que nous pouvons à peine nous figurer.

C'est ici que la cité italienne moderne apparaît misérable. Des siècles de saleté sont venus, comme pour rétablir l'équilibre après les trop fréquentes ablutions antiques. Le christianisme a favorisé cette crasse. Qu'importait le corps, une loque, au prix de l'âme, née pour la vie éternelle? Laissons dépérir et se mortifier notre dépouille mortelle, pour que de sa faiblesse et de ses souffrances s'enrichisse l'âme qui doit lui survivre. Qu'attendre d'une religion qui mit au nombre de ses saints le bienheureux Labre pour son mépris particulier de la propreté? Hélas, dans l'Italie d'aujourd'hui ils sont légion, ceux qui cherchent à gagner le ciel de la même manière!

Lorsque nous visitions Pompéi, une dame anglaise avec ses deux filles demanda à se joindre à nous. En sa compagnie nous fîmes une première promenade dirigée par un gardien. Lorsque nous eûmes vu l'ensemble des monuments et quelques maisons privées, nous nous séparâmes; mais l'excellente dame, qui n'avait pas ménagé les témoignages de son admiration, tint, avant de nous quitter, à nous faire remarquer combien cette ville antique était décente et avec quelle satisfaction elle constatait que rien ne pouvait y offusquer les yeux les plus délicats.

De fait, l'aspect de Pompéi est, à cet égard, suffisamment britannique pour nourrir les illusions vertueuses des dames les mieux pensantes. Tout y a été enlevé qui pouvait rappeler que le monde ancien n'avait pas sur la pudeur les idées actuelles et les graffiti, les peintures, ou les terres cuites ont été grattées, au-dessus desquelles, pour que nul n'en ignorât, se lisait l'inscription : *Hic habitat felicitas*. A l'exception d'une maison, du reste close, et de quelques fragments de peinture, Pompéï n'a rien qui rappelle les priapées antiques.

J'avais dans ma poche les délicieuses *Chansons de Bilitis*, de Pierre Louÿs, et j'hésitai à les donner à notre interlocutrice pour qu'elle pût s'y faire une idée plus exacte des mœurs du paganisme ; mais j'y renonçai, ne voulant point être une cause de scandale. Cette dame était du reste si parfaitement « convenable » qu'elle aurait pris les amours voluptueuses de l'infatigable Bilitis au sens spirituel. De même, certains entendent-ils idéalement de l'attachement de l'Eglise pour son Dieu les vers enflammés du Cantique des Cantiques.

Ainsi se fera-t-on une idée fausse de l'antiquité à Pompéi et dans les musées soigneusement épurés. Je ne voudrais pas qu'on la vît toute dans les livres érotiques et charmants de Pierre Louÿs. Mais l'image que s'en faisait notre dame anglaise est encore bien plus éloignée de la réalité.

Ses paroles nous firent sentir pourtant combien il est difficile de comprendre une civilisation si différente de la nôtre. Nous sommes modernes : vingt siècles de vie et de pensée nous séparent de ce monde disparu ; nous avons été faits ce que nous sommes par mille causes, qui sont maintenant hors de notre atteinte ; nous avons été longtemps chrétiens. et la plupart d'entre nous sont encore attachés au christianisme. Quels que soient nos sentiments sur la vie antique, nous ne pouvons la ressusciter. C'est de notre sol que nous avons à tirer parti, c'est notre jardin que nous avons à cultiver. — Vis-à-vis de l'antiquité, quelle est donc la position à prendre ? Je n'en vois qu'une et ce n'est pas elle que l'on choisit pour l'ordinaire.

On prétend en faire la pierre angulaire de notre système d'éducation. Cela est absurde, et pour deux raisons. D'abord, nous sommes Français, c'est dire ni Latins ni Grecs, et, comme on l'a écrit excellemment, les leçons de clarté et d'ordre et de logique élégante, que nous demandons aux écrivains latins, nous peuvent être données avec bien plus d'efficace par nos classiques. Jamais harangue du *Conciones* surpassa-t-elle les discours de Racine ou ceux de Bossuet ?

Ensuite, parce que l'antiquité ne peut être présentée à nos jeunes gens que tronquée, mutilée ou faussée. Quels sont les auteurs à expliquer avec bonne foi à une classe d'élèves de dix-sept ans ?

Ce ne sont ni Aristophane, ni Pétrone, ni Lucien, ni Suétone, mais ce ne devrait être non plus ni Platon, ni Homère, ni Virgile lui-même, ni Lucrèce, ni Horace, ni Tacite, en somme aucun des meilleurs écrivains anciens. La plus grande partie des *Dialogues* de Platon roule sur des thèmes incompréhensibles à notre monde moderne où l'amour, en tant que sentiment, n'existe pour l'ordinaire qu'entre gens de sexe différent. Dans Horace, vous trébucherez tous les dix pas. De Virgile vous expliquerez la première églogue et fermerez le livre avant la seconde. Et ainsi de suite pour les autres.

Que restera-t-il ? Condamnerez-vous votre élève au pain sec des historiens, à Tite-Live, à Thucydide, et à la bouillie claire des orateurs, Cicéron et encore Cicéron? Vous le dégoûterez à jamais de cette antiquité que vous voulez lui faire aimer.

Le laisserez-vous lire ce qui lui plaira, en lui fournissant les notes explicatives qu'il est en droit de demander ? Voyez alors l'étrange confusion, dans ce cerveau jeune, au conflit des idées anciennes et de celles que la vie de famille et la vie publique lui font tenir pour respectables et bonnes. Et si l'un de ces jeunes gens, prenant ses lectures au sérieux, s'applique, avec la logique de son âge, à faire revivre dans le lycée les mœurs de cette antiquité que vous lui avez vantée ? Votre premier soin sera de l'expulser. Ce n'est qu'en exerçant sur les œuvres anciennes une censure impitoyable qui en fausse le caractère, que l'on donne l'éducation classique à nos fils. Le système est fondé sur l'hypocrisie.

Au vrai, l'antiquité a très peu à faire dans l'éducation, car il est nécessaire de l'accepter dans son entier. Pour cela, il faut enlever de notre nez les lunettes que nous avons chaussées, de moralité et de pudeur. Contemplons-la objectivement, *comme une œuvre d'art*, sans chercher à la faire servir à des fins utilitaires. Qu'elle ait pris ce chemin-ci ou celui-là, que les moyens qu'elle a employés nous répugnent ou non, peu importe ; elle est arrivée à s'exprimer en beauté. Elle est belle, cela suffit. Pourquoi vouloir qu'elle soit, en outre, utile ? Sachons l'admirer au seul point de vue qui convienne. Mais disons qu'il est très difficile à un adolescent presqu'enfant de la considérer de ce biais et qu'en tous cas il n'est pas permis à un professeur de la lui présenter, comme il le faudrait, dans sa totalité.

NAPLES

Lorsque vous aurez épuisé l'intérêt de Pompéi, les salles du Musée de Naples, où sont exposés les objets mobiliers retirés des fouilles de la ville, vous réservent le plus vif des plaisirs. Les moindres choses y ont de la grâce, les plus ordinaires casseroles, du style. Vases, lampes, amphores, cruches, pots, bassins, coupes, aiguières, trépieds, fourneaux, chaises et lits, tables et guéridons, tout y a sa forme nécessaire et sa décoration organique. Je recommande une méditation dans cette salle aux artistes contemporains qui cherchent à nous doter d'un art décoratif moderne. C'est à eux que je dédie ces lignes si pénétrantes de Jacob Burckhardt :

« .... On s'apercevra... que nous imitons incomplètement et avec un mélange barbare des styles ; que nous procédons tantôt avec une raideur trop architecturale, tantôt avec une fantaisie sans idée ; que c'est non une conception arrêtée, mais le seul caprice, qui nous guide, sinon notre mode ne se promènerait pas du chinois au style renaissance, ou rococo, etc., sans en approfondir aucun. En face de tous nos jolis riens de style baroque, les anciens se dressent grandioses avec leur sens du beau et leur intelligence droite.

« Vases, chandeliers, seaux, balances, coffrets et tous les objets antiques qui ont un nom et une destination, tout possède sa vie organique, son développement de l'état dépendant à l'état de liberté, sa tension et son expansion ; *les ornements ne sont pas un jeu extérieur, mais une véritable expression de la vie interne.* »

Votre dernière visite au Musée sera pour y revoir les seules choses tout à fait belles que vous avez aimées. Nous laissons de côté la riche collection de peintures modernes, que, pour l'instant, nous ne saurions où rattacher et que nous reviendrons étudier depuis Rome.

La vie de Naples, si vous vous y mêlez, ne vous détournera pas des idées antiques. Dans les rues étroites qu'emplit une foule bruyante, vous verrez, comme à Pompéi, des cuisines et des restaurants en plein vent. Les Napolitains, comme les Pompéiens, ont en breloques des morceaux fourchus de corail pour détourner d'eux les sorts mauvais ; les chevaux qui passent portent sur leur harnais, enrichi de métal, une main de cuivre aux deux doigts pointés ; et les innombrables pratiques superstitieuses qui remplissaient la vie d'autrefois, vous les retrouverez à peine modifiées dans la religion napolitaine d'aujourd'hui. Si vous souffrez enfin en voiture des cahots terribles sur les pavés actuels, qu'il vous soit un réconfort de penser que ces pavés sont à l'image exacte de ceux qu'employaient les anciens et que le même genre de secousses dont vos reins gémissent, les habitantes de Pompéi les ont ressenties, alors qu'elles passaient en char dans les rues de leur ville.

ROME

Rien n'est plus aisé que cette partie du *Voyage idéal*. Après Naples, nous remontons à Rome. L'antiquité est presque toute dans ces deux villes et nous ne sommes obligés à faire aucune de ces courses rapides que l'avenir nous réserve.

A Naples, c'est sans effort que nous sommes restés dans le cadre antique ; nous n'y avons sacrifié qu'un étage du Musée et quelques églises qui ne sont point de première importance.

A Rome, l'intérêt est double ; car, autant que la cité des ruines, Rome est la ville des Papes. En ce premier séjour, il est facile pourtant de laisser de côté la Rome papale et la triomphante Renaissance. La Rome impériale est, du reste, d'un attrait si puissant qu'elle suffira à remplir vos journées. Sans doute, les noms de Raphaël et de Michel-Ange tinteront parfois mystérieusement, en appels de cloches, à vos oreilles. Sachez résister à la tentation. Ces deux hommes admirables sont le couronnement d'un édifice dont vous étudierez ailleurs et plus tard les assises. Il faut savoir ce que furent les débuts de la Renaissance avant de voir comment elle s'achève.

De la Rome antique nous passerons à celle des premiers chrétiens par une marche logique. Il n'y a pas de rupture entre l'une et l'autre. Au premier siècle déjà Rome devint, par la consécration du sang des martyrs, le centre du christianisme naissant, la Ville par excellence. Les fumées qui montèrent des chrétiens brûlés vifs obscurcirent à jamais le ciel païen. Néron, empereur de Rome, fut persécuteur de saint Pierre. Les liens qui relient le monde moderne à l'ancien ont été scellés par le feu et le sang. Enfin, l'art est le même, si la pensée diffère, des sarcophages chrétiens et des bas-reliefs romains de la décadence.

De Rome telle qu'elle apparaît lorsqu'on la traverse pour se rendre aux ruines, le mieux qu'on en peut dire est qu'on n'y risque pas d'être arraché à ses pensées antiques par la vue soudaine d'un chef-d'œuvre du moyen âge ou de la Renaissance. Quant aux moellons et au mortier de la capitale nouvelle, ils sont pires qu'ailleurs ; mais la lumière les enveloppe d'une telle caresse moelleuse qu'elle prête aux bâtisses mêmes de la ville moderne un charme et une couleur inoubliables.

LES RUINES

Aux premiers jours, courez les ruines. Ces pierres dégradées, mais encore en place, parlent plus éloquemment que les statues dans les musées. L'idée que nous foulons le sol où commença et s'acheva l'histoire inouïe du peuple romain, remplit l'esprit, quel que soit, du reste, le degré de sympathie que l'on éprouve pour l'ensemble de cette civilisation.

Il faut voir le Palatin, la première et la dernière colline de Rome, où l'on touche à la fois le mur d'enceinte de l'*Urbs quadrata*, construit sous les rois, et le palais de Tibère ; où l'on montre l'emplacement donné par la légende aux cabanes de Romulus et de Rémus, et le Cryptoportique, où le pâle Caligula fut assassiné. Non loin de là, c'est la maison de Livie, aux fresques intactes, et, après celles de la demeure de Domitien, les ruines énormes du Palais d'Auguste, dont la Villa Mills recouvre une partie ; puis le Stade et le Palais de Septime-Sévère, d'où la vue s'étend au loin : à gauche, sur l'Arc de Constantin et les pierres rougies du Colisée, plus près sur l'aqueduc de l'Aqua Claudia, puis en face sur la campagne romaine, que traverse la voie Appienne où l'on aperçoit le haut tombeau de Cæcilia Metella. A droite, dans la vallée arrondie qui sépare le Mont Palatin de l'Aventin, se creusait le Circus Maximus. On termine enfin par le Pædagogium, où fut trouvé le graffito célèbre du Musée Kircher.

C'est une belle journée à passer dont vous reviendrez rompu. Il y a pourtant intérêt à voir le Palatin en une fois, quitte à le reprendre en détail, car, autant que le fait des ruines, leur accumulation parle à l'esprit et lorsque vous vous serez fatigué à les parcourir en un jour, la lassitude que vous aurez gagnée à ce contact d'une seule des sept collines de la Rome antique vous aidera à vous faire de sa grandeur une idée adéquate. C'est pourquoi il est excellent que l'on n'y puisse circuler en voiture et qu'on soit obligé d'y récolter pas à pas le pain de la curiosité.

Il en est de même au Forum, qu'il faut étudier

le plan à la main et où il faut situer avec précision les différents monuments, pour que votre émotion historique ne risque pas de s'échauffer à tort. J'en ai connu que le Forum a désillusionnés. Pour nous, au contraire, il apparut plus riche encore en pierres et en souvenirs que nous ne l'avions espéré.

C'est avec anxiété que nous cherchâmes l'ombilic de la ville, voisin de l'endroit où était le Milliaire d'or, centre de l'empire. Les routes dont Rome sillonna le monde se rapportaient toutes à cette borne unique.

Nous voulûmes retrouver la place où fut l'ancienne tribune, d'où Cicéron déversa sur ses concitoyens les flots d'une éloquence qui, aujourd'hui encore, noie les jeunes esprits sous son uniformité insipide et les empêche de goûter la saveur forte de l'antiquité romaine. Mais cette partie du Forum de la République n'existe plus et c'est à une place idéale, à droite de l'église Saint-Adrien, que j'adressai quelques imprécations latines de style noble, restes incohérents d'une trop longue fréquentation du *De Oratore*.

Nous trouvâmes, par contre, un amas de terre, seul témoin de l'ancien temple de Jules César, construit sur l'emplacement même où Marc-Antoine montra au peuple les blessures encore vives du héros. Ce moment de l'histoire vit à jamais dans le drame qu'un Anglo-Saxon écrivit au début du XVIIe siècle. Il faut y lire le discours d'Antoine.

Nous vîmes aussi le temple de Vesta et les demeures des Vestales, dont l'organisation rappelle celle de nos couvents, en ce qu'elles faisaient vœu de chasteté, renonçaient leur corps et entretenaient le feu sacré ; mais elles se mêlaient à la vie romaine, avaient leur loge au cirque et exerçaient une grande influence dans les affaires publiques.

Nous courûmes le long de la voie Sacrée, dont le pavé est dur aux pieds ; nous passâmes devant le temple du divin Antonin et de la divine Faustine, devant celui de Saint-Cosme et de Saint-Damien. A gauche s'ouvraient les voûtes énormes de la Basilique de Constantin. Arrivés à Santa Francesca Romana, devant l'Arc de triomphe de Titus. nous revînmes sur nos pas. Lorsque le soleil couchant pose ses rayons sur les fûts brisés des colonnes, sur les tas de marbres épars et sur les pierres éloquentes du Forum, le spectacle est beau. A gauche, les ruines du Palatin descendent en pans de murs immenses ; c'est dans l'ombre une dégringolade de maisons en terrasses, parmi lesquelles passe la voie qui conduit au Palais de Tibère et à celui de Caligula. Des touffes de chênes verts couronnent ces constructions de briques, dont l'appareil régulier et magnifique dit encore les procédés d'un art de bâtir oublié depuis l'antiquité. Devant nous les trois colonnes élégantes du temple de Castor et Pollux portent, comme d'un geste hardi, une architrave travaillée ; plus loin ce qui reste de la basilique Julia, un plan en relief ;

puis, sous la masse haute du Capitole qui ferme l'horizon, la colonnade ionique du temple de Saturne, père des dieux, celle du temple de Vespasien, les fragments informes de celui de la Concorde et l'Arc triomphal, encore debout, de Septime-Sévère.

Mettez là-dedans les souvenirs anciens de vos années de classes, où peut-être, tout frais, des lectures de la veille, restaurez ces murs abattus, relevez les colonnes et faites glisser sous les portiques la foule drapée du peuple romain dont c'était ici le lieu de réunion. Souvenez-vous de la République et de ses vertus terribles. Le « vieux Romain » était un homme d'une intransigeance égalée par son seul orgueil, chez qui l'idée du salut de l'Etat était invinciblement liée à celle du succès de son parti politique. Ce que nous appelons sentiments humains n'avait point de place dans sa tête dure. Tel ce plébéien Virginius, qui préféra tuer sa fille plutôt que de lui voir partager la couche d'un aristocrate.

Pensez aussi à ce que fut le droit romain, qui consacre la toute-puissance de l'Etat. Et comme il est intéressant de savoir qu'au cours de notre histoire du moyen âge, le développement du pouvoir central au détriment des pouvoirs locaux s'est fait avec l'aide du droit ancien contre le droit coutumier. Les règnes où le roi gagne le plus sont aussi ceux des légistes, et n'étaient légistes que de droit romain.

Mais plus que de la République, le Forum parle de l'époque impériale, de la vie molle de gens pour qui Virginius était un père incompréhensible. Sur les degrés de la basilique Julia, les Romains étendus jouaient aux dés ; les raies de leurs damiers sont encore visibles. Les jours se passaient entre le cirque, les courses de chars, la palestre et les bains, les jeux sanglants du Colisée, les auditions littéraires de rhéteurs habiles ou la visite aux collections de sculptures d'un riche affranchi. Les Barbares, on en entendait parler, mais ils étaient si loin et Rome si puissante. Ne les voyait-on pas, du reste, fournir à l'amusement du peuple dans l'amphithéâtre?

Ces pensées et cent autres se pressaient dans notre esprit, alors que nous foulions le sol vénérable du Forum, que baignait une lumière dont Corot, dans tant de ses paysages et vues de Rome, a noté la qualité avec une précision inouïe. Il y avait vraiment dans ce lieu une incomparable réunion de monuments et de palais, groupés, il faut noter ce trait bien antique, sans aucun souci de symétrie. Sous le ciel éclatant de Rome, les dix temples, les arcs de triomphe, les basiliques, les tribunes, que l'on pouvait, dans un espace assez restreint, embrasser d'un seul coup d'œil, avec leurs degrés et leurs péristyles, les statues qui les ornaient, les bronzes et les applications de stuc, les marbres de différentes couleurs, présentaient un spectacle digne de la Ville qui dominait le monde.

Sans doute, l'état actuel est celui d'une place dévastée où rien ne reste d'entier. Ce qu'il y a suffit pourtant, si on le regarde avec les yeux de l'esprit, qui, d'une colonne, sait ordonner un portique et, d'un amas de pierres, un temple splendide. Cet aspect désolé a sa grandeur; mais la mélancolie qu'il inspire n'est pas un sentiment romain. Rien n'est plus éloigné de la force de l'âme romaine, qui s'était révélée à moi au mur extérieur du Théâtre d'Orange. De ce théâtre, la robustesse des pierres taillées pour l'éternité dit l'inébranlable confiance du Romain en soi et en ses œuvres. Le mur d'Orange, toujours debout, toujours semblable à lui-même, en donne une idée bien plus juste que les ruines du Forum, qui montrent, par leur existence même, la fragilité de cet empire.

Le Panthéon fait une grande impression. C'est le seul temple intact en Italie. Rien n'est plus connu par la gravure et la photographie. Je ne pense pas, cependant, que l'on puisse y pénétrer sans plaisir. Il laisse le spectateur satisfait, car il donne dans son genre une idée de perfection, de chose à laquelle on ne voudrait rien changer, soit à cause de l'égalité de son diamètre et de son élévation, soit surtout par l'impression si nouvelle pour nous de l'éclairage, qui vient d'une seule grande baie circulaire, à ciel ouvert, au centre de la coupole. L'unité de la lumière est d'un effet surprenant ; le même jour baigne également chaque moulure des caissons, chaque arête de la frise, chaque fronton et chaque colonne des autels circulaires ; toutes les niches sont plongées dans la même pénombre à demi lumineuse ; il n'y a ni surprise, ni mystère, comme dans nos cathédrales dont l'obscurité est déchirée par les traînées sanglantes qu'y jettent les verrières ; c'est ici une pénétration égale de clarté vraiment élyséenne, qui sépare à jamais ce temple de tout monument connu. — A l'extérieur, le portique, avec sa belle colonnade, existe encore. Il se rattache, du reste, assez maladroitement à la forme circulaire de l'édifice.

Il faut voir le Colisée et grimper jusques aux gradins les plus élevés, visiter les Thermes de Caracalla, où trois mille personnes pouvaient se baigner en même temps, chercher les prisons sous le Capitole, aller à Tivoli, qui possède un Temple circulaire charmant et d'où l'on descend, à travers des oliviers centenaires, à ce qui fut la Villa d'Adrien ; enfin courir les lieux célèbres que les guides indiquent. Mais surtout il faut se promener dans la Via Appia, si triste et si belle dans la campagne désolée, entre les files de tombeaux qui la gardent et les bouquets de pins qui jettent sur elle leur ombre bleue. Des aqueducs, venant des Monts Albains, dressent encore leurs arcs inutiles ; par place, les pavés anciens subsistent ; au long de la route pleine de silence, ce sont des amas de briques, des renflements de terre, des pans de murs en forme de tombeau, et partout des fragments de sculptures : ici une tête qui s'afflige solitaire, là quelques convives attablés à un repas funèbre qui ne finit pas, plus loin un envol de draperies dessinant encore la hanche arrondie d'une femme. Aucun lieu dans le monde n'est plus propre à éveiller le souvenir mélancolique d'empires disparus et de puissance évanouie.

LES MUSÉES

Les collections d'antiques sont énormes et magnifiques. Les visites de musées demanderont à elles seules trois semaines au moins, à raison de deux heures et demie par jour. Burckhardt sera un guide indispensable et nos souvenirs de Naples nous aideront dans les premières classifications.

Il y a une telle abondance de richesses que nous nous contenterons de quelques remarques générales. Une fois les œuvres grecques ou copies anciennes trouvées, il devient nécessaire, l'œil étant habitué aux formes antiques, de serrer la chronologie de près, et de mettre les statues à leur rang d'école et de date. Dans les différents musées et collections particulières de Rome, on trouvera une série d'œuvres de premier ordre de dates très éloignées.

On y rangera, pour ne citer que les plus célèbres, l'admirable *Jeune homme agenouillé* du Musée national, une tête grecque voisine; le *Boxeur armé du ceste*, qui est une belle brute, un *Apollon*, un *Bacchus ;* au Vatican, le *Jupiter d'Otricoli*, le majestueux *Bacchus barbu*, dont nous connaissons une tête en bronze au Musée de Naples, les *Discoboles* dans la même salle, la *Vénus du Vatican* vêtue, pourquoi ? d'une tunique de fer-blanc, et l'*Accroupie*, régal des yeux; le *Mercure du Belvédère*, « ce jeune visage a une ombre de tristesse » ; l'*Eros* et l'*Apollon Sauroctone* de Praxitèle, le *Torse*, deux bas-reliefs du Musée Chiaramonti, et quelques autres, d'une beauté supérieure, qui laissent au second plan des statues trop vantées, l'*Apollon du Belvédère*, où je ne puis m'empêcher de voir de la prétention et du théâtral, et le *Laocoon* cher à Winckelmann, dont, malgré la parfaite maîtrise technique, on sent le dramatique voulu, l'émotion forcée, le mouvement exagéré. A la première liste s'ajouteront le *Faune* de Praxitèle, la tête de *Bacchus juvénile* que l'on dénommait *Ariane*, l'*Alexandre Solaire*, le *Gaulois mourant*, la *Vénus Capitoline*, dont le dos est bien savoureux; quelques *Enfants avec animaux*, du Capitolino; au Nouveau Musée, le délicieux nu de femme, la *Vénus Esquiline*, le *Tireur d'épines;* au Latran, le *Sophocle*, un bas-relief grec, *Médée et les filles de Pélias*, le *Faune dansant* de la villa Borghèse; — j'indique tout cela pêle-mêle et j'en passe. C'est une occupation digne d'intérêt que de vouloir mettre des dates sur ces œuvres et, malgré le travail auquel elle entraîne, je la recommande, car c'est la meilleure façon d'entrer dans l'intimité des chefs-d'œuvre antiques, qui, une fois qu'on les a vus, connus et aimés, sont une joie pour toute la vie.

Dans les marbres romains, on s'intéressera à quelques bustes-portraits, très individuels et très caractéristiques. Mais pourra-t-on regarder avec plaisir les statues colossales d'empereurs, dont les draperies sont taillées dans le porphyre ?

En plein air, on admirera, sans doute, les *Dioscures*, voisins du Quirinal, et le *Marc-Aurèle* de la place du Capitole. Les anciens ont su faire des statues équestres. Les Italiens, depuis le XVe siècle, en ont perdu le secret. Je ne sais rien de plus attristant que les *Victor-Emmanuel* qui cavalcadent aux places de toutes les villes de l'Italie unifiée.

Il y a, dans les musées de Rome, un grand nombre d'œuvres médiocres. C'est une des caractéristiques de l'esthétique ancienne que la répétition du type et le peu d'invention dans le sujet. Rien de plus instructif à cet égard que la comparaison des catalogues de musées antiques et de musées modernes. D'un côté quelques types de dieux ou d'athlètes, reproduits sans lassitude avec quelques modifications non essentielles ; de l'autre, des sujets sans cesse variés et l'affranchissement le plus complet de toute tradition (surtout depuis Michel-Ange), l'invention devenant la part importante de la création artistique, alors qu'elle était presque inconnue dans l'antiquité. De là les répliques, bonnes, médiocres ou mauvaises, qui remplissent les salles des collections d'antiques et qui produisent une fatigue indéniable. Aussi faut-il s'en tenir résolument aux œuvres vraiment belles ; c'est d'art, et non d'archéologie, que nous sommes passionnés.

En courant ainsi les musées et les ruines, vos journées garderont une unité précieuse. Vous chercherez, l'après-midi, dans les palais et les temples, la place où furent trouvées les statues que vous avez admirées le matin. Songez à ce que fut la demeure des Césars sur le Palatin, ornée de ces dieux de marbre qui maintenant s'ennuient dans les salles froides de musées où jamais un rayon de soleil ne pose sur eux une chaude caresse ; songez à ce que nous révèle de vie antique un lieu comme les Thermes de Caracalla, où l'on allait, non seulement développer ses muscles et se fortifier, mais encore ennoblir ces saines gymnastiques par la contemplation de corps admirables d'athlètes, éternisés par l'art grec !

L'intérêt est, du reste, différent, des ruines et des musées. Dans les premières, c'est le souvenir qui nous attire des grands hommes dont les vastes pensées ont dirigé le monde ; dans les seconds, c'est la Grèce qui revit, l'île montueuse qu'entoure la mer retentissante. Toute invention dans le domaine de l'art lui appartient, tandis que Rome est synonyme de domination et de force. Ceux qui, comme nous, voyagent pour enrichir en leur âme le trésor des formes expressives et belles garderont pour la Grèce l'amour que les politiques et les amateurs d'énergie vouent à la Ville éternelle.

FLORENCE

C'est à ce moment-ci de notre voyage que je conseille d'aller passer une journée ou deux à Florence. C'est la seule collection d'antiques qui vaille d'être vue dans le même temps que celles de Naples et de Rome. En outre, lorsque nous serons à Florence pour étudier ce qui est proprement florentin, c'est-à-dire le moyen âge et la Renaissance, nous ne regarderons plus les antiques, qui nous détourneraient tout à fait des pistes de pensée que nous suivrons alors. Partout ailleurs les quelques fragments anciens que nous rencontrerons ne seront pas assez importants pour nous enlever au monde chrétien, au milieu duquel ils apparaîtront simplement comme un délicieux repos.

A Florence, il y a quelques œuvres excellentes, la *Vénus de Médicis*, l'*Apollino*, si souple ; les *Lutteurs*, le *Mercure*, le soi-disant *Alexandre mourant*, enfin toute une série aux Offices, dont vous jouirez pleinement à ce moment-ci. Et n'oubliez pas l'*Idolino*, au Musée archéologique.

Vous aurez de quoi remplir agréablement deux journées à Florence avec les seules collections d'antiques. Puis nous revenons à Rome où la décadence nous attend. Pendant le trajet vous pouvez lire les deux Remarques suivantes écrites à cette intention.

PREMIÈRE REMARQUE

Qu'il est fâcheux que les histoires de la sculpture grecque soient écrites par des hommes manifestement inaptes aux exercices du gymnase.

Un peuple a vécu en plein air, sous le plus beau ciel qui soit, avec l'amour passionné des luttes physiques, de la force et de l'adresse. Dans les gymnases, les adolescents, sous la direction du pédotribe, assouplissaient leurs membres et, nus au soleil de l'Attique, s'enlaçaient sur le sable de l'arène. Autour d'eux les spectateurs regardaient ces corps jeunes frémir et se tordre sous l'étreinte de l'adversaire, notaient le raidissement des jambes, la contraction du torse, le développement des pectoraux sur la poitrine large ouverte, l'abaissement du ventre qui se creuse, la courbe exacte décrite par le bras qui lance un coup de poing horizontal, la saillie et la tension de chacun des muscles, qu'un seul mouvement intéresse tous. Plus loin c'était des coureurs penchés en avant, attendant le signal du départ. Ici des joueurs lançant le disque dans la position ramassée que nous montre le *Discobole*. Là un athlète enlevait avec le strigile l'huile dont il s'était enduit.

La vie de tous les jours offrait des spectacles semblables. Aristophane a décrit les jeunes enfants se rendant à l'école « nus, serrés en bon ordre, quand même la neige tombait à gros flocons ».

Aux jours de fête, les processions déroulaient dans la ville leurs cortèges où la beauté était recherchée plus par les attitudes et les gestes que par l'éclat de riches costumes. « L'action la plus religieuse était d'exposer des formes pures. »

L'art de ce peuple, qu'il soit terre, bronze ou marbre, s'est fait dans les palestres. Il a représenté ce que chacun aimait, ce que chacun connaissait parfaitement, la forme humaine dans les multiples manifestations de sa vigueur et de son élégance. Statues d'athlètes ou de divinités, c'est la gloire des corps ennoblis par la gymnastique qu'il célèbre.

D'autre part un homme, étrange, travaille à la clarté d'une lampe, les yeux fixés sur des fiches de papier où sont griffonnées des notes. Sa préoccupation est d'ajouter sur le sujet qu'il étudie une fiche à d'autres fiches, d'obtenir des dépouillements complets, des inventaires entiers d'opinions et de faits. Il porte des lunettes et, sortant de son cabinet, cligne des yeux à la lumière forte du soleil. De l'homme moderne, tel qu'il existe sous les habits où nous cachons nos imparfaites anatomies, il ne connaît que le personnel et défectueux exemplaire que la claustration, jointe au manque total d'exercice, a amené à une forme ridicule. Jamais il n'eut la curiosité de voir comment pouvaient être faits, en chair et en os, des corps d'athlètes, que c'est pourtant sa spécialité d'expliquer avec notes savantes, lorsqu'ils sont en marbre ou en bronze. Il ne sait ni le jeu mouvant des muscles, ni la vie des attitudes, ni par quoi une jambe de coureur diffère de celle d'un lutteur, ni les modifications musculaires que l'entraînement d'une partie de l'organisme fait subir au reste du corps. Vous ne le verrez pas aux Folies-Bergère, où sont d'admirables acrobates, non plus que dans les baraques foraines où les Terreurs des Batignolles et de Levallois s'empoignent. Ne lui parlez pas de « régime » ; il ne le connaît que direct ou indirect. De l'« entraînement », il ne sait que celui des sens, pour le réprouver. Il marche, mais avec lenteur ; et, s'il est obligé à courir quelques mètres, il s'arrête essoufflé et essuie un front apoplectique. Est-il marié ? il est à peine plus savant des beautés propres au corps féminin, et le désir ne lui vint jamais de confronter la ligne des hanches de son insuffisante épouse avec celle de l'*Aphrodite* de Praxitèle ou de rechercher sur le torse et les reins conjugaux les plats et méplats dont il n'ignore pas un au dos de la *Vénus Capitoline*.

Cet homme est un érudit; je le respecte. Le malheur est qu'il applique sa méthode à étudier un peuple dont la vie a été l'antithèse de la sienne. Où a-t-il trouvé la préparation nécessaire pour discuter sur la forme humaine ? A-t-il vécu parmi les athlètes, qu'il en raisonne de si haut ? Ne voit-on pas que, si l'on veut expliquer une statue de lutteur, mieux que les commentaires de M. Brunn, savant du reste considérable, les leçons d'un Charlemont et la fréquentation des gymnases vous y préparent.

Faut-il le dire ? Jim Corbett et l'héroïque Fitz Simmons réalisent, jusque dans leurs vantardises, un idéal de vie grecque plus que M. Furtzwaengler ou l'érudit M. Collignon. L'entraînement raisonné par lequel ces deux boxeurs surent arriver au maximum de leur puissance physique et le courage avec lequel ils supportèrent la lutte qui rendit fameuse Carson-City, leur auraient, à l'époque chère à nos savants, valu les honneurs du marbre. Et certes le corps de Jim Corbett vaut bien celui de l'*Apoxyomenos !*

Je tiens pour certain que pas un de nos professeurs ne connaît le premier et n'a eu l'idée d'aller y chercher quelques arguments topiques pour nourrir sa dissertation sur le second.

SECONDE REMARQUE

Sur un sujet délicat.

Personne n'en parle. Vous feuilletterez Burckhardt, Helbig, Springer et Collignon, vainement. Et à chaque visite nouvelle dans un musée d'antiques, vous vous étonnerez à voir des statues d'adolescents, aux formes frêles et délicates, à la figure fine d'un ovale exquis, aux longs cheveux relevés en nœud sur la tête ou tombant en boucles sur les épaules, êtres douteux, d'un mystère inquiétant de formes indécises, presque féminines de douceur et d'intention, viriles pourtant, bien qu'à peine, dans l'absence de force et de vigueur, dans la faiblesse gracieuse qui semble quêter une protection, un appui, un sourire. Approchant du socle, vous y avez lu une des désignations suivantes : *Apollon*, *Bacchus juvénile*, *Ephèbe*.

Vous ouvrez, pour trouver l'explication de cette énigme, le guide savant qui disserte si bien sur les raisons et les causes des types antiques, vous n'y trouvez rien qui réponde aux préoccupations légitimes de votre curiosité, sinon des phrases comme celle-ci :

« Il a des formes sveltes, qui indiquent autant de force que l'action du moment en réclame ! »

Là-dessus, lisez, puisque les érudits ne veulent pas la vérité, qu'ils connaissent pourtant, *le Banquet* de Platon et *le Phèdre*, *l'Ode IV*, *liv. I*, d'Horace, et l'*Appendice à la Métaphysique de l'Amour*, d'Arthur Schopenhauer. Vous y verrez les sentiments de l'antiquité sur un sujet interdit aux modernes.

Il y avait une époque dans la vie du jeune homme, avant qu'il entrât dans l'âge viril, « avant la barbe », où ses années d'adolescence se passaient dans cet état neutre, dont tant de statues nous disent le charme qu'y trouvaient les anciens. C'était un état transitoire et non point permanent, ainsi que le montrent ces vers d'Horace :

> Nec tenerum Lycidam mirabere, quo calet juventus
> *Nunc* omnis, et *mox* virgines tepebunt.

Le sculpteur ciselait un jeune corps d'éphèbe, avec la même caresse du ciseau, avec le même amour, qu'un torse palpitant de Vénus, pour les désirs éternels des dieux et des hommes.

LA DÉCADENCE

Ce n'est que par un effort d'imagination que l'on se reporte, à Rome, aux temps de la grandeur de la République. Ce que les ruines donnent directement, c'est l'époque impériale, c'est la décadence. Les empereurs, dont les œuvres sont encore debout, sont Auguste, Tibère, Caligula, Vespasien, Titus, Adrien, Domitien, Septime-Sévère, Dioclétien, Caracalla, Constantin le Grand, avec qui nous touchons au terme de l'Empire. Voilà les noms qui remplissent la ville.

Dans les musées, au contraire, il y a un choix

à faire, car on y a mis pêle-mêle les œuvres anciennes et les plus modernes. Si l'on recherche les statues de la décadence, on les trouvera d'une forme de moins en moins pure, plus emphatiques, plus arrondies, et colossales souvent. Les sarcophages, très nombreux, sont une invention tardive de l'Empire. Ils ne commencent à être en vogue qu'au IIe siècle de notre ère, alors que la coutume se perdit de brûler les corps. Aussi fournissent-ils une excellente transition à l'art chrétien. Si la patience ne vous fait défaut, vous pourriez en rechercher une suite et la dater approximativement.

La sculpture décorative, dans les ruines et dans les musées, est presque toute de l'époque impériale. Elle intéressera sans doute, ne serait-ce qu'en tant que source de notre décoration moderne depuis la Renaissance. Il y a beaucoup à voir ; en particulier, au Musée de Latran, des frises fort belles du Forum de Trajan. Il y aurait quelques remarques à faire sur le relief de l'ornement et sur le relief des rinceaux de Bramante : elles trouveront leur place dans nos études sur la Renaissance.

La collection des portraits d'empereurs, d'impératrices et d'hommes notoires des temps impériaux est considérable et, dans l'ensemble, médiocre ; il y a pourtant quelques pièces remarquables ; c'est en somme ce qu'il y a de plus romain à Rome. Dans les œuvres les meilleures, on est frappé de l'individualité des modèles, du parti pris réaliste avec lequel ils sont traités. Si c'est parfois au détriment de l'art, nous avons néanmoins des images excellentes de quelques-uns des personnages importants de la décadence. Il ne sera indifférent à personne qui a lu Suétone et Tacite, de s'approcher de la statue d'Agrippine, de regarder, drapé, ce corps dont Néron vanta la beauté et qu'il voulut contempler avant les funérailles.

Avec les portraits, les fresques, les mosaïques, s'épuisera l'intérêt d'art de l'Empire finissant.

Si l'on réfléchit à ses destinées depuis les siècles de la Renaissance, on s'étonnera de la fortune si grande du nom romain. Il y a quelque chose de disproportionné entre la valeur originale de cet art et le rôle qu'il a joué dans la formation de notre style. A la Renaissance, il était représentatif de l'antiquité; la Grèce était peu et mal connue. Maintenant les termes sont renversés; artistiquement la Grèce a toute originalité et Rome a perdu ce qu'a gagné sa rivale. Les vraies leçons qu'elle peut encore nous donner sont du domaine des travaux publics. Dans ces grandes entreprises, aqueducs, égouts, routes, amphithéâtres, elle a montré un art de bâtir incomparable.

L'erreur où est tombée la Renaissance n'a pas été partagée par les anciens Romains. Des vers souvent cités de Virgile disent avec précision leur part dans le monde antique :

> Excudent alii spirantia mollius aera,
> Credo equidem : vivos ducent de marmore vultus ;
> Orabunt causas melius, caelique meatus
> Describent radio et surgentia sidera dicent :
> Tu regere imperio populos, Romane, memento.

On arrive ainsi à la conception d'une ville dilettante, intelligente aussi, qui a aimé l'art et la beauté, mais qui fut incapable d'y atteindre par ses propres ressources. Au point de vue de la sculpture, elle était comme le Londres d'aujourd'hui, qui renferme des chefs-d'œuvre, mais étrangers, et qui n'a pas d'école nationale.

Ici le souvenir s'impose de la Rome du XVIe siècle. Elle non plus ne fut point créatrice. Elle ne fut que le témoin d'une merveilleuse poussée d'art : elle n'y contribua pas de son sang. Elle prêta à la Renaissance triomphante ses richesses et son luxe, les fêtes et les pompes que la cour papale faisait revivre somptueusement. Elle ne produisit pas un homme de premier ordre dans l'histoire des arts plastiques. La capitale du monde artistique ne vivait que d'emprunts. Mais, à cette date encore, elle s'efforçait de remplir les destinées que Virgile lui avait fixées ; son but était la domination.

Rome, dans les derniers siècles de sa vie antique, apparaît prodigieusement diverse et contrastée. Son administration tenait le monde civilisé dans un ordre excellent. C'était une merveille de machinisme. Organisation municipale, routes bien entretenues, villes saines, sûreté générale, voilà ce qu'elle donnait dans la perfection. Au centre, c'était le même soin du bien-être matériel, du confort, de l'amusement du peuple. La ville, même d'Auguste, aurait paru barbare, sans eau, rues étroites, amphithéâtres mesquins, aux contemporains de Septime-Sévère. La culture générale était bien supérieure à ce qu'elle était sous la République ou les premiers empereurs.

D'autre part l'administration, comme cela peut arriver, avait détruit la valeur et l'esprit anciens des corps politiques. Elle avait enlevé toute raison d'être à l'initiative individuelle. Rome n'était plus divisée en partis, condition de vie indispensable, mais en administrés et en administrateurs. Les empereurs avaient aidé de tout leur pouvoir à la destruction des anciens cadres. Par les accusations publiques, par les complots policiers, tout ce qui à Rome était encore une force, un nom, était amené à disparaître. Au Sénat, il ne s'agissait plus de défendre les intérêts publics, mais de flatter les passions du prince et d'accuser ceux dont la seule présence était un reproche vivant. Que de Romains se donnèrent la mort avant même d'être poursuivis!

Après une centaine d'années de ce régime, Rome était proprement châtrée. Elle était impuissante à créer des hommes, ce qui avait été éminemment sa fonction aux jours de sa grandeur.

Dans ce formalisme administratif, c'étaient une licence de mœurs, un désordre, bien plus violents que nous ne nous l'imaginons à travers les écrivains, malgré tout retenus par la majesté de l'histoire, et dont *l'Agonie*, de Jean Lombard, donne une image travaillée et laborieuse, mais véridique.

Que faire de sa vie, du reste? Quelle carrière l'Etat, envahi par les affranchis et les courtisans, pouvait-il proposer? Où se tourner dans l'impossibilité de toute ambition haute? La religion elle-même manquait. Elle était moquée publiquement; rien ne rappelait au respect des choses anciennement sacrées. Que faire? S'étourdir, s'amuser, puisqu'on y était contraint, puisque telle était la volonté du maître.

Et le défilé des Césars dans les demeures impériales! Après un Tibère, intelligent et politique au moins jusque dans ses turpitudes, un fou monstrueux et immonde, Caligula — pourquoi, lorsque j'écris ce nom, vois-je monter devant mes yeux l'inouïe architecture de rêve évoquée par Turner: le *Palais de Caligula?* — un Claude, brute épaisse, — ne faudrait-il pas lire l'histoire du mariage de sa femme Messaline, Claude étant vivant, avec C. Silius, et la mort de Messaline, dans l'admirable récit des *Annales?* — puis un Néron, que Racine a ramené au goût correct de notre temps, mais duquel il faut suivre la vie dans Suétone, livre indispensable pour cette époque, que l'on ne mettra point dans les mains de nos lycéens; et les autres — ils sont trop nombreux pour qu'on les énumère — parmi lesquels se voient pourtant un Titus, un Trajan, un Antonin, un Marc-Aurèle.

Et, dans le monde païen lui-même, des idées nouvelles de justice, d'égalité entre les hommes commençant à percer dans la ville dissolue! Et cette foi née en Judée qui faisait des adeptes continuellement dans les couches extrêmes de la société, parmi les esclaves et les domestiques et parmi les plus riches des grands seigneurs, dans Rome même, « où tout ce que le monde enferme d'infamies et d'horreurs afflue et trouve des partisans », dit Tacite !

Au dehors les Barbares rongeaient les frontières de l'Empire; on les incorporait pour s'en faire un rempart; mais ils avançaient sans cesse.

Quel temps! Quelle fin de vie pour le monde antique, qui avait rempli tant de siècles de sa beauté et de sa force!

Pour ceux qui appartenaient aux anciennes classes dirigeantes, la décadence apparaît sous un jour plus tragique. Ils n'étaient anémiés ni physiquement, ni intellectuellement. Entraînés aux exercices de la palestre, à la lutte, aux courses de chars, ils étaient certes plus vigoureux que les Goths affamés, qu'une dure vie dans des pays incultes jetait sur l'Italie. De même leur capital intellectuel était considérable; dans leurs bibliothèques se trouvait toute la sagesse ancienne. La vraie cause de leur affaissement est ailleurs. C'est la volonté qui était attaquée. Un ennui immense rongeait leur cœur rassasié, et la société entière, comme un homme qui a trop vécu et devant qui se pose à un détour du chemin le terrible : A quoi bon? ne se sentait plus le désir fort de persévérer dans l'être.

Il dut y avoir des heures étranges et douloureuses pour ces intelligences raffinées, qui comprenaient les termes du problème vital posé devant elles, mais qui n'avaient plus assez de force pour en *vouloir* la solution.

Illustration avant la lettre de la théorie de Schopenhauer : arrivée par l'ennui à la négation du vouloir vivre. Rome ne se suicida pas, elle se laissa mourir.

L'art avait disparu depuis longtemps quand l'Empire s'écroule.

Nous ne retrouverons plus la pureté plastique des types anciens. Un art est mort qu'il sera vain de vouloir ressusciter. Finis les cultes en plein air dans l'ombre fraîche des bois sacrés, finis les sacrifices sur les hauteurs chères aux dieux ! Pourtant, leurs images de marbre nous restent, et nous gardons l'ivresse d'avoir vécu quelques heures au moins dans ce monde disparu. Nous aussi nous avons vu Diane pleurant au bord de ses fontaines.

Mais une croix a été dressée au Golgotha et le cortège s'est évanoui dans les ténèbres, des dieux et des déesses nés pour la claire lumière du jour Un autre temps commence.

Lorsque l'Empire disparaît, il y avait, depuis des siècles déjà, un art chrétien, caché dans les catacombes, art idéographique posant mystérieusement aux pierres des sépulcres l'affirmation, par un signe symbolique, des certitudes d'outre-tombe, art timide dans sa forme, audacieux dans sa pensée, qui semble lié pour des siècles par des formules et par des exigences de signification, et qui pourtant va, lui aussi, arriver à une vie indépendante et faire épanouir dans le monde des fleurs nouvelles, fleurs nées sur le fumier de notre chair et de notre sang, et dans lesquelles nous respirerons le parfum de notre race toujours vivante et encore créatrice de beauté.

LE MONDE CHRÉTIEN

CONSIDÉRATIONS PRÉLIMINAIRES

Dans l'ordre de la pensée, il y a un abîme entre l'art chrétien et l'art antique. L'un a ses sources dans une mythologie panthéistique qui lui fournit la matière la plus riche ; l'autre a ses origines dans une histoire toute voisine, qui ne se prête à aucun développement plastique. Cela pour deux raisons : les origines étant historiques, l'art, malgré l'énorme travail légendaire de l'âme chrétienne, ne peut ni discuter, ni repousser l'ensemble des faits principaux qui les constituent ; il les doit accepter ; en second lieu il est contraint à rechercher avant tout l'expression et à traduire les manifestations de la vie de l'âme. C'en est fini de la pénétration admirable du moral et du physique que nous montre la statuaire grecque ; l'homme intérieur, le nouvel homme, est né.

Peu importait la vie intérieure d'un athlète ; ses muscles répondaient de lui. Au contraire, le corps n'est rien dans la doctrine chrétienne ; pâture des bêtes, flambeau portant au ciel l'âme du martyr, il n'avait pas d'existence indépendante ; il n'était là que pour un temps et qu'étaient ses tribulations terrestres et passagères au prix de la vie éternelle ?

Qu'un monde de sentiments nouveaux et exquis soit en germe dans la doctrine du maître de Nazareth, c'est l'évidence même. Mais on ne peut disconvenir qu'elle place l'art dans un état de grande infériorité. Il faudra des siècles pour que l'art chrétien arrive à la beauté ; car, au début, l'Eglise lui offre des thèmes très riches de pensée, très faibles comme valeur plastique.

*
* *

Dans l'ordre de la technique, rien n'est au contraire mieux lié que les deux arts, ancien et moderne. Les mêmes ouvriers sculptent les sarcophages de l'un et de l'autre culte ; les mêmes peintres ornent les cellules des catacombes et les demeures romaines. Il y a une pensée chrétienne ; il n'y a pas de technique chrétienne. Plus l'art païen s'abaisse et se répète, plus l'art chrétien se fait médiocre. Il n'y a point, comme on pourrait se plaire à l'imaginer, une poussée d'art chrétien correspondant à une décadence de l'art antique, l'abaissement de l'un ayant pour corollaire l'exaltation de l'autre. Ce sont là jeux de rhéteurs. La réalité est différente. La pensée antique est morte ; la main devient lourde ; le goût s'abaisse ; l'amour de la matière remplace celui de la forme. En ces siècles mauvais naît le christianisme. Il partage dans l'art la fortune de son temps. Sa meilleure période est la première. C'est vers le IIe siècle qu'il est à son apogée. Puis il tombe avec tout le reste. Nous verrons plus tard comment et par où il se relèvera.

*
* *

Comme nous l'avons dit, ce qu'il y a de premier à ce moment dans l'art chrétien, c'est le fait moral, c'est la pensée. Aussi, pour se préparer à le comprendre, faut-il suivre une marche différente de celle que nous avons adoptée pour le monde antique. Une Vénus, un Mercure, se suffisent à eux-mêmes. Vous n'en savez point le nom, ni l'histoire, vous en sentez la beauté. Si nous passâmes parfois des œuvres sculptées aux œuvres écrites, c'était pour y trouver, non pas une explication superflue, mais des beautés nouvelles.

Ici, au contraire, une Orante, un Bon Pasteur, sont, en eux-mêmes et dépouillés de tout commentaire, inintelligibles. Sans doute il est bon, lorsqu'on regarde un Mercure, de savoir comment la pensée antique concevait sa divinité; mais l'essentiel n'en est pas moins donné immédiatement par la statue; le type plastique existe en soi. Il n'existe que par reflet, pour ainsi dire, dans l'art chrétien. Dans la scène de Jonas et de la baleine, c'est avant l'apparence physique de Jonas, son *histoire* qui importe et le sens symbolique qui y est attaché. Dans une Orante, la pose des bras levés ne peut s'expliquer par des considérations plastiques. Ils sont ainsi en tant que traduction d'un état d'âme. Cet état d'âme, il le faut connaître préalablement. Nous irons maintenant des œuvres écrites aux œuvres plastiques. Nous débutons par les textes.

Après les trois semaines données à la Rome antique, consacrez quelques jours de repos aux lectures nécessaires. N'allez pas dans les musées ; oubliez la beauté de tant de chefs-d'œuvre aimés. Prenez une Bible, lisez le Nouveau Testament et parcourez l'Ancien ; bannissez de vos souvenirs les émotions récentes de vos promenades dans la ville impériale, et tâchez, par la méditation, de créer en vous l'état d'esprit nécessaire pour prendre goût à l'art pauvre des Catacombes. *Les Origines du Christianisme*, d'Ernest Renan, vous donneront les renseignements les plus précieux sur la primitive Eglise, ses efforts, ses luttes, les persécutions qu'elle endure et la société romaine où elle se développe. Les *Evangiles*, les *Actes des Apôtres*, *saint Paul*, l'*Antechrist*, seront lus avec émotion à Rome, sur les lieux mêmes où les grands Apôtres vécurent.

*
* *

Enfin je demande que l'on se penche avec amour sur ces premières manifestations de l'art moderne. Ses balbutiements sont sans force ; ses réalisations barbares et sans finesse. Mais ce qu'il épelle sont les rudiments de la langue que nous parlons encore. Notre sang circule déjà dans ces personnages raides que nous voyons aux Catacombes. Quelque humbles et médiocres qu'ils nous paraissent au sortir du monde antique, ne les renions pas. Ils sont nos ancêtres. Ils manifestent à leur manière des sentiments que le moyen âge, treize siècles plus tard, revêtira du plus somptueux vêtement d'art, et qui fourniront un thème au génie d'un Raphaël et d'un Michel-Ange.

L'ART CHRÉTIEN

ROME

Il y a dans le roman de N. Hawthorne, *Transformation*, une description du Colisée tel qu'il était il y a trente ans encore, lorsque Rome était papale. Une grande croix noire s'élevait au centre du cirque, dont le pourtour était garni d'autels. Les pèlerins s'y rendaient, priant devant chaque autel où était représentée une scène de la Passion, et finalement baisaient la croix noire, gagnant à chaque baiser sept années d'indulgence et sept années de rémission des peines du purgatoire.

Le gouvernement actuel a nettoyé l'arène. Le Colisée n'a plus rien qui rappelle le christianisme ;

il est romain et antique. Les Papes avaient un sens plus fin de la réalité. Sur cette place, en effet, l'Eglise avait souffert et grandi. Rien n'était plus légitime que la Croix se dressant là où tant de martyrs avaient été tués, au centre des gradins où s'affolait le peuple de Rome. Si le Colisée était resté dans sa forme papale, il eût été le premier monument devant lequel nous eût conduit la seconde partie du *Voyage idéal*, car nous y eussions touché à la fois les deux moments de l'histoire, la fin du monde antique et l'aurore des temps nouveaux. La société romaine livrait les sectaires aux bêtes, mais les sectaires savaient pourquoi ils mouraient : leur mort publique et ignominieuse leur gagnait le ciel. Les Romains déjà, qui s'étonnaient de leur fermeté, n'avaient plus grandes raisons de vivre et n'en voyaient aucunes de mourir.

Le Colisée n'ayant plus rien à nous dire de ce qu'il a vu autrefois, il faut chercher ailleurs. Notre première visite sera pour les Catacombes.

LES CATACOMBES

Il y en a plusieurs. Les plus importantes sont celles de S. Calliste sur la Via Appia. Des Pères les montrent. Espérons que vous n'aurez pas un guide importun qui profitera de ce que vous êtes sans défense pour faire un cours d'apologétique catholique romaine.

Le mystère des Catacombes reste entier. Dès que l'on a descendu les quelques marches qui les séparent du sol, on entre dans l'étonnement. L'obscurité, l'étroitesse des couloirs, leur longueur, leurs sinuosités, l'impossibilité de s'orienter, de savoir où l'on va, comment revenir, les niches creusées le long des corridors et les ossements que l'on y voit; tout produit une impression profonde. C'est là que les premiers chrétiens ensevelissaient leurs morts. Imaginez une réunion au temps des persécutions : une foule de gens, des esclaves, des affranchis, des Juifs convertis, des grands, arrivant isolés, au crépuscule, se hâtant vers les escaliers dérobés, suivant ces couloirs sombres qui courent sous terre, se croisent et s'enchevêtrent dans une inextricable confusion. Le culte était dit dans une chapelle funéraire ; la lumière de l'autel brillait seule dans la nuit étouffée de ces cryptes où ne pénétraient aucuns bruits du dehors ; la voix du prêtre résonnait sourdement sous les voûtes basses ; sitôt les restes des martyrs placés dans un sarcophage et les dernières prières dites, la foule retrouvait, Dieu sait comment, les sorties dans la campagne sous les étoiles. L'étendue des catacombes de S. Calliste est telle que plus tard un Pape en fit fermer presque toutes les galeries, car souvent les pèlerins aux tombes vénérées s'égaraient et, impuissants à retrouver la bonne voie, restaient enfouis aux profondeurs sépulcrales de ce labyrinthe.

Les murs sont parfois décorés à fresque ; les sarcophages sculptés. La décoration qu'ils reçoivent, d'aspect pompéien, est surtout symbolique, avec, du reste, comme l'on pouvait s'y attendre, des survivances païennes, des souvenirs mythologiques, des traditions anciennes (représentations de métiers, scènes de la vie de tous les jours, etc.). Mais le symbole domine l'art chrétien dès sa naissance. Il n'existe que par et pour des idées. De toutes celles que le christianisme apportait au monde, celle de la résurrection s'affirme avec le plus de constance. C'est Jonas revenant à la vie après avoir été avalé par la baleine ; c'est Lazare sortant du tombeau, la grappe de vigne, le paon, qui disent l'immortalité. Puis le Bon Berger ramenant une brebis perdue, l'Orante, image de l'âme ; le miracle de la multiplication des pains ; le poisson, anagramme grec de Jésus-Christ fils de Dieu Sauveur. Il faut regarder ces images avec patience ; elles ne cherchent pas à plaire ; les auteurs n'ont cherché qu'à les rendre compréhensibles ; le sens leur importait plus que la valeur plastique.

Je signalerai seulement la partie ornementale de cette décoration. Il y a là déjà des éléments qui nous intéresseront plus tard. Nous en verrons l'immense développement et l'influence qu'ils ont exercée sur la formation des plus grands styles décoratifs que le monde moderne ait connus, le roman et le gothique. Si les catacombes de S. Calliste n'ont pas épuisé votre curiosité, allez voir celles des S. Nérée-et-Achillée voisines, dans la rue delle Sette Chiese, celles de S. Prétextat, de S. Domitille, celles de S. Agnès, où l'on arrive facilement de Rome. La ville en était entourée, et le chiffre que donne de Rossi, 246 hectares superficiels et 876 kilomètres de galeries, dit l'importance qu'avaient ces cimetières chrétiens.

LES PREMIÈRES ÉGLISES

Nous arrivons à l'époque où les premières églises furent élevées, une fois le christianisme reconnu par l'Etat (an 313, édit. de Milan). Rome en compte plusieurs, qui conservent encore des restes importants des constructions primitives. C'est ici qu'on peut le mieux étudier les débuts de l'architecture religieuse. Chose curieuse, Rome est riche en monuments primitifs; mais elle ne possède, de tout le moyen âge, qu'une seule église, S. Maria sopra Minerva, que Stendhal avait oubliée, lorsqu'il a écrit que Rome n'avait pas une église gothique. A part S. Maria sopra Minerva, rien au XIIIe siècle, rien au XIVe, rien dans la première moitié du XVe. On ne recommence à bâtir que dans les vingt-cinq dernières années du XVe : alors c'est la Renaissance, et bientôt le baroque et le rococo. Les églises poussent comme des champignons, disgracieuses et coupolantes.

On passera quelques journées intéressantes à

étudier les premières basiliques chrétiennes. Elles sont pour la plupart modernisées à outrance; l'ossature disparaît le plus souvent sous l'horrible manteau d'un replâtrage du XVIIe siècle. Cependant le plan, la conception d'ensemble subsistent et souvent des fragments de la décoration ancienne. On verra ainsi comment l'église chrétienne est un arrangement de la basilique païenne, à laquelle on fait subir les modifications nécessaires à l'exercice du culte nouveau. Il faut visiter S. Maria Maggiore, si laide dans sa forme actuelle, S. Lorenzo-hors-les-Murs, S. Paul-hors-les-Murs, qui fait encore un effet prodigieux par la grandeur de ses cinq nefs à colonnades et le miroitement de ses marbres; il ne reste de la basilique ancienne que le plan du IVe siècle et les mosaïques de l'arc triomphal (V^e^ et IXe siècles) : c'est ce que j'ai vu de plus étonnant, à Rome, comme église. Il y a aussi S. Jean-de-Latran, abîmé au XVIIe siècle, S. Clément, très intéressant, S. Maria in Cosmedine, S. Maria et S. Cosimato in Transtevere, S. Cecilia, voisine, puis S. Agnese, S. Sabina. Celles que j'indique suffiront pour donner une idée nette de ce qu'ont été les premiers essais d'architecture religieuse. On remarquera l'emploi des plafonds dans les basiliques, la disposition des colonnes (toujours antiques et réemployées) avec entablement ou surmontées d'arcs, l'arrangement du chœur, des chancels, des ambons, la place de l'autel qui, pour l'ordinaire, regarde les fidèles, la décoration de l'abside et de l'arc triomphal au moyen de mosaïques, le plan souvent triabsidial, les portiques devant l'église. On notera ce qui reste d'antique dans ces monuments. On verra, au contraire, que dans l'ornement sculpté, il apparaît quelque chose de nouveau et que la survie romaine est ici presque nulle.

DÉCORATION

Les remaniements successifs qu'ont subis ces églises ont amené la destruction presque totale de la décoration primitive. Mais on retrouve un grand nombre de fragments anciens, encastrés soit sous les portiques, soit dans les murs extérieurs de l'église, soit, s'il en existe un, dans le cloître attenant. Ces plaques sont du plus haut intérêt, pourvu qu'on sache les lire. Elles montrent quel était en Italie le style ornemental chrétien, affranchi de l'influence romaine. Car, le premier coup d'œil l'indique, elles n'ont rien gardé de l'antique. Nous chercherons leur origine plus tard, lorsque nous aurons quitté Rome. Pour l'instant, je demande que l'on y soit attentif. Ces plaques, devant lesquelles passent sans s'arrêter des milliers de touristes et quelques bonnes douzaines d'archéologues, aideront à prouver l'interruption complète de l'influence romaine, et, avec le christianisme, l'apport d'un sang nouveau dans l'art moderne. Elles serviront ainsi à démolir la vieille théorie toujours debout, encore qu'attaquée : Nous sommes Latins ; nos arts nous viennent de Rome, comme notre langue, notre droit ; donc fondons l'enseignement national sur l'étude du latin. — Ces pierres dédaignées feront un pan du mur de la théorie moderne. Et tous les chiens des carrefours de l'érudition ne sont pas encore arrêtés auprès d'elles !

Des plaques avec entrelacs, rosaces, marguerites à six feuilles, as de pique ou grappes de raisin ou feuilles de vigne, car le même ornement revêt ces trois formes, palmettes, tresses, colombes et paons, en relief très plat et aigu, j'en ai noté à S. Maria in Transtevere sous le portique, à S. Cosimato, dans les deux cloîtres aux chapiteaux primitifs, à S. Cecilia, à S. Praxède, dans le cloître de S. Jean-de-Latran, dans le couloir menant à S. Agnese, à S. Clément sur les barrières du chœur, à S. Sabine dans le couloir et, dans l'intérieur, au mur, les anciennes balustrades des chancels, aux musées du Vatican et de S. Jean-de-Latran. La série est très importante ; on verra bientôt où les rattacher et les conséquences à en tirer.

Tout cela est chrétien. J'avoue n'avoir pas vu sans émotion ces fragments nombreux où un simple nom gravé est accompagné d'une grappe de vigne schématique en as de pique, affirmation nette des espérances de celui qui était enterré là, à une époque où l'on ne pouvait encore confesser hautement sa foi. Un tel, chrétien, — tel en est le sens.

LES MOSAÏQUES

L'art chrétien s'empare de la mosaïque qu'avait employée l'antiquité romaine ; mais il en fait un usage nouveau et, en outre, on voit bientôt apparaître une influence orientale. Au lieu de l'étaler à terre, il en revêt les murailles et associe fortement ce procédé de décoration, dont les caractères principaux sont la durée et la splendeur, à l'inébranlable solidité de l'église chrétienne. L'Eglise veut la magnificence, l'éclat, le repos ; peu de gestes, pas d'action. Les paysages sont indiqués conventionnellement ; un arbre schématique, quatre filets d'eau, c'est le jardin et les quatre fleuves du Paradis. Sur un fond d'or resplendissant, le Christ, les Apôtres, les Prophètes ou les Vieillards de l'Apocalypse, se détachent et mettent devant les yeux l'immobilité de leur cortège. Les mêmes figures se répètent, les mêmes sourires se figent, les mêmes bras bénissent aux murailles des basiliques. D'invention personnelle, l'Eglise n'en veut pas ; l'art est ici à son service ; elle lui fixe ses canons. L'effet décoratif est immense ; l'Eglise ne s'est pas trompée.

Dans les basiliques sombres, l'abside s'éclaire de l'or des mosaïques et fait une immense auréole au prêtre qui officie. Le Christ apparaît en gloire dans un lointain lumineux et, plus sacré et divin dans son attitude conventionnelle, assiste impassible du fond des cieux à la renaissance quotidienne de sa chair et de son sang. Il n'a rien d'humain. Ce n'est pas encore le Christ, fils de l'homme, c'est le Messie, fils de Dieu. Sur l'arc triomphal les Prophètes l'annoncent et les Apôtres disent ses paroles.

L'Eglise ne trouvera jamais de décoration polychrome qui serve mieux ses intentions sacrées. Avec les fresques, nous nous rapprochons du réel. Ce que le Christ gagne en vérité plastique et humaine, il le perd en vérité divine et transcendante. De plus l'unité de la mosaïque, donnée par un fond uni, est absolue. Les fresques, divisées par bandes et compartiments, ne peuvent y atteindre, car chaque fresque isolément veut arriver à une espèce de vérité locale pour la scène représentée, et cela au grand détriment de l'effet d'ensemble. La mosaïque ne connaît pas ces recherches; elle est avant tout décorative. C'est à tort qu'on lui reproche son manque de réalité, de pittoresque, d'invention. C'est précisément dans l'application de règles strictement décoratives qu'elle trouve sa raison d'être et sa grandeur.

Les mosaïques de Rome sont de dates assez éloignées. A S. Costanza, d'un charme spécial, l'influence antique est très sensible. Parmi les mosaïques vraiment chrétiennes, il faut dire celles de S. Pudentienne, chère à Poussin, de S. Maria Maggiore, S. Maria in Transtevere, S. Jean-de-Latran, S. Paul-hors-les-Murs, S. Agnese, S. Cosme et S. Damien.

LE MUSÉE S. JEAN-DE-LATRAN

Le principal musée d'art paléo-chrétien est celui de S. Jean-de-Latran. Au Vatican. la collection intéresse surtout les épigraphistes. Nous connaissons déjà à S. Jean-de-Latran la moitié du musée consacrée à l'art antique. Mais l'économie papale, servant en cela les fins de notre voyage, ferme alternativement les portes de l'un et de l'autre musée. Vérifiez le jour d'ouverture des salles chrétiennes et rendez-vous à ce palais lointain, sans crainte d'être entraîné vers les marbres antiques. A ce moment, où nous nous efforçons de prendre goût à l'art rude du christianisme, nous sommes pareils au chevalier Tannhäuser. Vénus, voisine, nous appelle. Ah ! qu'il serait doux de se baigner encore dans les ondes délicieuses qui lavèrent le corps de l'Aphrodite, au lieu de chercher de maigres satisfactions dans les salles froides, où sont réunis les premiers essais d'iconographie chrétienne. Sachons résister; mais, au moins, regardons un instant, avant d'entrer, la place pavée qui s'en va vers une lignée de pins-parasols et la campagne romaine, que traversent la Via Appia nuova et la Via Tuscolana. C'est un exquis paysage, où les monuments, les arbres et la campagne se mêlent dans la manière chère à Poussin. — L'intérêt du musée chrétien est spécial. La collection d'inscriptions est précieuse aux érudits, mais de peu d'agrément aux simples voyageurs que nous sommes. Les sarcophages forment une série où l'on peut étudier les histoires chères au christianisme naissant. Leur valeur artistique est mince. Ils appartiennent à la décadence antique; leur technique est romaine. C'est une fin d'art; il n'y a pas de développement possible. L'intérêt n'est qu'iconographique. Quelles sont les scènes et personnages représentés et pourquoi? Il n'y a pas autre chose. Tandis que, dans les mosaïques, dans l'ornement sculpté, un esprit nouveau se crée une forme plastique.

*
* *

Dans vos promenades à travers la Rome chrétienne, on vous montrera souvent des reliques et des places consacrées par de pieuses légendes. On garde à l'église Domine quo vadis, l'empreinte que firent sur le marbre les pieds de notre Sauveur, apparu sur cette place à saint Pierre. Dans l'église de S. Sébastien, un peu plus loin sur la Via Appia, les mêmes pieds laissèrent d'identiques empreintes. Nulle ville plus que Rome ne s'enorgueillit de richesses semblables et nulle église qui ne compte dans ses reliquaires les ossements de martyrs de marque.

Mais croyez-vous à leur réalité ? Il y a des degrés dans ce que la foi exige. Pour l'empreinte, c'est le *credo quia absurdum* que l'on vous demande. Pour le corps de saint Pierre dans la crypte de son église, la tradition est forte, mais la critique prononce à peu près sûrement contre l'authenticité des ossements conservés. Cependant beaucoup se satisfont de la constance de la tradition depuis le IIIe siècle. J'admire ceux qui « acceptent » et n'ont point reçu dans le partage initial le don de contredire ; mais je ne les envie pas. Il est certain que le christianisme a payé chèrement de son sang la prise de possession de Rome. Cela n'est-il pas assez et sommes-nous des enfants que nous ne puissions croire, si nous n'avons pas une preuve matérielle et palpable ? L'histoire du christianisme sera-t-elle moins héroïque et moins belle, si le maître-autel de Saint-Pierre, où les plus grandes cérémonies de l'église sont célébrées, recouvre, au lieu du corps de l'Apôtre, celui d'un misérable revendeur chrétien, son compagnon de supplices. Je trouve, au contraire, dans cette pensée, quelque chose de satisfaisant et de conforme à l'esprit des Evangiles, qui furent prêchés pour les humbles et non pour les puissants.

A quoi bon des miracles matériels ? La religion italienne en est toute pleine. Son fétichisme ne s'élève pas beaucoup au-dessus de celui des nègres. On s'étonnerait que la foi demandât tant de raisons extérieures pour s'affirmer, si l'on ne savait pas que la marche est inverse et que c'est la foi qui crée le miracle, bien loin de se fonder sur lui.

Le caractère des miracles prouve seulement le caractère d'une race, qui extériorise en eux plus ou moins grossièrement son besoin de croire.

*
* *

Avant de quitter Rome, et pour longtemps, car elle n'a rien à nous donner avant le XVIe siècle, jetons un rapide coup d'œil sur les étapes parcourues de notre voyage. Dix jours à Paestum et à Naples, trois semaines à Rome et quarante-huit heures à Florence nous ont fait voir le monde antique dans son ensemble. Après les émotions délicieuses de ces visites, une cure d'isolement a été nécessaire pour créer en nous un état d'esprit nouveau qui nous permît d'aborder l'art chrétien. Il a fallu lire et lire beaucoup, et nous sommes restés à Rome où une quinzaine de jours ont suffi pour nous faire voir les réalisations plastiques du christianisme naissant. Nous avons distingué à ce moment la forme et la pensée, celle-ci dominant celle-là. Dans la forme — qui est pourtant tout l'art — il y a deux choses bien séparées : la survie de la technique romaine, la continuation de procédés anciens, visibles dans les peintures murales des Catacombes et sur les sarcophages à personnages ; c'est la partie caduque de l'art naissant ; elle disparaîtra avec l'art romain lui-même. Le germe fécond est ailleurs ; il apparaît dans l'ornement sculpté (les plaques que nous avons notées). Il nous faut l'étudier maintenant de plus près et pour cela quitter Rome. Avec le christianisme syrien il a pénétré le monde occidental, affirmant dans la décoration sa race orientale et sa parenté avec les arts d'Assyrie et de Perse. A Ravenne, byzantine, orientale et néo-grecque, nous allons voir la première manifestation personnelle et originale de l'esprit chrétien dans l'art plastique. Pour plusieurs siècles, du IVe au XIIe, l'art byzantin fera sentir son influence dans l'Europe entière.

RAVENNE

DE L'INFLUENCE DE L'ORIENT SUR L'ART MODERNE

Ravenne s'ensevelit dans une plaine dont le niveau monte sans cesse. L'Adriatique est maintenant à plus de six kilomètres des murs. On ne peut voir depuis la ville ni les voiles rouges des barques de pêche, ni les grandes lames blanches qui déferlent à perte de vue sur les bas-fonds. La Pinède, que l'on traverse pour y arriver, met dans le paysage l'ombre vantée de ses pins. La ville est petite, tranquille. Les siècles byzantins l'ont imprégnée d'une odeur forte qui s'est conservée à travers les âges jusqu'à nous. L'attention n'y est pas distraite par les œuvres modernes ou par les architectures de la Renaissance ; les unes et les autres sont de peu d'éclat. Ravenne est encore byzantine et nous dit Justinien, Odoacre, Théodora. De tout le moyen âge aboli en ces murs, il ne reste qu'un souvenir, mais fulgurant : Dante vécut ici ses dernières années, et il y mourut.

Des marais entourent la ville. Le sol cultivé est coupé de canaux qui se croisent. Les terres lavées des montagnes et des vallées, apportées par les bouches du fleuve, ont gagné lentement sur la mer. Le terrain est imprégné d'eau. Elle soulève le sol, envahit les anciennes cryptes, monte dans les églises et les baptistères où le pavé se trouve exhaussé ici de quatre pieds, là de six, là de huit. On voit le moment où, grâce à cette montée lente, on aura les mosaïques des coupoles à portée de la main. Combien de siècles faudra-t-il pour que la Ravenne byzantine soit une ville mangée non par la mer, mais par l'étreinte de la terre puissante ?

Il y a, à Ravenne, huit églises des ve et vi^e^ siècles, le baptistère des Orthodoxes, celui des Ariens, le mausolée de Théodoric et son palais, le mausolée de Galla Placidia. Chaque église a des plaques, ambons, clôtures, chancels du ve au ixe siècle.

Des mosaïques revêtent les murs, et le musée est riche en monuments contemporains.

Si l'on veut se figurer la civilisation artistique de ces quelques siècles de l'histoire du monde, c'est ici, plutôt qu'à Constantinople, qu'il faut venir.

Ces monuments ont eu sur la formation des styles du moyen âge autant et plus d'influence que l'ensemble magnifique des palais et des temples qu'éleva la Rome païenne.

Faisons donc le tour des églises ravennates et, pour plus de clarté dans ce chapitre important, ne suivons pas la manière d'un guide qui s'éparpille à tout moment, mais employons, pour une fois, la manière dogmatique et didactique.

ARCHITECTURE

Les basiliques de Ravenne diffèrent de celles de Rome par plus d'un point. Extérieurement elles n'ont pas de portique ; les nefs ne sont pas coupées par un transept, mais terminées chacune par une petite abside — plan tri-absidial ; elles se complètent généralement d'une tour ou campanile. Enfin les murs extérieurs sont divisés en surface par des bandes murales réunies par des arcs. Cela est tout à fait typique ; on désigne ce procédé sous le nom de *bandes lombardes*. Elles eurent un succès inouï dans l'architecture féodale, improprement appelée romane. C'est un élément byzantin qui a été propagé par les Lombards. On peut fixer avec précision la date où il apparaît : le baptistère des Orthodoxes (commencé avant 396) est le premier monument dont les murs soient divisés de cette manière. Pendant l'époque de la domination des Goths le même système fut appliqué. Le baptistère des Ariens est tout semblable. Si l'on veut conserver le nom d'art gothique, c'est à cette période (493-539) qu'il s'applique proprement, et ses monuments sont S. Apollinaire Nuovo, le Palais et le Mausolée de Théodoric, S. Spirito avec le baptistère des Ariens. Après Ravenne, les bandes lombardes furent appliquées sur d'innombrables églises, palais et tours jusqu'au XIIe siècle, en France, en Italie et en Allemagne.

A l'intérieur de la basilique, les colonnes sont faites pour leur place ; il n'y a plus réemploi de matériaux anciens, comme on le voit toujours à Rome. De plus, la colonne joue un rôle nouveau. Aux temps romains, elle n'avait d'autre raison d'être que décorative ; elle ne portait pas. Le système romain était de voûtes sur murs pleins, très larges pour soutenir la poussée des voûtes. La colonne, soit qu'elle supportât un fronton, soit qu'elle prît place dans un portique, n'était pas un membre organique de l'architecture. Elle pouvait être ou n'être pas. Dans l'architecture byzantine, au contraire, elle prend une importance nouvelle. Elle est en fonction ; elle porte. La voûte et la colonne, celle-ci support de celle-là, voilà déjà réunis les éléments essentiels du roman et du gothique.

LES MOSAÏQUES

Au baptistère des Orthodoxes, à la chapelle de l'Archevêché, au mausolée de Galla Placidia, vous trouverez les mosaïques de la première période, qui va jusque vers 450, et vous pourrez vous faire l'idée la plus nourrie de l'esprit décoratif de ce temps. Le Baptistère, avec ses stucs, ses encadrements, ses mosaïques, constitue une remarquable décoration polychrome. Le mausolée de Galla Placidia est tapissé de belles mosaïques sur fond bleu foncé, représentant le Bon Pasteur paissant ses brebis. Les sujets sont encore uniquement religieux et l'effet décoratif très impressionnant.

Dans la seconde époque (493-539), le baptistère des Ariens, avec les mosaïques de la voûte, le baptême dans le Jourdain et les douze Apôtres, est moins intéressant que S. Apollinaire Nuovo, aux murs duquel se voient des cortèges célèbres. A gauche, partant de la ville de Classis, figurée au bord de la mer, vingt-deux vierges portant des couronnes et accompagnées par les rois mages, se hâtent vers le Christ qui trône, tandis qu'à droite, c'est Ravenne, S. Vital et le Palais de Théodoric, d'où issent vingt-cinq saints qui se dirigent processionnellement vers le même rendez-vous d'adoration. Pour compléter la décoration de la nef, les

Apôtres sont représentés au-dessus des cortèges entre les fenêtres, et l'on voit, à la bande la plus haute, des scènes de la vie du Christ. C'est l'ensemble le plus considérable de Ravenne. Je lui préfère pourtant la décoration de S. Vital où se dressent l'empereur Justinien avec sa suite et saint Maximien d'un côté, et de l'autre l'impératrice Théodora et les femmes de sa cour entrant dans la basilique. Drapée dans un long manteau à frange brodée, les yeux immenses, grands ouverts sous les sourcils arqués, le nez allongé et fin, majestueuse d'attitude et de geste dans l'offrande des présents, Théodora étincelle de pierreries. Le tout est d'une prodigieuse richesse; les ornements, les joyaux, les bordures, les étoffes sont d'une somptuosité orientale. — Il reste encore à voir la grande décoration de l'abside et de l'arc de S. Apollinaire in Classe, qui est fort belle et d'une époque plus récente (675).

Ce sont les manifestations les plus importantes de l'art chrétien dans ces siècles. A ce moment Rome est morte, son influence abolie. Constantinople l'emporte. Le grand foyer d'art est maintenant byzantin. Il ne rayonne pas sur les seuls pays de langue grecque, sur l'Asie-Mineure, la Syrie et l'Egypte. L'Italie entière est soumise à Byzance. Dans les mosaïques qui nous occupent, on retrouve non seulement la pensée, mais la main-d'œuvre néo-grecque. On a prétendu que les meilleures mosaïques étaient les plus anciennes et que leur excellence était un reflet de la beauté antique. Rien n'est moins probable. Dans l'usage nouveau que l'Eglise fait de ce procédé, les influences orientales dominent. Cela est sensible dans le luxe des matières, leur éclat, l'arrangement conventionnel, aussi éloigné que possible des idées antiques et surtout dans l'instinct décoratif, qui manifeste les qualités de race les plus précieuses de l'Orient, où les simples artisans font chanter les couleurs les unes à côté des autres et composent avec quelques écheveaux de laines d'éclatants tapis; de l'Orient, pays de la polychromie, briques vernissées, terres émaillées, plaques, où ont fleuri magnifiquement les branches les plus exquises de l'art décoratif. La Grèce en a subi l'influence plus fortement qu'on ne l'a cru; elle aimait la couleur et savait l'employer architectoniquement. Le moyen âge, plus grec en cela que le néo-classique, n'a pas conçu l'architecture sans la polychromie. Il a fallu la réaction de la Renaissance, l'ignorance des Académies, le sens glacé des pontifes de l'art ancien et des professeurs, pour prêcher comme seule orthodoxie le règne en architecture du gris et du terne, où nous sommes et resterons.

A Ravenne, la couleur triomphe, non seulement dans la mosaïque, mais dans la sculpture décorative. La couleur entre dans le monde chrétien avec l'influence orientale.

LA DÉCORATION SCULPTÉE

Quelques promenades dans les églises de Ravenne et au musée suffiront pour rendre évident à l'observateur tant soit peu attentif qu'il se trouve dans une contrée nouvelle, que la flore qui s'étale sur les chapiteaux, les chancels, les ambons, n'est plus celle que vit fleurir le monde romain, qu'il n'y a aucun rapport entre les frises du forum de Trajan, par exemple, et les panneaux conservés au musée de Ravenne, que l'ornement lui-même n'obéit plus aux mêmes lois, qu'il n'est pas emprunté au même répertoire décoratif : il n'y a plus d'oves, plus de perles, plus d'acanthes. Il est frappé aussi du relief différent de la sculpture : le haut relief a disparu ; tout ici est plus plat. En outre le gras de la technique ancienne n'existe plus. Les feuillages sont maigres, nerveux et secs.

Que notre voyageur rappelle à son souvenir les nombreux fragments sculptés que nous lui avons signalés dans les églises primitives de Rome. Ces fragments sont dans une parenté évidente avec ceux qu'il examine maintenant ; ils font partie de la même famille. Nous voulons l'étudier de plus près et en distinguer les types.

Ceux qui apparaissent le plus fréquemment sont la marguerite à six feuilles, l'hélice enfermée dans un cercle, l'ornement en fer de lance ou as de pique, la croix grecque, la palmette aux feuilles minces et allongées, se repliant des deux côtés de la tige, ou bien plus schématique, une tige et des nervures; les crossettes; l'enroulement sous ses formes diverses: l'entrelac, la tresse, la corbeille, d'aspect infiniment varié dans les motifs décoratifs les plus divers. Tels sont les éléments essentiels ou, pour parler le langage de l'école, les racines de cette grammaire ornementale.

Or de toutes ces racines, l'origine est orientale. Avant de les voir sur terre italienne, on les trouve en Syrie, en Egypte, en Asie-Mineure. C'est là qu'elles ont été employées pour la première fois par le christianisme, et c'est avec le christianisme qu'elles sont venues en Italie. Quelques-uns de ces ornements sont d'une haute antiquité; on les signale dans les palais de Perse et d'Assyrie. Mais ils furent baptisés par l'Eglise, qui en forma son premier style décoratif. Chrétiens, ils le sont devenus à un point tel, que certains d'entre eux, le fer de lance ou l'as de pique, ont pris une valeur idéographique et que lorsqu'ils apparaissent sur une plaque funéraire avec un nom, comme nous l'avons vu à Rome, ils le certifient chrétien.

Que ce soit là un style, qu'il n'ait rien de romain, qu'il soit vigoureux et personnel, il n'est pas possible d'en douter, lorsqu'on a passé quelques jours à Ravenne. C'est là qu'il faut étudier dans leur grâce aiguë les plaques ajourées, où les animaux se mêlent aux entrelacs, où les colombes vendangent la vigne symbolique, où les paons boivent à la coupe de l'éternité, où les agneaux paissent la nourriture divine au pied de la croix. Les crossettes s'alignent en frises, les marguerites à six feuilles, les hélices se découpent dans les enroulements serpentins de palmettes aux feuilles pointues. Les chapiteaux se couvrent d'une végétation orientale ou se treillagent en corbeille, semblables à ceux du temple de Salomon, tels que nous les décrit le récit des Rois. Certes ils ne peuvent être confondus avec les chapiteaux antiques. Ils sont pour l'ordinaire cubiques et souvent doublés d'une manière barbare et forte d'un tailloir sur lequel sont sculptés des animaux affrontés.

C'est un esprit nouveau qui s'affirme d'une façon éclatante et crée un style admirable de richesse, de puissance et de variété. Il a fallu être aveuglé par les mérites de l'ornement romain pour ne point comprendre la beauté de l'art néogrec ornemental. Il n'est pas possible de rester indifférent devant les superbes chapiteaux de San Vital ou du musée, de ne pas sentir la force et la souplesse des plaques que l'on voit dans chaque église. Ceci n'est point un art mort, qui continue mécaniquement l'exploitation de procédés usés; ce n'est plus l'art des sarcophages romains où finissent dans la médiocrité une race et un monde. C'est une force qui apparaît; c'est le christianisme qui trouve sa première expression plastique et qui manifeste du même coup son origine orientale.

En Italie, Ravenne est la première conquise; mais l'expansion de l'art néo-grec fut inouïe et aussi étendue que celle du christianisme lui-même. Si nous en avions le temps dans ce voyage rapide, il faudrait dire la transmission directe de la Syrie aux pays occidentaux de petits objets décorés, en particulier des ossuaires judéo-grecs que l'on importa d'Asie-Mineure dans tout l'Occident où ils firent pénétrer le style nouveau. Les Lombards, qui occupent le nord de la péninsule italique à partir de la fin du VIe siècle, recueillent l'héritage de Byzance et continuent l'esprit et les traditions de sa plastique. Non contents de couvrir le sol italien de monuments où le style oriental s'affirme, ils le transportent — ils sont déjà les maçons (*magistri comacini*) — dans les différentes contrées de l'Europe.

En fait ce style a régné généralement en Italie, du VIe au XIe siècle.

Maintenant que nous connaissons par nos jours de Ravenne, cet art et ses origines, nous serons attentifs aux innombrables fragments de même caractère que nous trouverons dans la suite de notre voyage.

Il faut noter ici, pour expliquer la diffusion du style byzantin, une chose curieuse, qui n'a pas excité assez d'attention : c'est le goût naturel, inné, des races barbares pour l'art oriental. Elles ne sympathisent aucunement avec l'art romain, dont elles avaient pourtant sous les yeux d'admirables spécimens : non, elles vont à l'Orient, comme s'il y avait entre elles et lui des affinités naturelles, des souvenirs très anciens. Elles développent le style néo-grec qu'elles adoptent, avec une sûreté de goût surprenante. Elles lui donnent plus de richesse, sans en fausser le caractère. La France mérovingienne et carolingienne nous montre les mêmes ornements que ceux de Ravenne ou d'Asie-Mineure. La flore byzantine s'épanouit sur nos plus anciens chapiteaux ; les entrelacs byzantins décorent les plaques conservées des églises disparues. Ce sont les crossettes et les étoiles, les palmettes et les enroulements, que l'on voit sur les sarcophages du sud-ouest de la France. Combiné avec des éléments nordiques et barbares, ce style domine du VIe au XIe siècle. Son influence sur la formation du roman est considérable, et, lorsqu'on a étudié l'art de Ravenne, on saisit l'enchaînement des traditions décoratives qui aboutissent à l'admirable épanouissement de l'art roman.

Le peu de sympathie des races barbares pour la décoration antique est illustré d'une façon très remarquable dans les sarcophages mérovingiens conservés au musée Carnavalet. Sur tous, les ornements néo-grecs sont sculptés. Mais il est typique de voir que l'on a creusé, pour y ensevelir un mort, un ancien pilastre romain dont la face est somptueusement décorée, et que cette face a été tournée vers la terre sur laquelle elle appuie, tandis que sur le revers fruste, qui maintenant regarde le ciel, une main malhabile a tracé l'étoile à six raies, le chrisme et la feuille de vigne, chers au christianisme naissant.

La théorie classique n'avait tenu aucun compte de cette byzantinisation de l'Europe. Il lui était nécessaire de croire à la perpétuité de l'enseignement de Rome. Dans l'histoire de l'art, le nom même de « romane » donné à l'architecture des XIe et XIIe siècles vient du « Nous sommes Latins » répété depuis la Renaissance par tous les pédagogues. Dans l'esprit du parrain de cette dénomination, laquelle ne date pas de soixante-quinze ans, « l'emploi d'éléments romains était de l'aveu général, aussi sensible dans l'architecture qu'il s'agissait de qualifier que la présence des radicaux latins dans les langues dites romanes » en conséquence, arrête que...

Or il y a bien autre chose que des éléments latins dans l'art roman. Si M. de Gerville avait étudié Ravenne et l'architecture de l'Italie du VIe au XIe siècle, s'il avait regardé les plaques dont les églises primitives de Rome même sont pleines, s'il avait recherché les traces de la décoration mérovingienne et carolingienne que l'on trouve en France, il aurait vu que, dans la décoration, il y avait la poussée vigoureuse d'un style nouveau, oriental d'origine, christianisé par l'alliance avec la religion qui triomphe des cultes anciens, et que cet art byzantino-lombard est l'élément constitutif le plus important de la décoration faussement dite romane.

Que Ravenne nous apprenne donc ceci : le monde occidental n'a point gardé de tout temps avec respect les enseignements de la Rome antique ; mais, à sa naissance, il s'est lavé et parfumé dans des eaux orientales ; enfant encore, il s'est affranchi des tutelles anciennes et a voulu à son tour créer des formes plastiques harmonieuses.

ASSISE

Le moment est venu d'entrer dans les grands siècles du moyen âge. Pour les mêmes raisons qui nous ont fait débuter, à Rome, par des lectures, pour ces raisons fondamentales qui ont donné son caractère à l'art chrétien entier, nous sommes obligés à rechercher, avant les manifestations de l'art du moyen âge, l'état d'âme des esprits. Car celui-ci commande celles-là. Saint François d'Assise nous ouvrira la porte de ce monde nouveau.

Allons en pèlerinage de Ravenne à Assise. Quels que soient les moyens de transport dont on dispose, je conseillerai de suivre la voie ferrée qui, par les Apennins, va d'Ancône à Foligno. Le paysage, dans les montagnes, est d'une beauté étrange et grave. Nous l'avons traversé au soir.

Le soleil couchant incendiait les rocs déchirés ; les pics dénudés s'élevaient en citadelle ; pas un arbre, pas un coin de verdure, mais des pierres et encore des pierres, bossuées, anguleuses, ou plates, jaunes, brunes ou crayeuses, sur lesquelles tombaient de brusques coups de lumière dans l'ombre montante du fond étroit des vallées. Et, presque tout au long de la route, une petite rivière, si bleue entre des rives de sable si blanc, évoquait en nous le souvenir exquis d'une eau toute pareille entre les bancs clairs de ses bords, que peignit à S. Francesco d'Arezzo, dans une inoubliable fresque, un maître du XVe siècle, Piero della Francesca, né dans les Apennins et dont l'enfance se passa, sans doute, à courir le long de rivières, comme celle-ci, chantantes.

Assise, petite ville perchée au sommet d'une colline, est restée telle en ses ruelles étroites et escarpées qu'elle était lorsque le fils de Pietro di Bernardone renonça le monde, se dépouilla de ses habits sur la place près de l'église, et, fiancé de la Pauvreté, partit pour porter la bonne nouvelle aux simples et aux malheureux. Lisez, près de l'église qui porte son nom, la vie de saint François. Prenez le *Saint François* de Sabatier, qui est fort intéressant, encore qu'on lui ait reproché, peut-être avec raison, de tirer un peu saint François en dehors de l'Eglise. Lisez surtout les *Fleurettes* de saint François et le recueil des légendes franciscaines.

Vous vivrez dans un monde où la simplicité de cœur, la bonté qui s'ignore, la pitié abondante, la poésie, l'amour de la nature, se montrent de la façon la plus naïve, la moins préméditée, la plus ravissante.

L'action de saint François fut immense. Nous n'avons pas à en parler au point de vue religieux; mais par l'élan qu'il donna à l'âme italienne, il exerça une action décisive sur l'art de son temps. Saint François fit entrer un flot de vie spirituelle dans le corps misérable de l'Eglise. Un des premiers, il ouvrit les yeux sur l'univers, œuvre de Dieu. Il semble que la beauté des montagnes, des soleils qui s'abaissent sur les vallées de l'Ombrie, des arbres frissonnant aux brises du soir, des réveils glorieux du matin, aient été soudain découverts par le maître ingénu. Et il faut noter aussi un caractère important de saint François, qui restera celui de tout l'art italien : c'est la joie. Sa religion n'est point attristée et morose; il laisse aux races septentrionales la douleur des cœurs qui se rongent. Ici tout est lumière et gaieté; la terre est belle; Dieu est amour; que l'homme vive dans la joie divine.

L'histoire et la légende de saint François devinrent aussi populaires dans l'art que celles de Jésus-Christ. C'est sur son tombeau que sont peintes les premières grandes fresques italiennes. Aux murailles des églises et des cloîtres, c'est sa vie que les Trecentistes racontent, ses louanges qu'ils célèbrent.

La double église de S. François est le seul monument qui nous intéresse à ce moment. L'église inférieure, avec l'énormité de ses piliers, ses arcs de voûte écrasés, son obscurité sacrée, produit une impression que vous ne retrouverez nulle part en Italie. Si une église doit, par son aspect, frapper l'esprit de celui qui y pénètre et l'incliner au respect des mystères qui y sont célébrés, certes l'église inférieure d'Assise remplit ces conditions essentielles.

Nous y sommes entrés, quittant la place que brûlait le soleil. L'ombre l'emplissait toute et la fraîcheur. Nous nous assîmes au pied d'un pilier sur une marche de pierre. Après notre course dans la ville escarpée et chaude, il semblait que l'on plongeât dans un bain parfumé. A l'autel, un prêtre célébrait la messe : les mêmes paroles étaient prononcées, qui dans le monde entier réalisent chaque jour le même miracle. De ces gestes lents et consacrés, des siècles avaient vu les pareils sous ces voûtes massives ; ces mots, que depuis si longtemps l'Eglise répète avec une foi qui ne se lasse pas, ils retentissaient pour nous à ce moment. Il y a dans cette continuité quelque chose d'impressionnant pour l'esprit où se marque fortement l'unité du sacrifice. Dans la crypte profonde d'Assise, nous sentîmes en nous ce besoin d'absolu auquel satisfait l'Eglise. Hier et aujourd'hui, le passé si lointain du christianisme et ses formes présentes, s'abolissaient devant l'identité immuable de la cérémonie, fixée à jamais dans ses moindres détails ; l'Eglise s'affirmait éternelle. Nous restions là, délicieusement accablés, l'esprit en allé, vides et passifs, tandis que résonnaient en nous les répons de la messe.

Les dernières paroles dites, nous nous levâmes, et une simple inspection des fresques du transept et de la voûte au-dessus de l'autel suffit à faire renaître en nous le sens historique un instant évanoui. Ces fresques disent des âmes qui ne sont plus nos âmes, des saints comme n'en ont plus les temps modernes, un catholicisme qui n'est plus celui des premiers siècles et qui n'est pas celui d'aujourd'hui. L'unité n'est qu'extérieure et cérémonielle. L'esprit n'est plus le même. Il a été ceci, cela, et bien d'autres choses, changeant avec les époques et les hommes, se modifiant au gré des événements et des conditions physiques auxquelles il dut s'adapter. La morale est autre qu'elle n'était : ce qui était licite ne l'est plus, et nous avons des devoirs que nos ancêtres ont ignorés. Rien ne diffère plus d'un catholique du XIIIe siècle qu'un catholique de notre temps. Ce qui était vivace alors a disparu ; d'autres germes ont, par contre, poussé sur le sol de l'Eglise. L'histoire de saint François ne se répétera pas. Soyons heureux qu'elle soit si fortement liée à une époque et qu'elle nous révèle le XIIIe siècle italien.

Il faut, pour la voir illustrée, monter à l'église supérieure, vidée maintenant de toute importance autre que picturale. Une composition cyclique minutieuse raconte en ses détails la légende du saint et montre ses actes dans des paysages charmants et simplifiés d'Ombrie. C'est le premier ensemble de peinture chrétienne que nous ayons devant les yeux. Les auteurs en seraient pour la première série, CIMABUÉ (1240-1302), dont nous verrons plus tard de belles madones, plus hiératiques et byzantines, et pour la travée inférieure, le maître de la peinture moderne en Italie, GIOTTO (1267-1337).

On s'y fera une idée assez exacte des tendances de l'art à ce moment. On l'a dit cent fois, la peinture à ses débuts n'est pas affranchie de l'Eglise ; elle est didactique, enseigne les vérités de la religion et commente les actes des saints. Cela est un point acquis. L'intéressant départ à faire est celui-ci : tout art religieux est identique quant à son but : les mosaïques byzantines jouent pour les fidèles, dans l'intérieur des basiliques, le même rôle que les fresques. Mais ici le programme est rempli par des moyens tout nouveaux. Il est certain que l'affranchissement de la tradition, l'effort pour rendre la vie telle qu'elle apparait, les personnages connus, l'individualité de leur physionomie, l'état de leur âme et de leurs sentiments, un essai de reconstitution du milieu, un décor, se montrent dès ces premières fresques, de qui l'on fait dater à juste titre la renaissance de la peinture italienne. Que si l'on remarque que telle vierge byzantine, dans l'arrangement raidi et conventionnel de son attitude, témoigne d'un goût d'art plus sûr que la lourde madone à demi-réaliste d'un Giotto, on ne changera rien au fait que l'effort de la seconde vers une vérité plus grande et vers un naturalisme mieux renseigné, a été la condition nécessaire et préalable d'un état supérieur de l'art, auquel seraient attachés les noms — pour rester dans le même pays — de Vinci ou de Raphaël. Ainsi le mot progrès, tout dangereux qu'il soit, peut et doit être écrit à ce moment de l'histoire, où l'Italie s'affranchit de la tradition byzantine, en un temps si féconde en beauté, et va vers un idéal sien qu'elle entrevoit enfin.

Il est, du reste, remarquable de voir les critiques prendre ce naturalisme, qui n'est qu'un moyen, pour une fin et féliciter tel maître, telle époque, de leur exactitude, de leur vérité, comme si une œuvre naturaliste ne pouvait être artistiquement inexistante : ils sont plus sensibles au caractère de réalisme qu'à celui d'art, et sans doute est-il plus aisé de signaler la vérité de tel type — il semble qu'on l'a rencontré — que sa valeur d'art. C'est pourtant celle-ci que nous tâcherons toujours de dégager dans ce voyage. Mais historiquement il faut noter les efforts du naturalisme voulu par tant de grands maîtres et condition nécessaire d'une forme plastique supérieure.

On voit dans l'église inférieure de S. François, sur la voûte au-dessus du tombeau du saint, quatre grandes compositions allégoriques, et le moment est bon pour indiquer brièvement ce qu'est la peinture allégorique chrétienne.

Le grand défaut de l'allégorie chrétienne est de n'être pas, par elle-même, explicite et de reposer ordinairement sur des métaphores. Elle est littéraire. Or l'art plastique doit se suffire et se développer suivant ses lois propres. On peut dire que saint François a épousé la Pauvreté : le représenter, comme l'a fait Giotto, est inadmissible, le même pan de mur ne pouvant recevoir une image de saint François, personnage réel, et de la pauvreté, figure symbolique et imaginaire. En outre, l'allégorie chrétienne est obligée, en peinture, à signifier autre chose que ce qu'elle représente directement, et ce sens ajouté est toujours contingent. Pourquoi certains attributs aux vertus cardinales et non d'autres ? Le souvenir en reste flottant et incertain.

Voilà une des infériorités où les conditions de sa naissance placent l'art moderne. Le christianisme l'oblige à traiter tout un monde d'idées qui ne ressortissent qu'au seul art littéraire. Dans l'antiquité, il n'en allait pas ainsi : l'esprit grec disait l'union de la Force et de la Beauté ; mais il représentait Aphrodite et Arès ; l'expression plastique était adéquate à la signification symbolique. L'une faisait corps avec l'autre. Il faut donc constater ici, avec les quatre allégories d'Assise, une des tares constitutionnelles de l'art chrétien. L'allégorie eut un succès inouï en Italie. Giotto et les siens y apportèrent au moins une conviction si profonde que ces scènes compliquées restent, malgré tout, émouvantes. C'est pour eux une chose si sérieuse qu'elle le devient pour nous aussi. Mais chez les hommes de second ordre et dans les écoles de décadence !

On sera attentif enfin, dans l'église inférieure, à la décoration peinte des bordures et des nervures de la voûte. Ce système est général dans l'Italie gothique, et il est intéressant de se rendre compte des procédés que le moyen âge a employés pour la décoration architectonique.

Il reste à voir à Assise le portique romain de la Minerve, cher à Gœthe, où je vous signale des ossuaires judéo-chrétiens de provenance syrienne ; puis la cathédrale, avec bandes et arcatures lombardes, dont nous connaissons aussi l'origine ; les décorations romanes du portail et les lions-griffons, que nous rencontrerons souvent. En quittant Assise, on s'arrêtera à la Portioncule, où une énorme église Renaissance recouvre la petite chapelle, qui dit encore quelques-uns des souvenirs les plus touchants de la vie de saint François. On traverse de délicieux paysages ; la vallée du Tibre s'étale semée de villages et, tout au fond, sur la hauteur, Pérouse apparaît, où l'on arrive par une route dont les lacets sont d'un dessin admirable.

LA TOSCANE

XIIIe ET XIVe SIÈCLES

Quittant l'Ombrie et saint François, le moment est venu d'aller nous fixer en Toscane. L'Ombrie nous a donné surtout un état d'âme. Il reste à voir maintenant par quels actes d'art cet état d'âme s'est traduit, quelle réalisation concrète il reçut.

La Toscane est le pays qui fixa pour l'Italie du moyen âge les formes les plus hautes de sa pensée d'art. Aux XIVe et XVe siècles, elle est incomparable. Le littérateur y trouve Dante, Villani, Pétrarque : l'historien, le spectacle le plus curieux d'une démocratie qui cherche à s'organiser, les essais les plus hardis au point de vue politique, social, économique ; l'artiste enfin, les Giotto, les Pisani, Masaccio, fra Angelico, Lippi, Donatello, et tant d'autres. Installons-nous pour deux mois dans la capitale de la Toscane, d'où nous pourrons facilement voir Pise, Lucques, Sienne, Prato, Pistoie, Arezzo, suivant les besoins de nos études.

A Florence, où se chercher un logis? Au nord, Fiesole offre ses villas, ses terrasses, les cyprès barrant le ciel, des oliviers noueux entre des pans de murs ensoleillés, les pentes rocailleuses de la vieille route et la splendeur de sa vue sur la vallée de l'Arno: Florence, étendue sur les deux rives, son dôme, ses tours, ses églises, et le fleuve, suivant les jours boueux ou clair, serpentant dans les campagnes qui se hérissent, au levant, de brusques mamelons, tels qu'on en voit dans les paysages des Primitifs, tandis qu'à l'ouest la plaine s'élargit vers Pise et la mer Tyrrhénienne. De l'autre côté de la ville, le Viale dei Colli déroule les sinuosités d'une large route moderne qui va et vient parmi les jardins et les maisons riches, quartier luxueux et de moindre pittoresque, mais d'où Florence apparaît violette au crépuscule, au pied des collines de lignes si nobles qui protègent au nord la ville et sur lesquelles s'échafaude Fiesole, poussant au plus haut vers le ciel, le délicieux couvent des Capucins qui la couronne.

Au cœur de la cité, nous habitions sur le Lungarno Acciajoli où viennent le soir les donneurs de sérénade qui, après leurs chansons, font retentir sur les dalles sonores du quai des sous qu'ils se jettent à eux-mêmes, amorce pour d'autres décimes espérés des fenêtres. Dans les jours d'hiver, le soleil se levait à gauche, orbe rouge, derrière la colline où San Miniato se cache dans les cyprès et disparaissait à son déclin vers l'Ombrellino, remplissant, le jour entier, nos chambres de sa chaleur. L'Arno venait du Ponte-Vecchio, tout couvert encore de boutiques d'orfèvres, passait lent devant nous et s'enfuyait sous les arches élégantes du pont Santa-Trinita. — Des tireurs de sable dans des bateaux plats ancrés au milieu du fleuve répètent, des heures durant, leur geste monotone et lassé. Sur le quai étroit qui le borde, des marchandes de fleurs stationnent et des paysans venus de la campagne avec de grandes touffes de gui, de houx, d'asperges sauvages ; des mendiants, des loqueteux, chauffent leurs haillons au soleil et, entre cinq et six heures, au débouché de la rue Tornabuoni, c'est un défilé de voitures emportant aux Cascine les élégantes Florentines. Mais nous aimions surtout les approches de la nuit. Il y avait un instant exquis, alors que, parmi les vapeurs du crépuscule où vibrait encore un peu de clarté, s'allumaient soudain dans l'ombre tombant plus noire des maisons près du fleuve et des voûtes allongées des ponts, des lumières qui tremblaient dans l'eau moirée de l'Arno.

Nous passons deux mois à Florence, deux mois pour revivre deux siècles. C'est un minimum. La documentation livresque est aisée à obtenir. Je ne pense pas qu'aucune ville ait suscité un plus grand nombre d'historiens que celle-ci. La civilisation et l'art florentins ont en eux-mêmes quelque chose d'attirant et de magnétique, soit par leur grande beauté et leur extrême vitalité, soit parce qu'ils présentent un sujet restreint et limité. Il faut aussi, pour être équitable, tenir compte de l'engouement. Chacun a voulu se distinguer sur un terrain où l'on récoltait les honneurs à foison : notoriété, décorations, places à l'Institut. L'art toscan ennoblit ceux qui s'en occupent, de même qu'il n'y a pas longtemps le moyen âge déconsidérait ceux qui y touchaient. Il faut songer enfin qu'on a cru pendant des siècles que de Florence nous était venue la lumière et que, sans elle, le monde chrétien n'eût pas connu la beauté. Cette théorie, qui est encore celle d'un certain nombre de savants et à l'élaboration de laquelle ont travaillé avec une égale ardeur, Italiens, Français et Allemands, est du reste fausse et sera remplacée par une explication plus exacte et mieux documentée du développement de l'art dans le monde chrétien.

Le *Voyage idéal* indique les principaux moments d'un séjour en Toscane, en établissant la suite dans laquelle on visitera les monuments importants d'une contrée si riche. Sur tous les points, les livres énumérés au *Mémento bibliographique* donneront, quant aux faits, l'essentiel. Nous ajouterons à la suite que nous allons établir, une série de commentaires qui préciseront et, par endroits, rectifieront les idées que l'on a émises sur cette civilisation. Le plus souvent ce seront des notes prises sur place. Enfin nous serons obligés, pour plus de clarté, de sérier les sujets, tout en évitant la méthode analytique du livre qui réunit en une ligne deux monuments distants de cent lieues. Nous sommes un voyageur qui va d'une place à l'autre.

L'architecture étant la mère des arts plastiques, c'est d'architecture que nous nous occuperons d'abord et, pour commencer *ab ovo*, de l'architecture dite romane.

L'ARCHITECTURE ROMANE

FLORENCE, PISE ET LUCQUES

Montons au premier jour à San Miniato, dont l'église est en un cimetière. C'est un des beaux points de vue sur Florence. Arrêtez-vous sur la place Michel-Ange au-dessous de l'église, pour y regarder le soleil jouer dans les fumées grises qui montent des cheminées de la ville.

San Miniato est de la fin du XIe siècle. C'est le type le plus achevé et le plus gracieux du roman toscan. La façade est à deux étages, incrustée de marbres de différentes couleurs et établie sur cinq arcs de plein cintre qui reposent sur des colonnes de marbre vert. La fleur de ce roman est vraiment originale. Elle n'a poussé que sur ce sol ; il faut admirer la grâce et l'élégance de son jet.

L'intérieur de l'église, de proportions heureuses, montre une décoration qui, chose rare en Italie, est en parfaite harmonie avec l'architecture. Il ne faudrait pas me pousser beaucoup pour me faire avouer que cette église m'apparaît la plus artistique de l'Italie et qu'en aucun temps, ni à l'époque gothique, ni dans la première Renaissance, ni dans la seconde, les Italiens n'ont retrouvé les qualités dont ils firent preuve dans le style toscan du XIIe siècle, et, si cette affirmation semble blasphématoire aux défenseurs de la Renaissance, je demanderai quelle façade d'église ils opposeront à celle si simple de San Miniato al Monte.

Après San Miniato, pourquoi, si la journée est belle, ne pas monter à Fiesole? Ne sont-ce pas là les premières courses à faire autour d'une ville où l'on passera deux mois? Ne faut-il pas en voir les paysages et les aspects avant d'en courir les musées? Puisque la cathédrale de Fiesole nous en offre le prétexte, montons sur la colline pointue où les Florentins de tout temps vinrent passer les chaleurs, où la galante assemblée du Décaméron se réfugia, où Laurent de Médicis eut une villa. A mi-chemin, on verra à la Badia de San Domenico, une façade du même style que celle de San Miniato. A Fiesole même, la cathédrale est romane, de 1028. Elle est en pierres de taille et robuste, sans les placages, mais aussi sans la finesse des précédentes. De la place on grimpe, par un chemin assez raide, au couvent des Capucins, perché au sommet de la colline. La vue est splendide sur Florence et la vallée de l'Arno, et j'aime aussi voir Fiesole à travers les cyprès, tout pareil à un paysage de Fra Angelico. Le couvent a deux cloîtres, dont un charmant d'exiguité et de recueillement, et un jardin qui s'en va vers le nord dans des files d'arbres, où l'on voudrait se retirer et vivre solitaire, si le monde devenait par trop impossible aux esprits désintéressés...

A Florence, le baptistère San Giovanni, l'ancienne cathédrale, est du même temps. En aimera-t-on le couronnement? Je le trouve déplaisant, et seules les arches du premier étage me satisfont. L'intérieur est peu impressionnant, et les mosaïques du plafond paraissent assez grossières.

PISE

Pour se faire une idée plus complète du style architectural aux XIe et XIIe siècles, il faut aller à Pise passer quelques heures.

Pise, cité autrefois maritime, vit sa prospérité à son comble au XIIe siècle. Rivale, un temps, de Venise et de Gênes, elle succomba dans la lutte et Florence, qui s'en empare dès 1408, met fin à sa prospérité. Mais Pise fut riche et connut la gloire. Chrétienne et commerçante, elle chassa les Sarrasins de la Sardaigne, assurant généralement le triomphe de la Croix sur le Croissant dans les îles de la mer Tyrrhénienne et singulièrement celui de ses transactions commerciales. Ainsi de nos jours en va-t-il pour l'Angleterre, qui a si bien su mêler les intérêts de ses affaires à la cause de la civilisation qu'elle confond celle-ci avec ceux-là et que toute entreprise financière des commerçants de la cité est présentée au monde ébahi comme la marche nécessaire du progrès et la victoire de la lumière sur l'obscurantisme.

Pise fut grande dans les arts avant Florence. En architecture et en sculpture, elle ne reçut pas de leçons de la ville du Lis, mais lui en donna. Ses monuments principaux se groupent dans une place nue au nord de la ville, sur une pelouse, et ce n'est pas un mince étonnement que de voir ainsi situés des édifices que l'on voudrait au cœur de la cité. Il y a là quelque chose d'artificiel, de voulu, de non historique. Combien j'aime mieux une vieille cathédrale dominant les maisons qui se serrent au pied de ses tours et qui font pénétrer la chaleur de la vie jusque dans les murs épais de l'église. Ici le Baptistère, la Cathédrale, le Campanile, le Campo-Santo, s'isolent des Pisans dont ils scandent pourtant l'existence. C'est au Baptistère sonore qu'on les porte à leur naissance, petits morceaux de chair où s'efforce d'être une âme ; c'est à la Cathédrale qu'ils se réunissent aux jours solennels des fêtes ; au Campo-Santo la gloire éteinte de leurs familles vénérables repose, et les cloches du Campanile marquent chaque jour la reprise et la fin de leurs dures besognes.

La Cathédrale est ici première par la date et l'importance. Elle fut construite pour célébrer une victoire des Pisans sur les Sarrasins de Sicile en 1063. La façade avec ses galeries à jour donne le type le plus parfait de ce style qu'on retrouvera dans tant d'églises d'Italie. Les colonnes et les arcatures font une décoration à la fois élégante et logique. Enfin la façade est organique en ce sens qu'elle est une expression de la forme interne de l'église. Elle n'est pas un placage : elle dit avec richesse et simplicité la disposition architecturale de l'édifice. On y voit déjà les marbres incrustés que nous a montrés San Miniato. A l'intérieur, la majesté des cinq nefs, la coupole ovale à la croisée du transept (il faut noter la préoccupation constante de la coupole qui poursuivra les architectes italiens pendant le moyen âge et la Renaissance), la disposition de la galerie, font un ensemble harmonieux. Je demande que l'on s'arrête un instant à la porte de bronze du transept nord, dont j'aime les bas-reliefs d'une expression naïve et forte et d'une patine si belle.

Le Baptistère fut élevé en 1153, dans le même style. La célèbre Tour penchée ou Campanile est de 1174. C'est par surcroît qu'elle a de la notoriété. Si elle ne penchait pas, elle serait moins connue, mais non moins digne de l'être. Ici le système des arcatures soutenues par des colonnes entourant l'édifice est poussé à l'extrême. C'est un beau monument. Avec ses deux rivaux de Pise et San Miniato de Florence, ils sont peut-être ce qu'il y a de plus original et de plus parfait dans l'architecture italienne.

Sur la Tour de Pise, l'opinion générale depuis Vasari a été qu'elle penchait par accident, par suite d'un affaissement de terrain. Voilà qu'un écrivain américain renverse toutes nos notions et démontre dans un abondant et scientifique article de l'*Architectural Record* (janv. 1898) que son inclinaison est voulue. J'y renvoie mes lecteurs qui, chiffres et preuves en main, pourront se faire une opinion fondée. J'attire du même coup leur attention sur une autre découverte du même auteur, M. Goodyear, qui a établi que dans les monuments du moyen âge les droites étaient intentionnellement déviées, de même que dans les temples grecs. Il y a là un ordre de faits intéressants : il suffit d'y avoir été rendu attentif pour qu'on les recherche dans d'autres monuments.

Voilà pour nos premières heures de Pise (car nous y reviendrons) un emploi suffisant. Nous pouvons au retour nous arrêter à Lucques dont la cathédrale est du même style, mais moins pur, que celle de Pise et où San Michele montre dans une façade à colonnades et arcatures un sens architectonique beaucoup moins heureux. Ici la façade, comme tant d'autres en Italie, n'est qu'un placage, un mur orné sans rapport avec l'édifice. La cathédrale, le baptistère et le campanile de Pise sont au premier rang des édifices de ce temps. Ils ont élevé le roman italien à la hauteur d'un style harmonieux, riche et simple. L'on retrouvera rarement de telles qualités dans l'architecture de la Péninsule : l'époque gothique que nous allons étudier maintenant en a été tout à fait dépourvue.

L'EPOQUE GOTHIQUE ET L'INFLUENCE FRANÇAISE

L'ARCHITECTURE

Le style gothique est venu du nord. On a cru longtemps, pour quelques noms allemands d'architectes, que c'était l'Allemagne qui l'avait donné à l'Italie. En réalité, il vint de son pays natal, et ses origines en Italie sont françaises. Il serait peut-être temps que l'on commençât à se rendre compte en France — ailleurs que dans les cercles d'érudits — que le style dit gothique est français, natif de l'Ile-de-France, et que c'est nous, tout de même, qui avons donné au monde chrétien son plus grand style architectural, le seul qui, avec le grec, soit organique. C'est sur ce sol qu'il s'est formé ; c'est d'ici qu'il a rayonné sur l'Europe entière, fournissant à l'Allemagne, aux Flandres, à l'Angleterre, à l'Italie et à l'Espagne, un thème d'art d'une richesse et d'une beauté inouïes, où s'affirmait, définitif et magistral, le génie créateur des races modernes.

Depuis les siècles lointains où les Hellènes avaient édifié ces chefs-d'œuvre de logique et de raison, le Parthénon, l'Erechtheion, le temple de Paestum, on avait vu une transformation complète des principes mêmes de l'architecture. Les Romains, héritiers des Grecs, avaient été incapables d'élever leur roide et pesant esprit à la beauté sereine des conceptions helléniques. Ne pouvant apprécier la simplicité et la raison qui éternisent les temples grecs dans l'admiration des hommes, ils voulurent des œuvres plus compliquées, ajoutèrent, modifièrent, et nous ont laissé des monuments, considérables encore, mais qui ne se peuvent comparer aux créations de leurs prédécesseurs. Chose curieuse : dès l'origine l'Italie est vouée aux styles mêlés ; dès ses premiers pas, elle marque la voie où elle persévérera; elle montre tout de suite quels seront et son domaine et ses limites. Burckhardt, qui l'adore, l'appelle « la vraie patrie des styles secondaires ». Nous ne nous satisfaisons pas si aisément, et ne la féliciterons pas de son impuissance. Elle n'a pas eu la gloire de donner au monde antique son expression d'art la plus haute : elle n'a pas la gloire non plus de réaliser l'idéal du monde chrétien. C'est la France qui la devance et joue, pour nos races occidentales et modernes, le rôle fécond que la Grèce avait assumé pour l'antiquité.

Un système de voûtes épanouissant leur légèreté sur des arcs ogives, tout sort de là dans le style français. Les nervures des voûtes se réunissent en colonnettes, qui se groupent de manière à former un pilier, semblable à un tronc dont s'élancent les branches. Les piliers montent éperdûment comme à l'ascension du ciel. La poussée des voûtes est recueillie par des arcs-boutants qui la reçoivent et la distribuent au dehors de l'édifice sur des contreforts. Le mur, inutile, n'existe pas ; il n'y a plus de larges pans prêts à recevoir une décoration, mais des baies, grandes ouvertes, où montent des nervures fines comme celles que l'on voit aux voûtes ; une flore végétale, souple et vigoureuse, s'accroche aux chapiteaux, aux pinacles, aux galbes des fenêtres, aux arcs-boutants et met la grâce et la beauté vivantes de sa parure à chaque articulation de l'énorme monument, dont l'intérieur est plongé dans l'ombre que fleurissent les roses monstrueuses et délicates des transepts et de la façade, les verrières éclatantes de la nef et du chœur.

D'un point de vue architectural pur, ici tout est logique et raisonné. Les problèmes résolus par les architectes du moyen âge montrent à quelle hauteur l'art de construire s'était élevé. On s'est pâmé devant les Italiens de la Renaissance s'efforçant de retrouver les procédés romains de l'architecture ; mais leur science, où tant de froide archéologie se mêle, n'égale pas celle des hommes qui ont construit S.-Denis, Paris, Chartres, Reims, Amiens. On répète sans cesse les noms de L.-B. Alberti, de Brunellesco, de Bramante ; les manuels de l'école primaire les enseignent ; mais les princes de l'architecture chrétienne sont les Robert de Luzarches, Robert de Coucy, Libergier, Villard de Honnecourt, et les maîtres anonymes de nos cathédrales.

L'Italie reçut le gothique du Nord et n'y comprit rien. Elle ne put parler avec pureté et élégance cette langue étrangère. Elle multiplia les contre-sens et fut médiocre extrêmement. C'est la destinée de l'Italie de ne pouvoir se créer une langue architectonique qui lui soit personnelle. Aux XIIIe et XIVe siècles elle vécut d'emprunts maladroits au style français. Puis, gênée dans ses habits d'occasion, elle chercha du côté de l'antiquité, où elle pensa retrouver ses véritables origines. Ici encore, malgré l'effort de grands talents, elle échoua. Elle crut avoir à Rome des modèles parfaits. Hélas ! elle se trouva en face d'œuvres secondaires et mêlées. Les meilleures tentatives de la haute Renaissance sont viciées à leur naissance et ne nous satisfont qu'à moitié.

Le fâcheux est que cette dernière tentative amena à sa suite la crise du baroque et du rococo et que le mal italien gagna toute l'Europe[1].

Florence compte de nombreux monuments de style gothique. La cathédrale, œuvre de « l'immortel » Arnolfo di Cambio, le Campanile, les églises de S. Croce et de S. Maria Novella, Or San Michele, deux Loggia, etc., etc. Nous ne dirons que l'essentiel sur ces monuments si connus; comme ils ont été vantés à l'excès, sans discernement, et qu'on en trouvera l'éloge dans tous les livres, on n'en donnera ici qu'une critique.

Voici sur *S. Maria del Fiore*, la cathédrale, des notes prises sur place. L'aspect extérieur n'est pas satisfaisant de cette construction immense et peu expressive. L'influence bourguignonne, prépondérante en Italie, a supprimé les arcs-boutants. Les murs des bas-côtés paraissent nus et vides. Ils sont revêtus de marbres de différentes couleurs, dont la fonction est décorative sans être architectonique. L'éclat en séduisait les Florentins. J'estime que l'existence des carrières de marbres voisines

[1] Il ne faut pas se laisser égarer par les louanges que les Italiens décernent à leurs artistes. Le plus médiocre architecte est, lorsqu'Italien, grand maître. Le patriotisme d'antichambre, comme l'appelle Stendhal, est développé à l'extrême. Les critiques étrangers s'y sont souvent laissé prendre, abusés qu'ils étaient par les épithètes sonores décernées aux ancêtres. Plus fins, ils auraient compris qu'il y avait là surtout une façon de parler et qu'il ne fallait pas accepter à la lettre les qualificatifs d'une langue où chacun se donne sans rire dans la figure de « l'illustrissime ».

a été, pour l'art de ce pays, non une cause de richesse, mais d'appauvrissement. Au lieu de chercher la beauté dans l'expression des formes, on l'a demandée à la décoration appliquée. Ainsi avons-nous de beaux placages (ils ne sont pas toujours beaux), mais non un bel organisme : des vêtements riches, qui ne cachent pas la pauvreté de la structure. Nul doute que, réduits à l'emploi d'une pierre grise, les Florentins n'eussent été obligés à un plus grand effort architectonique et l'histoire de l'architecture gothique en Toscane compterait peut-être quelques chefs-d'œuvre authentiques au lieu des tentatives avortées que nous avons à enregistrer.

Pour montrer le parti pris avec lequel on a abordé l'étude de l'art italien, il faut citer ce passage de M. Palustre, érudit notable et historien de la Renaissance, qui relève la remarque d'un des plus déplorables esthéticiens du classicisme et l'endosse. « Nous devons accorder ici une mention aux revêtements en marbre de différentes couleurs, usités particulièrement à Sienne et à Florence, et qui, d'après la juste remarque de Quatremère de Quincy, n'ont pas peu contribué à préserver les monuments des *puériles découpures* de la sculpture gothique. »

Tout commentaire affaiblirait la portée de cette phrase, pour qui a vu le gothique italien.

A Florence, la cathédrale resta longtemps en construction, comme San Petronio de Bologne.

comme le dôme de Milan (quelles furent les églises italiennes achevées, je ne dis pas d'un jet, mais dans le siècle qui les vit commencées?)

Si incroyable que cela puisse paraître, il n'y eut jamais de plan de l'ensemble. Toutes les parties, même les différentes travées de la nef, en furent successivement mises au concours. Arnolfo di Cambio fait les premiers travaux en 1296. Il voûte quatre travées des nefs latérales; puis un long arrêt; les travaux reprennent en 1357. Jusqu'en 1367, on avança lentement; les concours succèdent aux concours. Enfin un plan final est adopté. Treize architectes et onze peintres y avaient pris part. Huit autres architectes furent chargés de l'exécuter avec les modifications décidées. On ne procède pas autrement en France, à l'heure actuelle.

Quelle unité demander à un édifice fait ainsi de pièces et de morceaux? Il a de jolis détails; des portes élégantes et fines, d'une décoration charmante; il n'a pas de vie d'ensemble. La fameuse coupole, de Brunellesco (1417-1461), vaut de l'extérieur, sa réputation. Sa forme et son élévation satisfont pleinement l'œil. Etant donné le problème à résoudre, il n'était pas de solution plus élégante. Peut-être peut-on penser que, pour une église gothique, il eût mieux valu ne pas poser le problème d'une coupole centrale: l'on verra à quelles absurdités il a mené à l'intérieur. Les chapelles du transept et du pourtour du chœur, les sacristies, font une masse informe. C'est une construction inarticulée. Les placages, chers à Quatremère de Quincy, dans la répétition uniforme et absurde de leurs lignes, donnent à la cathédrale vue du chevet, l'apparence d'un amas écroulé de dominos cyclopéens.

L'intérieur. — Les contre-sens y fourmillent. La coupole énorme a nécessité des appuis gigantesques. Aussi, à la croisée de la nef et du transept, on a deux piliers colossaux qui masquent toute perspective. Vue d'en bas, la coupole ne produit aucun effet; l'éclairage en est mauvais; les peintures (Zuccaro, fin XVIe) déplorables. Enfin on a été obligé de mettre le maître-autel sous la coupole. Cette place étant arbitrairement choisie, il a fallu lui créer une réalité factice. Aussi l'a-t-on entourée d'une cloison de bois, vitrée à mi-hauteur, pour que les fidèles puissent voir les cérémonies sacrées!

Le type septentrional du pilier (il y a des variantes) est un faisceau de colonnes qui portent et vont se ramifier dans les voûtes en nervures. Rien de plus logique, au point de vue architectonique; rien de plus beau que la montée, le jaillissement de ces colonnes jusqu'au sommet des voûtes. Ici rien de semblable. Au lieu du faisceau de colonnes en fonction nécessaire de la voûte gothique, on a imaginé un pilier octogonal qu'on a pour comble surmonté d'un entablement! Dès lors plus de lien entre le pilier et la voûte. De plus les Italiens ont voulu voûter des espaces très vastes et n'avoir qu'un minimum de supports. Ils ont ainsi tendu à l'extrême le rapport entre le soutien et la voûte, qui dans le style français est harmonieux. La conséquence forcée est qu'on a été obligé d'abaisser les voûtes qui n'ont plus l'élévation grandiose que nous leur voyons dans nos cathédrales.

A signaler encore la galerie ridicule qui court autour de l'édifice au-dessus de l'imposte de la voûte. C'est, paraît-il, une décision de la Commission qui discuta tous les plans de la cathédrale. A la même Commission, on doit les fenêtres rondes de la nef. Enfin la construction fut si médiocre que l'on fut obligé, pour consolider le chancelant édifice, de tendre à chaque travée de la nef de grands tirants de fer qui la traversent. Faite ainsi d'une série d'erreurs, on ne demandera pas à la cathédrale de Florence de créer une impression profonde. Je n'y suis jamais entré sans un sentiment de malaise. Quant à l'idée que c'est une église, qu'on y célèbre la messe, et qu'on y peut prier, j'avoue n'y avoir jamais songé.

Le Campanile. — Il est détaché de l'église. Est-ce un progrès ? Burckhardt trouve que cette disposition nouvelle a laissé les architectes plus libres pour leurs façades. Il n'apparaît pas que les Italiens aient su profiter de leur liberté ; car, à part Orvieto et Sienne, pas une seule des grandes églises gothiques n'a une façade ancienne et belle. En outre, le campanile isolé semble sans raison ; il est ici ; il pourrait être là. Combien je préfère les tours jumelles de nos cathédrales et leurs clochers dardés au ciel.

Le Campanile de Giotto est, dans la même donnée décorative, supérieur architectoniquement à la cathédrale. Il lui manque une flèche. On ne sait si l'on doit le regretter. Tel qu'il est, malgré son élévation, ce sont les lignes horizontales qui s'affirment. Ce sera l'éternel malentendu dans l'adaptation du style français en Italie : amener par les corniches, entablements et couronnements, à une horizontalité qui en est la contradiction absolue, un système conçu originairement comme vertical.

Le Campanile sera toujours cher à ceux qui aiment le XIVe siècle pour les panneaux d'une si noble et jeune allure que Giotto (avec Andrea Pisano) y sculpta, frise encyclopédique, comme le voulait l'époque, où le maître résume les idées du siècle sur l'histoire du monde, mais où il fait épanouir en outre, simple don de sa bienveillance, la fleur immortelle de son génie.

Santa Croce et Santa Maria Novella. — Les deux grandes églises gothiques de Florence sont à peu près du même temps (1294 et 1278). Elles sont immenses et faites pour abriter des foules. Le mouvement religieux obligea l'architecture à aborder de nouveaux problèmes pour couvrir les surfaces les plus étendues. On a beaucoup insisté dans les histoires de l'art sur l'influence que la fondation des ordres franciscain et dominicain exerça sur l'architecture. Sans doute il y eut de nombreuses églises construites sous leur direction. Mais qu'est-ce que cela en comparaison du rôle que jouèrent dans la dissémination des styles du moyen âge nos abbayes de Cluny et de Citeaux, dont l'influence, au point de vue architectural, fut européenne ?

A Santa Croce, l'église franciscaine, l'extérieur est sans intérêt, la façade moderne. A l'intérieur, on est frappé du petit nombre de piliers et de l'étendue de la nef. Il y a le strict nombre d'appuis nécessaires pour soutenir, non pas une voûte gothique, mais une simple charpente de bois à membrures visibles.

Le plan est cistercien, large nef, transept et pas de chœur, pas d'abside, ni de déambulatoire, mais une série de chapelles s'ouvrant perpendiculairement sur le transept au regard de la nef. Derrière le maître-autel, une chapelle plus vaste. En somme, à une église si grande, il n'est pas de chevet. C'est un immense développement de nef, puis, arrivé au centre même de l'œuvre, on tourne court. C'est la grande ordonnance d'un discours dont on enlèverait la péroraison. Que cette disposition ait été rendue légitime par la destination spéciale de l'église, je n'en disconviens pas. Plus que la liturgie et les cérémonies du culte, le sermon et la confession importaient aux Franciscains. C'étaient par ces armes-là qu'ils agissaient sur les foules. Mais architecturalement, nous avons une œuvre tronquée. Arnolfo di Cambio, qui en donna les plans et que l'on cite partout comme un des plus grands architectes du monde, est bien au-dessous, comme valeur réelle, du plus obscur des maîtres gothiques, qui ait construit au début du XIIIe siècle telle église de l'Ile de France.

On ne peut pourtant reprocher à Arnolfo les vilains autels classiques dont Vasari ceintura les bas-côtés de Santa Croce.

Santa Maria Novella est dominicaine. C'est la même ordonnance générale pour la nef et le transept, la même absence de chœur, remplacé par une grande chapelle derrière le maître-autel. Ici encore petit nombre de piliers, inégalement espacés. Mais les voûtes sont gothiques et belles. La façade est de la Renaissance et fut dessinée par L.-B. Alberti. A noter, en passant, les larges volutes reliant la partie verticale de la nef aux lignes horizontales des bas-côtés. Nous les reverrons trop souvent.

Le gothique se montre dans bien d'autres monuments florentins, à Or San Michele, qui a de beaux détails, des moulures délicates, des fenêtres ornées. Mais c'est tout ce que l'on en peut dire et il ne faut pas demander à cette église plus qu'elle ne peut donner, étant une ancienne halle au blé qui fut fermée et voûtée.

A la Loggia dei Lanzi, à la petite Loggia del Bigallo, on remarquera les arcs en plein cintre des archivoltes. — Le Palais de la Seigneurie est pittoresque. Il a le mérite d'évoquer non seulement par association d'idées, mais par sa masse, sa robustesse, par ses pierres énormes et ses fenêtres petites, le passé tumultueux et passionné dans lequel il fut construit. Au milieu de la démocratie turbulente de Florence, il se dressait énergique pour défendre contre les entreprises des partis les droits de la chose publique.

Certes voilà, sur le gothique italien, des notes bien sèches. Il importait pourtant de ne pas se laisser duper par les livres et de remettre les choses à leur place. En résumé, cette époque fut architecturalement de peu de valeur en Italie. Nous verrons plus tard Sienne et Orvieto. Pour l'instant, il est nécessaire d'indiquer en quelques lignes les conditions d'existence que le gothique italien fit à la sculpture et à la peinture.

La forme bâtarde qu'il prit eut une double conséquence. D'une part, elle empêcha la naissance de la sculpture monumentale, qui reste ainsi française, et de l'autre elle donna un essor inouï à la peinture monumentale.

Ceci vaut quelques explications, car nous sommes

à un moment qui va décider du caractère de l'art italien pour des siècles.

Comme on le sait, le gothique français n'offre aucune place à la peinture. Il n'y a pas pour elle dans les églises les grandes surfaces planes qui lui sont nécessaires. Il manque l'éclairage aussi. Le mur extérieur est percé de larges verrières qui ne laissent filtrer qu'une lumière diffuse. Ce sont les verrières qui font tableau, et l'on n'ignore pas les admirables effets que les maîtres verriers en ont tirés. Au contraire, les tympans des larges portes s'ouvrent à la sculpture qui, pour les remplir, est obligée de traiter des scènes importantes, où la dimension des personnages est commandée par la hauteur à laquelle ils sont placés. Avec les tympans de l'époque dite romane, la France voit revivre la grande sculpture monumentale. Moissac, Vezelay, Autun, Chartres bientôt, et Paris, ont des écoles locales qui abordent ces problèmes avec un sens plastique aussi puissant qu'en montra jadis la Grèce pour décorer les frontons de ses temples. L'épanouissement de la statuaire coïncide avec celui de l'architecture. Elles sont inséparables l'une de l'autre. A l'époque gothique, la statuaire garde le cadre que lui donne l'architecture. On sait comment elle le remplit.

Mais en Italie, les modifications profondes que l'on fait subir au style français changent les conditions d'existence de la peinture et de la sculpture. Le gothique italien rétablit le mur et offre de vastes surfaces à la décoration peinte. D'autre part, le tympan, le fronton ne s'ouvrent plus à la décoration sculptée : le déplorable revêtement de marbre ou de mosaïque s'en empare. Il reste à la sculpture les portes, chaires, autels, fontaines. C'est le bas-relief plus que la ronde-bosse qui devient nécessaire ; la sculpture se rapproche de l'orfèvrerie avec qui, à Florence, elle a toujours été intimement unie. Ainsi la forme méridionale du gothique ou, pour mieux dire, les erreurs d'adaptation commises par l'Italie ont ce double effet de donner naissance à la peinture monumentale, qui avait existé en France à l'époque romane, mais non dans le style gothique, et d'empêcher l'épanouissement de la statuaire monumentale qui reste, elle, française exclusivement. On touche ici, comme au doigt, les rapports qui unissent les arts plastiques entre eux, et l'on voit la dépendance où ils ont été, de l'architecture. On ajoutera encore que les progrès de la sculpture ont toujours précédé ceux de la peinture et, après ces considérations générales, mais indispensables, nous reprenons notre voyage en Toscane, en quête des monuments de la sculpture du moyen âge.

LA SCULPTURE

L'époque romane ne nous retiendra pas. La sculpture, à ce moment, a été d'une médiocrité extrême dans la Péninsule. Surtout si, lecteur, vous vous êtes arrêté, avant de venir en Italie, à Chartres, à Vezelay ou à Autun, que pourront vous donner les grossières œuvres de Pistoie, de Prato, ou même les meilleures, celles de Parme? L'Italie était encore plongée dans la barbarie, pour employer un mot cher aux honnêtes gens du XVIIe siècle qui l'appliquaient au moyen âge français, alors que la France créait des chefs-d'œuvre non surpassés aux plus beaux jours de la Renaissance. Vous verrez occasionnellement les sculptures romanes de la Toscane; mais ce voyage, qui veut rester d'art, ne vous obligera point à aller les chercher.

Il en est autrement pour le XIIIe et le XIVe siècles, qui valent d'être étudiés.

Vos livres quotidiens vous donneront la chronologie et les faits essentiels sur NICOLAS (1206-1280) et JEAN DE PISE (1250-1320). Je ne me sens aucune envie de répéter les choses excellentes qui ont été écrites sur les premiers maîtres gothiques. Je voudrais seulement qu'on fût attentif à leur « gothicité ». On ne peut s'empêcher de voir derrière eux la grande tradition française florissante depuis plus d'un siècle. Il y a eu une influence du nord. Dans les limites de ce voyage, il ne peut être question de l'établir avec preuves et documents. C'est assez de la signaler.

On verra les œuvres des premiers Pisans, Nicolas et Jean, à Prato, à Pistoie, à Pise (nous réservons Sienne). A Florence, il y a des œuvres de l'école, et le XIVe siècle est très riche.

Il faut voir la première porte du Baptistère d'Andrea Pisano (1270-1349), que celles très fameuses de Ghiberti laissent un peu dans l'ombre. C'est d'un art charmant, avec des qualités florentines dans la composition, le désencombrement du bas-relief, le sujet s'exprimant dans son essence par un minimum de personnages. L'élégance est grande de ces panneaux. J'aime la petite Hérodiade près de la table du festin, la Nativité, et bien d'autres. Il y a ici une grâce singulière. En face de cette porte j'ai songé parfois que l'on avait trop loué Jean de Pise, le grand maître de l'époque précédente, de son naturalisme qui souvent touche à la laideur. Il faudrait ne pas oublier que, dans le style français dont il s'inspire, s'il y a du naturalisme, il y a bien autre chose, que la noblesse des attitudes y est jointe à l'émotion. Les critiques se font une conception bizarre du vocabulaire artistique. Chez eux, comme chez les sophistes grecs, les concepts s'excluent. Naturalisme exclut noblesse, émotion, composition, élégance, force. C'est absurde. On trouve toutes ces qualités réunies dans les belles œuvres grecques et dans les meilleurs morceaux de notre statuaire française du moyen âge.

La porte d'Andrea Pisano, si on la connaît préalablement par les photographies, frappera par le caractère menu, petit, des panneaux sculptés. Malgré soi on s'attend à quelque chose de monumental : on a une série de ravissants bibelots. Cela aussi est bien florentin et typique de la statuaire italienne.

Mais une œuvre plus parfaite nous requiert. C'est, au Campanile voisin, la série des médaillons, où Giotto fixa les conceptions du moyen âge sur le développement de l'humanité. La série commence à la *Création de l'homme*, qu'un Dieu grave suscite de la terre du jardin d'Eden. Puis c'est la *Femme naissant de l'homme*, puis le *Travail*, la *Vie pastorale*, Jabel, père des pasteurs, assis devant sa tente paissant ses brebis, la *Musique* avec Jubal, la *Métallurgie* qu'incarne Tubalcaïn, la *Vigne* avec Noé. Sur une seconde face se voient l'*Art de bâtir*, l'*Art du potier*, l'*Art de dresser les chevaux*, la *Promulgation des lois* et l'*Exploration des régions nouvelles*. La troisième paroi a la *Navigation*, la *Punition des crimes*, l'*Agriculture*, le *Commerce* et la *Géométrie*. Enfin, sur la dernière face, deux reliefs seulement, la *Peinture* et la *Sculpture*, celle-ci une merveille de composition et d'exécution.

Les meilleurs d'entre ces panneaux sont d'un charme que peu d'œuvres italiennes égalent. Burchkhardt trouve que la composition et le sens plastique y sont de moindre intérêt que le contenu. Je ne partage pas cette manière de voir. Des morceaux comme la *Création de l'homme*, la *Vie pastorale*, l'*Art de dresser les chevaux* me paraissent valoir non seulement par la qualité de la pensée, expressive, sérieuse et profonde, mais surtout par l'excellence du sens plastique. Certes je mets à côté des œuvres les plus parfaites la jeune femme debout dans l'*Art de tisser*, ou le cheval qui s'enlève avec son cavalier. C'est une heure exquise dans l'art italien.

Sur quelques-unes des portes de la cathédrale, il y a des statues de la fin du moyen âge, qui méritent mieux que le dédain avec lequel elles sont généralement traitées. Au Musée du Dôme, on trouvera aussi quelques figures en ronde-bosse. Elles sont relativement rares dans l'art de cette époque; alors que la France était peuplée d'un monde de statues, l'Italie en compte à peine quelques-unes, et l'infériorité n'est pas numérique seulement, je vous prie de le croire.

A Or San Michele, le Tabernacle d'ORCAGNA (✝1368) vaut une visite. Il a des détails séduisants, mais l'ensemble est médiocre. Nous sommes toujours dans des œuvres fines, petites. On voudrait respirer un peu devant les belles figures largement drapées d'une de nos cathédrales.

Pour l'ornement, on remarque combien l'Italie est réfractaire au style septentrional, lequel avait créé de toutes pièces sa décoration en s'inspirant des formes vivantes étudiées dans la nature. Ici au contraire, on trouve sans cesse des souvenirs romains. Regardez les fenêtres d'Or San Michele, si fouillées, si ornées, mais dont les guirlandes ont un air déjà vu.

Les *Villes isolées* (VIe partie) nous montreront

plus d'un spécimen de la sculpture au xive siècle. C'est à juste titre que Vérone s'enorgueillit des tombeaux des Scaliger, qui sont, à tout prendre, dans les meilleurs monuments du xive siècle.

Si l'on peut se laisser aller au plaisir de juger, je dirai de cette école toscane de sculpture aux xiii et xive siècles qu'elle tient un rang excellent dans l'ensemble de l'art italien. Dans ses œuvres supérieures — quelques figures isolées de Jean de Pise et quelques madones, qui sont puissantes, simples et maternelles, dans les bas-reliefs du Campanile, elle montre des qualités que le xve siècle, si raffiné, ne connaîtra pas.

Au point de vue de l'art européen de ce temps, l'appréciation change. Evidemment et sans conteste l'Italie n'est pas, au xive siècle, au premier rang. Elle ne vient que loin derrière la France qu'elle suit en retard de plus d'un siècle et avec des forces inégales. Le xive siècle italien prend ses sujets et son inspiration dans l'art français du xiiie siècle. L'invention est chez nous et la copie chez eux. Même en laissant de côté la question de l'invention des sujets, l'Italie ne peut songer à comparer l'œuvre qu'elle fit en ces siècles à ce que la France réalisa pendant la même période. Il y a quelques œuvres charmantes dans la Péninsule ; mais c'est tout de même la France qui, pour la sculpture comme pour l'architecture, a donné la formule définitive de l'idéal artistique du moyen âge.

L'inconnaissance générale de l'art français et des théories erronées sur le rôle nécessaire de l'antiquité dans la formation des arts modernes ont perpétué ces graves erreurs d'appréciation et ont fait jouer à l'Italie. dans le développement de la civilisation européenne, un rôle qui n'a pas été le sien. On voit assez de quelle utilité il était pour les hommes du XVIIe siècle, qui nous ont doté de l'enseignement que nous subissons encore, de faire le succès de l'Italie et quelles étaient leurs raisons intéressées pour donner la première place dans le monde moderne à l'héritière directe de la civilisation latine.

LA PEINTURE

Nous arrivons à la peinture, que l'on a pu croire l'art chrétien par excellence, tant que l'attention a été monopolisée par l'Italie. En réalité, la sculpture l'a précédée et a exprimé avant elle l'idéal chrétien. Comme nous l'avons montré, l'épanouissement de la peinture en Italie a été favorisé par le caractère local du style gothique. Après Giotto, le XIVe siècle voit une floraison inouïe de la peinture monumentale. Ici encore tout a été dit et fort bien. Il reste pourtant quelques remarques générales à formuler.

Vous lirez la vie de GIOTTO (1267-1337). Il serait

inexplicable si l'on ne savait avant lui, à côté de lui, une tradition sculpturale qui avait déjà façonné l'âme italienne, et l'influence directe de Jean de Pise. Il y a bien des réserves à faire sur l'état actuel de ses œuvres à Santa Croce, mais il faut convenir que c'est de Giotto que date la peinture italienne et s'étonner que du premier coup elle soit elle-même à ce point. Giotto lui trace des voies dont elle ne s'écartera plus. Son action s'étend non seulement sur le XIVe siècle, mais sur le XVe et le XVIe dans ce qu'ils ont de meilleur. C'est le sens le plus exact qui se montre des arrangements et de la composition. La première formule est définitive. Chacun y apportera son individualité, sa vision spéciale des choses, personne en Italie ne songera à nier ces modèles, qui satisfont un des besoins les plus impérieux de l'esprit latin, le besoin d'unité.

Mais l'arrangement, l'harmonie des groupes, ne sont qu'une chose extérieure, une forme, dans laquelle peuvent s'exprimer les pensées les plus diverses. Giotto, comme tout son siècle, avait l'âme religieuse. L'art de ce temps est sous l'autorité et l'inspiration de l'Eglise. Il nous est aisé de n'envisager les œuvres d'art qu'au seul point de vue plastique. La suite des temps nous l'a permis ; mais il ne faut pas oublier que ce sont des conquêtes relativement récentes. Pour Giotto, autant que la forme artistique qu'allaient revêtir ses idées, importait l'idée elle-même. Ses œuvres sont des compositions expressives ; par là, il faut entendre qu'elles signifient un état de pensée, non pas inconsciemment — toute œuvre est un signe — mais d'une façon voulue et réfléchie. Il n'est pas possible de séparer ici la forme de la pensée. Cela n'est pas suivant nos actuelles idées sur l'art. Qu'y puis-je ? Chez Giotto, l'union des deux éléments est si intime, qu'à nous qui ne regardons ses œuvres qu'en artiste, elles restituent par la beauté simple des gestes un état d'âme qui nous est peu familier, mais que la puissance expressive du maître rend clair et compréhensible.

Comme l'on sent ici que Giotto appartient au moyen âge, que les symbolismes religieux, les histoires sacrées ont une vérité profonde et intime en lui ! En les traduisant, il s'exprime lui-même ; ce sont dans les sujets de la religion les émotions de sa vie intérieure qu'il extériorise. Plus tard en sera-t-il ainsi ? Un Vinci, en qui existe déjà l'esprit scientifique moderne, sera placé, par la force de la tradition, en face de sujets semblables. Seront-ils pour lui ce qu'ils étaient pour un Giotto ? Un Raphaël, par l'effort de son intelligence, envisagera les thèmes sacrés d'une manière toute objective et arrivera à de parfaites réalisations ; mais l'esprit critique n'atteint pas à la spontanéité d'expression de l'âme religieuse. Le parfum du moyen âge est, en certaines œuvres rares, impérissable.

On débutera par Santa Croce, où deux chapelles

sont de Giotto. A-t-on signalé dans le *Banquet d'Hérode* la façon déjà si Renaissance dont Giotto couronne le toit plat de la loggia de statues qui se profilent sur le ciel? Il faudra chercher avec Ruskin (*Mornings in Florence*) tant d'églises où le XIVe siècle s'exprime. Au musée des Offices, qui sert lui aussi les fins du *Voyage idéal* par le classement chronologique des peintures, vous ne quitterez guère l'école giottesque en suivant les premières travées de la galerie.

Retournons à ce moment à Pise. Il y a là, au Campo Santo, une des fresques importantes de ce temps. A la décrire, nous entrerons tout à fait dans l'esprit du moyen âge italien.

Le Triomphe de la Mort

Le Campo Santo de Pise est un endroit clos, exquis de paix et de recueillement. Derrière ses murs, c'est le charme de larges portiques, retombant en fenêtres de plein cintre délicatement ajourées. Des sculptures, bas-reliefs venus de chaires détruites, monuments funéraires des siècles médiévaux, Vierges de l'école pisane serrant d'un geste lourd et passionné le Bambino qu'elles contemplent, sarcophages païens même avec des mythes antiques, l'histoire de Phèdre et d'Hippolyte (qui se rattachent à tout le reste, car on sait que Nicolas, premier sculpteur pisan, les copia), remplissent les quatre galeries où ne passent plus que des touristes, tarifés à un franc pour visiter ce qui fut le champ des morts de la grande Pise. Les murs sont décorés de fresques. Un côté a été couvert par l'inlassable Benozzo Gozzoli : mais, malgré des morceaux charmants, il n'y est pas à son mieux ; c'est la chapelle des Médicis au palais Riccardi, avec ses cortèges somptueux et l'éclat de ses costumes royaux, qui reste le chef-d'œuvre du grand fresquiste.

Sur les autres faces, de bons peintres de l'école giottesque se sont appliqués, avec des bonheurs et des talents différents, à dire les vies des saints. Mais, entre toutes, s'affirme la fresque intitulée le Triomphe de la Mort. Le moyen âge s'y raconte avec abondance et beauté. A ce moment de notre voyage, arrêtons-nous devant elle. Qu'elle soit représentative pour nous, non seulement des autres fresques du même siècle, mais de son entière époque et des âmes de son temps.

Or elle est telle.

Au mur sud du Campo-Santo, elle s'encadre dans une bordure peinte, où en des médaillons losangés sont des bustes de prophètes et d'anges tenant des phylactères, scène variée et riche de personnages, où s'illustre de motifs différents la même victoire, celle de la mort. Au centre un cartouche soutenu par deux anges porte l'inscription que voici :

Trésors de sapience et de richesse
De noblesse aussi et de prouesse

Servent de rien aux coups de celle-ci,
Et ne fut encore trouvé contre elle,
O lecteur, aucun argument.
Ah! puisses-tu avoir l'esprit
De te tenir toujours préparé
De peur qu'elle ne te joigne en péché mortel!

D'une paroi de rochers à pic, dans un ciel traversé de la lutte des anges et des démons, tombe d'un vol puissant une mégère horrible, la Mort. Ses cheveux, crinière épaisse, se hérissent; des ailes de chauve-souris gigantesques la portent; ses pieds sont griffus, son corps hommasse. Elle s'arme d'une faux large qui tranchera les vies, promises au trépas, des humains.

Au pied du rocher, une troupe haillonneuse se tient implorante. Vieillards impotents et affamés, que courbent vers la terre le poids des années et la misère trop dure, aveugles, paralytiques, perclus, boîteux, ils sont là, déchets misérables dans l'ombre et l'humidité, en marge du monde déjà, où ne les retiennent plus que les restes d'une vitalité trempée par tant d'épreuves qu'on ne la peut arracher. Ils tendent les bras vers la Mort secourable devant eux; ils voient le havre salutaire où elle peut, d'un seul coup, les faire entrer et, pour qu'elle n'en ignore, ils lui jettent une banderole où se lit:

Puisque prospérité nous a quittés
O Mort, médecine à toute peine
Las! donne-nous à présent l'ultime Cène.

Mais, Elle, qui ne les entend point, va d'un vol sûr vers d'autres lieux. C'est, à droite, un coin paisible et délicieux où, sous des orangers touffus, une compagnie charme l'instant fugace dans les jeux, la musique, les conversations plaisantes. Un musicien debout, drapé dans un grand manteau à bandes alternées, joue du luth, tandis qu'une femme assise l'accompagne sur la lyre; une autre, vêtue d'un somptueux brocart, caresse un petit chien, tout en devisant avec un jeune homme assis près d'elle. Une troisième tient un faucon sur son poing et, derrière eux, passent deux couples enlacés. Heure exquise d'une cour d'amour, que va détruire, d'un coup brusque de sa faux, la Mort qui s'avance. Elle va flétrir les gorges opulentes des femmes, figer en un ricanement d'effroi le sourire des lèvres prêtes aux baisers, éteindre le feu de ces yeux charmants, ternir le lustre des cheveux bouffants sur les oreilles et changer en cadavres cireux les corps souples où battait à pleins coups le sang rouge de la jeunesse. La Mort guette ces joies mondaines :

Prends garde qu'elle ne te joigne en péché mortel.

Entre ces deux groupes opposés, sous la Mort qui tombe, c'est l'éventrement de tombeaux ouverts. Papes, cardinaux, femmes, enfants, à l'heure du jugement, voient leur âme sortir de leur bouche, en homuncule, en réduction d'eux-mêmes

— *efflavit animam*, n'est point une image — et disputée par de fantastiques démons à corps de bêtes et des anges en hirondelles, dont le vol s'éparpille dans le ciel entre les rochers à pic et les idylliques orangers embaumés. Plongent à gauche les damnés dans des trous de flammes : à droite les anges bercent d'une douceur sans pareille, entre leurs bras maternels, les âmes sauvées.

Mais la leçon ne serait pas complète. A la vie selon le monde — misères et joies, il reste à opposer la vie selon Dieu. La partie gauche de la fresque va nous montrer une seconde fois la rencontre de la vie et de la mort et ce qui triomphe finalement de cette dernière.

Un somptueux cortège se déroule en départ pour la chasse. Les chiens bondissent aux mains des valets, les faucons se dressent au poing des dames ; un empereur couronné, l'arc à la main, Louis de Bavière, dit-on, est au centre : chevaux blancs, chevaux noirs, harnais étincelants, manteaux riches des chasseurs et chapeaux extraordinaires s'empanachant aux têtes des femmes, la cavalcade s'avance, quand, sur le chemin, tout à coup elle se heurte à trois cercueils ouverts, laissant voir les cadavres de trois rois. Le premier a été fraîchement enseveli ; il est vêtu de riches habits et couvert d'un manteau bordé de vair blanc. Le second, qui a encore la couronne en tête, est déjà dans un état avancé de décomposition. Le troisième est réduit à l'état de squelette. Les chevaux s'arrêtent, oreilles pointées, reniflant les morts que les chasseurs se montrent terrifiés, tandis que l'un d'eux, d'un geste énergique, se bouche le nez devant le cercueil qui pue.

Un vieux moine s'avance pour commenter la leçon de la mort et présente, à une dame du cortège, un cartel où se lisent ces vers :

Si votre esprit est bien avisé,
Tenant ici le regard fixé attentif,
La vaine gloire y sera déconfite
La superbe, comme vous voyez, morte,
Vous vous apercevrez encore de ce sort,
Si vous observez la loi qui est écrite.

Un sentier rocailleux mène vers les demeures des Pères. C'est ici le chemin de la vie bienheureuse. Sur la hauteur où l'on parvient avec peine et où n'atteignent pas les bruits du monde, ils ont édifié une chapelle et passent leurs jours dans les occupations pieuses de l'existence érémitique. L'un d'eux lit : un autre l'écoute ; un troisième trait une chèvre. Un corbeau est posé près d'eux. Ils vivent en Dieu ; la vie ne leur est qu'une attente, un état transitoire. L'achèvement sera un pas de plus vers les trônes des Gloires et des Dominations. Ils ont renoncé les joies mondaines dont nous venons de voir deux peintures si séduisantes. Le balbutiement des prières a remplacé sur leurs lèvres les concetti des diseurs d'amour ; ils ne tuent point les animaux, mais vivent en paix avec toutes les créatures de Dieu. Ils sont au-dessus des plaisirs et des soucis de ce monde. Que la terrible mégère agite sa faux redoutable sur ceux qu'elle effraye. Pour leur âme immortelle, il n'est point de terreurs. Ils ont vaincu « notre sœur la mort corporelle ».

Ainsi s'achève la fresque que l'on voit au Campo-Santo et qui se dénomme le Triomphe de la Mort.

Voilà un type excellent de la peinture de ce temps : composition claire qui exprime d'une façon saisissante les grands lieux communs de la religion et, par des scènes pittoresques et tragiques, en fait sentir la force à chacun. Sans doute elle est totalement dénuée de l'agrément que nous demandons aux œuvres d'art ; elle ne plaît pas à l'œil ; la couleur en est sèche ; il n'y a pas d'harmonie d'ensemble. Vous n'y trouverez pas non plus ce côté cuisiné, ce haut ragoût d'art, qui nous excite dans des œuvres postérieures.

En vérité, quand j'y réfléchis, je vois un abîme entre cet art-là et celui de Velasquez, de Chardin, de Delacroix, de Renoir. Manifestement les uns et les autres ne visent pas le même but, ne cherchent pas leur plaisir aux mêmes endroits. Ah ! qu'il y aurait de choses à dire, si nous n'étions pas des voyageurs qui enregistrent des sensations et n'ont pas le temps de philosopher !

Santa Maria Novella, à Florence, sera une de

nos stations favorites pour cette époque. Elle a, dans la chapelle des Espagnols, l'ensemble le plus complet d'une décoration peinte telle que l'entendait le XIVe siècle. Sur ses murs, sont représentés d'un côté une allégorie philosophique de la Religion, *Triomphe de saint Thomas d'Aquin*, où de surprenantes femmes incarnent les vertus et les sciences, de l'autre le *Triomphe de l'Eglise militante*, auquel travaillent les chiens du Seigneur, Domini canes : en face, au-dessus de l'autel, la *Montée au Calvaire*, le *Crucifiement* et la *Descente aux Limbes*. Les voûtes gothiques sont peintes aussi, chacun des quatre pans entre arcs ayant un sujet. De toute place dans la chapelle, on a devant soi une fresque qui se présente en plan incliné et que l'on peut regarder sans se casser la nuque. Je considère ces voûtes comme offrant le modèle de la peinture plafonnante. Je les mets bien au-dessus des essais brillants de la Renaissance, pour cette simple raison que l'on peut *voir* ce que le peintre a voulu nous montrer et que les personnages ne présentent pas leurs pieds au spectateur. Nous comparerons plus tard à cette petite chapelle d'une époque « barbare » les célèbres coupoles du Corrège et les voûtes de la Sixtine. Pour l'adaptation intelligente d'une décoration à une forme architecturale, l'avantage restera au moyen âge.

Dans l'église même, la chapelle Strozzi montre le *Paradis* d'Orcagna, où les groupes de femmes sont d'une grande suavité de lignes, le *Jugement dernier* avec des diables terribles qui tirent d'une trappe nobles et bourgeois, l'*Enfer* moins tragique et plus livresque.

On trouvera dans le *Cicerone* un catalogue des fresques du XIVe siècle, et l'on pourra courir les églises et couvents de Florence et des environs. Pistoie, où il y a une belle chaire de Giovanni Pisano, Prato, qui possède un des chefs-d'œuvre du même maître, une madone dont l'ivoire vieilli a pris des tons chauds et tannés et qui tend sa tête forte. — Entre toutes les fresques de cette église — nous n'entrons pas encore dans le chœur — je recommande une *Nativité* exquise de GHERARDO STARNINA (✝ 1408) où des femmes allongées assistent à la naissance de la Vierge dans un décor d'une pénétrante intimité.

On terminerait ces études du moyen âge par l'homme qui en fixe une dernière fois l'idéal, FRA GIOVANNI DA FIESOLE (1387-1455), que l'on appelle FRA ANGELICO.

Bien qu'il meure dans la seconde moitié du XVe siècle, à un moment où l'art est lancé à la recherche d'entreprises nouvelles, bien qu'il ait profité techniquement des progrès réalisés au commencement du siècle, il se rattache à la grande école du XIVe siècle par l'esprit et les tendances. Lisez sa vie dans Vasari : elle fut exquise de simplesse et remplie par une besogne énorme. Pendant le cours d'une existence très longue, il ne se lassa pas de raconter les mêmes histoires, d'illustrer les mêmes drames. Autant qu'avec les Dominicains, ses frères, il vécut avec les saints du paradis, dont les béatitudes lui étaient familières. Il peupla le ciel de figures délicieuses. Il raconta — combien de fois ! — les faits de Notre-Seigneur Jésus-Christ, s'affligea aux mêmes drames. Je ne sais pas de vie qui me paraisse plus égale, plus soutenue et plus heureuse. La foi apaisante le porta jusqu'à la fin. Le talent dont il avait été doué lui permit de faire participer ses frères aux saintes émotions dont il était agité. Il n'en fit aucun usage profane.

Il faut aller au couvent de Saint-Marc et voir dans chaque cellule la petite fresque qu'il peignit pour que les moines eussent sous les yeux une image constante de la vie de Jésus. On voit bien ici pourquoi il travaillait, et que le désir de la gloire n'entrait pas dans son cœur, non plus que les préoccupations purement matérielles de l'éclairage de ses œuvres, de leur place, etc. Ces fresques sont toutes placées à contre-jour près d'une fenêtre exiguë en trou ; il faut un écran pour les pouvoir regarder.

Et avec cela il est le plus « artiste » des peintres religieux. Ses personnages sont d'une beauté divine, — comparez les têtes de Giotto et de Fra Angelico, — les gestes sont d'une pureté émouvante et l'arrangement au plus haut point impressionnant. D'entre les fresques de Saint-Marc j'ai gardé le souvenir d'un Christ sortant du tombeau, dans ses vêtements blancs ruisselant de clarté[1]. Dans le couloir en face de l'escalier, une *Annonciation* vous arrête. La Vierge reçoit l'ange sous un portique qui ouvre sur un jardin fermé d'une haute barrière. Je ne sais rien dans l'art italien, qui donne comme cette scène dans le jardin clos, une impression émue de recueillement et de simplicité.

Le grand *Crucifiement* de la salle capitulaire est connu par les photographies sur toute l'étendue de la terre.

On verra ses tableaux célèbres des Offices devant lesquels se presse la foule horrible des copistes; mais n'avons-nous pas, à Paris, une de ses œuvres les plus parfaites où la mêlée harmonieuse des saints et des saintes chante parmi les bleus mystiques le couronnement de la Vierge? A l'Académie est la *Descente de croix*, éclatante comme au jour où elle fut peinte. Derrière la déposition dont tous les acteurs tremblent de pitié, — avec quelle douceur ils touchent le corps sacré du Seigneur! — c'est une petite ville, ceinturée de remparts, hérissant ses tours, près desquelles se groupent des maisons serrées aux murs roses et blancs, quelques cyprès, des haies de buis et de fleurs, dans un paysage tel qu'on en voit du couvent des capucins, à Fiesole.

[1] Les photographies de cette série n'en donnent aucunement l'impression.

Avec Fra Angelico, c'est la fin d'une époque. Déjà il passe sa vie dans des préoccupations qui ne sont plus celles de ses concitoyens. Je ne vois pas ce qu'a de commun avec lui Fra Filippo Lippi, par exemple. Autour de Fra Angelico, c'est le xve siècle, époque mêlée qui tient encore du moyen âge, mais qui poursuit un idéal nouveau, époque la plus brillante quant au nombre et à la diversité des talents. Elle s'éloigne de plus en plus des conceptions antérieures; l'art tendra à vivre d'une vie propre, à s'affranchir de tout lien étranger.

Avant de quitter le moyen âge, faisons un retour encore sur les conditions dans lesquelles l'art s'y est développé. Tous les progrès, toutes les inventions techniques sont mis au service de l'Eglise. Mais cela n'entrave pas la liberté de l'art. L'idée religieuse n'est là que pour lui donner un fond, une matière. C'est l'opposé du virtuosisme, c'est la négation de l'art pour l'art. Les hommes du moyen âge avaient une vie complète ; la religion faisait partie d'eux-mêmes et n'excluait ni la libre recherche dans le domaine philosophique, ni l'indépendance dans la pratique. Un Giotto, un Giovanni Pisano, un Fra Angelico, ne se sentaient aucunement entravés dans leur œuvre créatrice par les commandements de l'Eglise, dont la règle n'était pas pour eux une chose extérieure et tracassière.

Il est devenu un lieu commun de dire que

c'était la découverte de l'antiquité qui nous avait libérés des liens de l'autorité. C'est là une explication fausse. Et d'abord le moyen âge a connu l'antiquité; ses grands docteurs ont eu comme livres de chevet Aristote et Platon et Virgile. Dante savait l'antiquité, mais il a fait œuvre de son temps; — chez Pétrarque, au contraire, qui le suit de près, c'est déjà l'humanisme, précurseur de la Renaissance, qui perce. Pétrarque n'est pas assez fort pour dominer la culture ancienne et se l'approprier. Il veut imiter. De là, la caducité de son œuvre: les sonnets ont survécu, qu'il écrivit en langue vulgaire, tandis que le latin lui paraissait seul assez noble pour ses grandes pensées. C'est par lui que le latin reprend son autorité sur les écrivains. Résultat : plus d'un siècle de perdu, au moment le plus brillant de la civilisation, pour la littérature italienne, qui avait déjà un passé glorieux, des chroniqueurs excellents, des poètes et un Dante. Y a-t-il progrès et affranchissement? n'y a-t-il pas plutôt substitution d'une autorité sans droits en nature, celle de l'antiquité, à une autorité fondée sur le consentement général et sur la tradition chrétienne? On voit combien il faut se méfier des formules toutes faites.

Pour l'art, l'autorité de l'Eglise était douce. L'art s'en est pourtant émancipé au xve siècle. Il ne s'est plus donné comme matière la pensée religieuse. Il ne faut pas confondre ici le sujet et l'émotion créatrice; le sujet reste religieux, quand le but poursuivi par le peintre n'est plus du tout d'exprimer un sentiment religieux. Mais l'antiquité n'a joué aucun rôle dans cet affranchissement. Le moyen âge avait connu l'art antique; il tire pourtant sa grandeur de son fonds propre. C'est pur accident que les copies de détail faites par Nicolas Pisano sur des sarcophages païens.

Les hommes de ce temps avaient au plus haut point le sens de l'actuel et, comme aux temps de la Grèce, l'art fut national et religieux. Ce n'est que beaucoup plus tard que l'idée antique troublera les esprits et leur fera perdre le sens de la réalité contemporaine.

Si l'art s'est détaché de l'Eglise dès le xve siècle, ce n'est point à l'aide de l'antiquité. L'affranchissement est venu de la marche naturelle de l'art lui-même. Si, au début de tout art religieux, l'idée à exprimer, qui se traduit suivant des canons hiératiques, oblige l'artiste à une forme donnée; si plus tard le sentiment plastique, avec toute la liberté qu'il exige pour se manifester, fait un exact contrepoids au thème sacré qu'il doit développer, il arrive un moment où cette balance est définitivement déplacée et où le sentiment artistique, avec une pleine conscience de sa force et de ses lois, l'emporte et se crée une existence indépendante. C'est ce qui se voit en Italie au moment où nous sommes parvenus. Les qualités plastiques ont pris une telle valeur, l'artiste y est devenu si sensible, que le besoin s'est fait sentir moins fort d'un soutien à l'œuvre d'art. C'est maintenant le côté art pur qui domine. La réalisation plastique plus que l'expression religieuse importe à l'homme du xve siècle.

Pour nous, Français, qui allons en Italie, nous n'y trouverons pas, aux xiiie et xive siècles, les beautés absolues et décisives que le moyen âge connut en France. L'époque romane a laissé des monuments très séduisants ; mais leur gothique est bâtard et mal venu. Dans la statuaire, si elle ne se compare pas au point de vue monumental à la nôtre, il y a des œuvres de détail d'un bien grand charme. Enfin c'est le départ extraordinaire de la peinture à fresque, cette floraison inouïe des vies des saints et des scènes de l'Evangile sur les murs des églises et des cloîtres. Ici nous sommes vraiment en Italie. Nous entrons maintenant dans le grand siècle italien, le quinzième. Florence, à ce moment, et la Toscane, suffiront pour longtemps à nos études et arrêteront plus d'un mois encore les touristes qui suivent les étapes du *Voyage idéal*.

LA TOSCANE

XVe ET XVIe SIÈCLES

Pour les siècles les plus riches de l'art italien, Florence reste le centre de nos études. Des louanges unanimes ont vanté ces monuments nombreux, parmi lesquels nous allons à notre tour guider le touriste. Notre rôle sera assez semblable à celui de l'esclave qui, au cortège du triomphateur antique, disait ces simples mots : Souviens-toi que tu es un homme.

Devant les œuvres italiennes, nous évoquerons le souvenir d'œuvres contemporaines admirées en d'autres pays. Cela suffira à nous faire garder le ton juste et la mesure.

Nos premières impressions du XVe siècle ne furent pas aussi bonnes que nous l'espérions. Plus tard j'en ai compris les raisons : d'abord notre documentation préalable était surtout photographique, c'est-à-dire, trompeuse ; ensuite, les exagérations de tant d'écrivains avaient créé en nous un état d'esprit exalté que la réalité devait avoir peine à satisfaire. Après avoir vécu quelque temps en Toscane, nous nous sommes faits des amis que nous n'avons quittés qu'avec peine. Je n'oublierai pas, lorsque j'en parlerai, le plaisir que j'eus à les fréquenter.

Brève dissertation sur le mot RENAISSANCE *et pourquoi il ne se trouve pas en tête de ce chapitre.*

Le mot prête à confusion. Il a été employé dans des sens fort différents. Il faut remonter à son origine, car il fut appliqué par des hommes dont les vues en art étaient précises et fausses.

Le mot Renaissance, dans le langage propre de l'art, signifie la renaissance des arts sous l'influence de l'antiquité retrouvée. Il implique qu'il y a, dans l'histoire de l'art, deux moments : la période antique, et celle où l'antiquité renaît sous une forme nouvelle, la Renaissance. Cette dernière fut préparée par les humanistes ; les archéologues suivirent et enfin les artistes s'y rallièrent. Comme on le voit, la marche est progressive et analytique l'art ne vient qu'à la suite de la science. Telle est l'acception reçue et exacte du mot Renaissance.

C'est dans ce sens qu'il est dit, sous une gravure populaire que j'eus sous les yeux pendant mon enfance, gravure représentant le roi François Ier recevant à Fontainebleau la *Sainte Famille*, de Raphaël : « Cette époque est celle de la Renaissance des lettres et des arts en France. »

Elle date ainsi du XVIe siècle en France ; en Italie du milieu du XVe. Elle s'écrit alors avec un grand *R*. C'est bien à tort que l'on parle de la Renaissance de la peinture italienne avec Giotto. L'antiquité n'y est pour rien et tout ce qu'on peut tolérer est que l'on emploie ce mot, mais avec un petit *r*.

Développant cette formule, on découvre qu'il n'y a pas eu de Renaissance en France au XIIIe siècle et que le grand mouvement de l'art gothique, dont on peut dire qu'il fut le plus admirable qu'ait vu l'ère chrétienne, ne mérite pas ce nom, car l'antiquité retrouvée n'y a pas contribué. De même il n'y a pas eu de Renaissance en Flandre au temps de quelques peintres évidemment médiocres, Jean et Hubert van Eyck, Rogier van der Weyden, Hugo van der Goes, Memling et autres artistes de mince importance ; non plus qu'en Bourgogne, à la fin du XIVe siècle, alors qu'on y élevait des monuments admirables, du reste mal connus du public cosmopolite qui se presse dans les galeries italiennes, le Puits de Moyse et le portail de la Chartreuse de Champmol.

Il reste que la Renaissance des arts sous l'influence de l'antiquité se prépara en Italie au XVe siècle, avec quelques hommes que l'on indique, et fut importée en France par les expéditions royales, retour de la Péninsule. Voilà quel est exactement le sens du mot Renaissance, fixé par ceux qui le mirent en vogue.

Montrons maintenant la fausseté de ces vues.

En fait les arts n'ont pas attendu que l'on déterràt les œuvres antiques pour renaître. Les races occidentales n'ont pas guetté un signal des humanistes et des archéologues pour combiner suivant leur goût propre des lignes architecturales, pour tailler la pierre à l'imitation de la forme humaine et pour chercher des harmonies de formes et de couleur qui les satisfassent. Cela peut être une opinion d'érudit formée au fond d'un cabinet entre de gros in-quarto ; mais la nature et la vie, dont l'art n'est que l'expression supérieure, ne s'en soucient point.

Il n'y a pas à insister. On sait qu'il y a eu de l'art au moyen âge en France, dans les Flandres, en Allemagne et en Italie.

Pour l'Italie du XVe siècle, la question de l'influence antique a reçu des réponses diverses. L'opinion que je prétends soutenir, et qui recevra les éclaircissements voulus dans les différentes parties de ce chapitre, est la suivante :

En peinture, l'influence de l'antiquité est nulle au XVe siècle.

En sculpture, il y a parfois copies de détail, amusements d'artistes érudits ; la décoration est antique, mais la statuaire se développe sans l'aide de l'antiquité.

Pour l'architecture enfin, l'influence antique se fait sentir dans l'ornement d'abord, dans la conception ensuite. Ici seulement il y a une Renaissance selon le sens traditionnel. C'est l'événement capital de l'histoire de l'art à ce moment. Il a eu des conséquences si lointaines, et pour nous si sensibles encore, que nous avons la plus grande peine — admirateurs ou critiques — à le juger impartialement. Nous serons obligés de transposer à un registre inférieur ce qui a été écrit sur « les chefs-d'œuvre de la Renaissance », lesquels ont généralement fait perdre la tête aux historiens de l'art. Les plus modérés vous parlent « de monuments d'une grandeur et d'une perfection dont il serait difficile de se faire une idée. » J'avoue n'avoir rien vu de semblable en Italie aux temps où l'antiquité passionna les architectes et où les cinq ordres (car il n'y en a pas moins) régnèrent tout puissants de par l'autorité exhumée de Vitruve.

Pour conclure cette brève dissertation, disons que nous employons le mot de Renaissance (avec un grand R) au sens traditionnel.

C'est pourquoi nous ne l'avons point mis en tête de ce chapitre, car la meilleure partie de l'art italien de ce temps et la plus durable a échappé à l'influence antique.

Pour les raisons que nous venons de donner, nous renverserons l'ordre suivi jusqu'ici et étudierons la sculpture d'abord, la peinture ensuite, pour finir par l'architecture, où il sera temps de parler de l'antiquité retrouvée.

LA SCULPTURE AU XVᵉ SIÈCLE

Deux époques d'art se laissent distinguer dans le xvᵉ siècle florentin. Brunellesco, Ghiberti, Jacopo della Quercia, Donatello, Luca della Robbia sont dans la première. La seconde, la plus riche en monuments, a les Desiderio da Settignano, Benedetto da Majano, Verrocchio, Andrea della Robbia, Rossellino, Pollajuolo, Agostino di Duccio et quelques autres. La première a plus d'originalité et de grandeur: dans la seconde, la manière apparaît déjà : il y a quelques œuvres très fortes et un grand nombre d'œuvres trop faciles ; souvent, avec un grand charme, de la sécheresse.

Ici nous n'avons guère qu'à dire nos préférences : le champ a été labouré par de maîtres travailleurs. Combien y a-t-il d'histoires de la sculpture florentine ?

On cherchera Ghiberti (1378-1455) à Or San Michele, au Baptistère, au Musée. Le Baptistère reste la grande œuvre ; mais, quelle que soit la beauté de la matière et la patine du bronze ; quels que soient les agréments de détail, l'élancement gracieux des personnages, qui donne comme une note d'un gothique un peu mièvre, quelles que soient l'habileté du sculpteur, la richesse de la composition, l'abondance des feuillages, je ne puis dire avoir éprouvé en face de ces portes une grande émotion. On est obligé de se pencher sur elles, de prendre une lorgnette pour distinguer les scènes du haut. Cela ne se lit pas d'ensemble ; on aimerait détacher de sa place telle figurine exquise et l'avoir sur sa table de travail pour la palper à son aise. C'est une série de ravissants bibelots ; je n'y puis guère voir autre chose. Je sais que toutes les portes connues, byzantines et autres, ont été faites ainsi de petits panneaux ; mais ce n'est qu'un fait et je le juge. La seconde porte, celle du *Paradis*, a eu une influence énorme sur les destinées de la sculpture. Elle a créé le genre du tableau en relief. Je préférerai toujours un tableau peint à un tableau sculpté.

Vasari, sur tous ces maîtres florentins, est amusant à lire, et le *Cicerone* contient les détails nécessaires sur l'entourage des grands hommes.

Donatello (1386-1466) est une personnalité puissante ; l'image qu'il donne de la vie est passionnée, et la diversité de son œuvre montre un esprit qui ne se satisfait point dans une réalisation une fois trouvée, mais qui veut incessamment créer sa forme plastique.

Au Musée national, une salle entière lui est consacrée, moulages et originaux : le *Saint Georges*, jeune figure des plus attachantes de l'art florentin ; le *David* d'un si beau bronze, qui éveille un sentiment indéfinissable ; les fiers bustes connus de tous, un *Saint Jean*, des bas-reliefs, et au centre en plâtre, *Gattamelatta* sur son lourd cheval de guerre. Au Campanile, quelques-unes des figures en ronde-bosse sont de lui : le *Zuccone*, la plus puissante et la plus expressive des créations de ce temps ; à Or San Michele, un *Saint Pierre* et un *Saint Marc* ; à la Cathédrale, le *Pogge*, *Josué* et le beau *Saint Jean* ; à la Loggia dei Lanzi, une *Judith*. Au musée du Dôme, sont les deux tribunes célèbres des chanteurs, de Luca della Robbia et de Donatello. L'effet d'ensemble de celle de Donatello est incontestablement supérieur. Peut-être se plaira-t-on davantage aux détails de l'autre ; pour moi, je préfère ensemble et détails, celle de Donatello, avec la délicieuse effronterie de ses enfants débandés parmi les roses. A Prato, on verra une chaire extérieure du même thème décoratif : à Santa Croce, un *Christ* en bois, sec et douloureux ; au Baptistère, une *Madeleine* décharnée et un tombeau ; à San Lorenzo, des décorations dans la sacristie et une composition puissante et dramatique, les panneaux en bronze des deux chaires (terminés par un élève, Bartoldo). Entre toutes ces œuvres du maître, deux surtout restent vivantes devant moi : le Zuccone, grande figure maigre et pensive, me regarde du haut de sa niche du Campanile et je vois aussi tourbillonner devant mes yeux les scènes tourmentées des chaires de San Lorenzo.

Le plus grand sculpteur de l'époque, à côté de Donatello, est le Siennois Jacopo della Quercia (1371-1438). Florence n'a pas une œuvre de lui ;

on en trouvera à Lucques, à Sienne et plus tard à Bologne. Les lourdes draperies agitées, l'ampleur des gestes, la plénitude des figures, le sentiment de la vie s'exprimant non par des recherches de détail mais par l'effet d'ensemble, la noblesse de l'allure et un certain air de grandeur que l'on ne voit pas souvent dans la statuaire italienne, mettent Jacopo della Quercia au premier rang des maîtres de son art, entre Giovanni Pisano et Michel-Ange. Les siècles ont été durs pour lui; son œuvre la plus importante, la fontaine Gaja, à Sienne, est ruinée et les figures éparses gémissent dans une salle de l'Œuvre du Dôme où leur manquent la caresse de la lumière et le plein air. Mais il survit dans tous ces débris, figures de femmes assises, dressant leur tête fière et mutilée, une impérissable beauté. A moitié rongées, elles palpitent pour moi d'une vie plus intense que les œuvres les plus raffinées des Florentins. A Sienne, les fonts baptismaux ont une moindre perfection. Les statues de bois de San Martino sont intéressantes[1].

A Lucques, il y a un grand dessus d'autel à San Frediano, et à la cathédrale le beau tombeau d'Ilaria del Caretto, dont la frise est Renaissance, mais dont le sentiment est gothique. On verra plus tard, à Bologne, le portail de Saint-Petronio. — Avec Luca della Robbia (1399-1482) s'achève le

[1] A rapprocher de la Vierge entrée récemment au Louvre.

premier cycle de la sculpture du XVe siècle. Il est de moindre originalité que les deux hommes dont nous venons de parler; il simplifie davantage, aime moins le mouvement et s'attache à un type plus régulier de figures. La chaire déjà citée, les portes de bronze à la sacristie de la cathédrale, un tombeau, montreront sa valeur de sculpteur. L'invention qu'il fit de l'émail à appliquer sur les terres cuites peintes, eut un succès inouï et, trois générations durant, fournit à l'Italie les innombrables œuvres, et parfois chefs-d'œuvre, que chacun connaît.

La seconde moitié du siècle est remplie par des recherches tout de même plus médiocres. Je n'indique dans un sujet si banal que l'essentiel, laissant aux livres spéciaux le détail. Desiderio da Settignano (1428-1464), auteur du plus parfait des tombeaux à l'italienne, celui de Carlo Marzuppini, à Santa Croce; Andrea della Robbia (1437-1528), qui fit une infinité de choses, entre lesquelles les délicieux bambins emmaillotés au portique des Innocenti; les deux Rossellino (1409-1464 et 1427-1478), qui ont de la grâce; Benedetto da Majano (1442-1497) très représentatif de son temps, et par la sécheresse et par le charme. Mino da Fiesole (1431-1484); ici la facilité l'emporte; il y en a trop. Entre ces artistes, éminent les Pollajuoli (1429-1498), buste au Musée, Hercule et Antée et tombeaux à Saint-Pierre de Rome, et Andrea

VERROCHIO (1435-1488), auteur du plus certain des chefs-d'œuvre de la statuaire italienne, la statue équestre de Bartolommeo Colleoni, que l'on voit devant Saint-Jean et Saint-Paul à Venise. Et j'aime aussi beaucoup le *Saint Thomas et le Christ* à Or San Michele. Ces hommes-là ont quelque chose d'énergique et de voulu qui manque aux aimables sculpteurs florentins que nous avons cités plus haut.

Florence et la Toscane permettront les études les plus complètes sur la sculpture du XVe siècle. Ce fut une grande et belle époque, mais je la voudrais situer dans l'ensemble de l'art contemporain.

Si l'on prend, comme point de comparaison, la date du concours pour les portes du Baptistère (1402), on trouvera qu'il y avait alors à Dijon, une école florissante. C'est de 1387 à 1393 que Jean de Marville et Claus Sluter sculptent les statues du Portail de la Chartreuse de Champmol; c'est de 1395 à 1402, que Claux Sluter et son atelier élèvent le Puits de Moïse; c'est de 1383 à 1412, que le même atelier, depuis Jean de Marville jusqu'à Claux de Werwe, érige le tombeau de Philippe le Hardi; et cette école continue au XVe siècle avec des œuvres comme le Portail de La Ferté-Milon, les statues funéraires de Charles de Bourbon et d'Agnès de Bourgogne, à Souvigny; le tombeau de Jean sans Peur, celui de Philippe Pot.

Voilà des monuments dont le souvenir me hantait lorsque je courais la Toscane. Je trouvais des qualités différentes aux figures de Donatello et de della Quercia : mais elles n'effaçaient pas l'image persistante des œuvres bourguignonnes.

Je songeais que le Portail de la Chartreuse est d'un quart de siècle antérieur aux premières créations importantes de Donatello et que les personnages qui y sont sculptés sont d'une beauté plastique, d'une vérité, d'une noblesse et d'une élégance, qu'aucune œuvre italienne de ce temps n'atteint : que la France, déjà maîtresse incontestée de la statuaire au XIIIe siècle, avait vu, dès la fin du XIVe, une école nouvelle fleurir au duché de Bourgogne et créer, sans le secours ni de l'Italie, ni de l'antique, une admirable forme d'art... je songeais à ce que j'avais vu et aimé sur le sol bourguignon et je m'affligeais de la désespérante continuité des partis pris, de la moutonnière indifférence du public, qui ne sait pas encore quelles sont nos richesses et qui va répétant sans fin les mêmes lieux communs. Qu'il soit indiqué ici, comme rappel au touriste d'art en Italie, que, sans conteste, le plus beau monument européen de la fin du XIVe siècle est le Portail de la Chartreuse de Champmol à Dijon : qu'au début du XVe ce ne sont pas les panneaux de Ghiberti, mais le Puits de Moïse, qui représente la forme plastique la plus haute, et qu'enfin il cherchera vainement en Italie un tombeau contemporain qui s'égale à celui de Philippe le Hardi.

Quelles sont les caractéristiques de la sculpture italienne de ce temps ?

Les recherches du nu s'y développent, mais sont encore exceptionnelles. D'autre part les influences de l'orfèvrerie continuent à se faire sentir, — la finesse, la grâce, l'élégance, parfois la mièvrerie et la sécheresse viennent de là. La statuaire a peine à être monumentale. Elle subit encore les conséquences d'un développement architectural bâtard. Peut-être, en Italie, l'individualisme est-il plus accentué ? Je n'aborde ce point qu'avec beaucoup de réserve. Lorsque nous aurons des études complètes sur l'école bourguignonne, peut-être y verrons-nous des individualités aussi différentes que celles de Ghiberti et de Donatello.

Les influences antiques ne pèsent pas lourd dans l'œuvre originale de ce temps, que le naturalisme domine. Cela est indiqué partout, et je ne m'y arrête pas.

Dans la décoration, le style classique reparaît et n'a pas de peine à ruiner l'ornement gothique dont l'Italie n'avait jamais apprécié la féconde beauté. Y a-t-il progrès ici ? — Je le nie. Je sens la grâce de ces rinceaux maniés par les hommes d'un goût si fin qui firent la Renaissance italienne ; mais comment oublier que cette heure a pesé sur les quatre siècles qui nous séparent d'elle et qu'à partir de ce moment l'adaptation, parfois intelligente, et souvent la copie maladroite de formules décoratives anciennes ont remplacé l'invention personnelle et la libre recherche dans le monde des formes vivantes? Rien n'a été plus funeste à l'art qui n'existe qu'à la condition de se créer continuellement, qui ne vit que d'efforts individuels. L'hypnotisation produite par l'ornement antique a porté un coup mortel à l'invention. Eût-il été cent fois plus beau, on aurait dû le bannir! Il y a plus de vie selon l'art dans un grossier entrelac mérovingien que dans la copie de la plus belle corniche romaine. L'un est création, l'autre imitation. Depuis ce temps l'imitation a dominé les styles décoratifs.

NOTICE SUR LE TOMBEAU AU XVe SIÈCLE

Le xve siècle italien a trouvé une forme nouvelle de tombeau, dont les exemplaires les plus notables se voient à Santa Croce, celui de Leonardo Bruni d'Antonio Rossellino, celui de Carlo Marzuppini de Desiderio da Settignano, et que l'on retrouve avec variantes dans un grand nombre d'églises. Le tombeau est adossé dans une niche peu profonde, grand sarcophage de forme élégante, à griffes de lions, que surmonte pour l'ordinaire un lit de parade sur lequel le défunt est représenté étendu; au dessus, dans la lunette, une Madone ou les saints patrons; les pilastres des deux côtés de la niche, l'arc supérieur, son couronnement, reçoivent une décoration à l'antique; des enfants nus, Génies, Amours, y tiennent des guirlandes de fleurs ou portent l'écu du mort : le tout est fort brillant et du plus riche effet.

Ici ce n'est pas l'exécution que je critique, laquelle est souple, infiniment, mais la conception où se trahit ce quelque chose de théâtral, d'apprêté et de factice qui semble propre à la Renaissance italienne. Mettez en comparaison les tombeaux du XIIIe et du XIVe siècle français, ou encore ceux de Dijon, avec les tombeaux toscans du XVe siècle.

Dans les premiers, le mort est couché, dans ses vêtements ou dans son armure, sur un sarcophage isolé peu élevé au-dessus du sol ; à ses pieds un animal familier dort, ou une bête héraldique prise de ses armes. Grave, ne prêtant pas l'oreille aux bruits de la foule, aux pompes de l'Eglise, recueilli et comme absorbé en lui-même, seul, il attend. — Ici, au contraire, que voyons-nous ? Escorté de Génies porteurs de guirlandes, le défunt, revêtu d'habits somptueux, est étendu sur un lit de parade. Rien n'invite au recueillement ; nous sommes à une fête où l'on ne parle pas de la mort. Mais il y a plus, le gisant, sur une couche trop élevée, échapperait aux regards s'il reposait normalement à plat. Aussi le présente-t-on sur un plan incliné, regardant le spectateur et s'offrant à lui, au rebours de tout bon sens, de toute logique, je dirai de tout respect.

Le moyen âge entoure la mort de sérieux, de

gravité. En face d'un tombeau gothique, on se recueille, l'art élève et ennoblit la pensée. En face d'un tombeau italien, on ne songe qu'à l'habileté du sculpteur. Il n'a tâché qu'à briller, qu'à se faire valoir. Il n'y a dans son œuvre aucune émotion profonde.

Ce sont là des choses essentielles, et l'on aurait tort de ne pas regarder quelquefois l'art de ce point de vue.

* * *

On trouvera au xve siècle une série d'œuvres polychromes, suite charmante de traditions médiévales. Je ne parle pas de l'argile émaillée des della Robbia, mais de la statuaire en bois ou stuc peints. Au retour d'Italie, qu'on entre au Musée du Louvre qui possède une des plus belles pièces polychromes que je connaisse, une *Madone avec l'Enfant*. La Renaissance ruinera ces délices. A ses débuts, elle accueillera parfois encore la polychromie architecturale; mais le développement des principes de l'école néo-classique amènera bientôt l'implacable sévérité grise de la matière et bannira ce qui avait été une fête pour les yeux amoureux de couleur en des siècles plus favorisés et plus libres, ceux où l'on construisait le Parthénon ou Notre-Dame de Paris.

Dans la seconde moitié du siècle, la statuaire va s'amenuisant; l'habileté technique est devenue grande : il y a, dans les ateliers florentins, des formules qui s'enseignent et se répètent. On voit une œuvre, on est ravi ; on en voit dix et c'est trop. Le *joli* de la sculpture s'accuse ; les grandes lignes, les qualités de l'ensemble disparaissent. A côté de l'art trop facile d'un Mino da Fiesole, les œuvres plus rares d'un Pollajuolo, d'un Verrocchio, se font une place à part dans la mémoire. Et les bronzes de ce temps sont d'une si belle matière ! et les siècles l'ont patinée si amoureusement !

Le Musée national offre des séries complètes ; les églises ont encore un nombre considérable de tombeaux et de plaques funéraires. Enfin il faut courir la Toscane, comme nous l'avons fait précédemment pour le XIVe siècle. Dans toutes les petites villes, riches un jour et indépendantes, la vie fut intense aux siècles du moyen âge. L'art conserva dans chacune d'elles un caractère local ; certains maîtres restent attachés à leur lieu de naissance. En outre certaines villes ont accaparé certains sculpteurs. On ne connaîtrait pas un des bons artistes de la seconde moitié du siècle si l'on n'allait chercher à Lucques les œuvres indigènes de MATTEO CIVITALI (1435-1501). Rimini et Pérouse sont indispensables pour révéler AGOSTINO DI DUCCIO (1418-1481).

LA TRANSITION

Plusieurs maîtres, contemporains de Michel-

Ange ou ses aînés, forment la transition. Ceux-là nous acheminent vers la Renaissance, en ceci que l'antiquité les trouble et que, vis-à-vis d'elle ils ne sont plus libres. Mais — est-il nécessaire de le dire? — ils ne font pas des œuvres antiques. Voulant se rapprocher d'un idéal qui leur est extérieur et étranger, ils perdent la spontanéité, les qualités de franchise et l'accent personnel que l'époque antérieure avait montrés. De là le caractère plus banal, plus quelconque, de leurs productions. Le meilleur d'entre eux est Andrea Sansovino (1460-1529), dont on verra le groupe assez noble du Baptême du Christ au Baptistère et plus tard des tombeaux à Rome. Rustici (1474-1554), au Baptistère aussi, m'est assez indifférent. Si l'on a beaucoup de temps à soi, on pourra, à l'aide du *Cicerone*, étudier cette époque à laquelle manque la plus essentielle des qualités, la vie.

LE XVIe SIÈCLE

MICHEL-ANGE

Florence est enfin la ville de Michel-Ange (1475-1564), la plus surprenante personnalité de l'art italien, la plus titanesque, la plus disproportionnée et pourtant la plus humaine. Michel-Ange identifia les contraires dans sa forte individualité : nul ne fut plus hanté par les modèles du passé païen, ne les étudia davantage, ne voulut avec plus de persistance s'en approcher : et aucun sculpteur n'a contribué autant que lui à faire passer dans l'art les idées les plus opposées aux conceptions anciennes et n'a détruit plus absolument la sérénité de l'œuvre antique.

Dans l'époque classique, disparue à jamais avec la ruine du paganisme ; dans le moyen âge, où le monde chrétien se crée une forme plastique, la tradition jouait un rôle considérable. Le développement des types et des sujets sacrés était l'objet principal de la statuaire. Maintenant l'époque moderne commence.

Avec Michel-Ange c'est le développement non de thèmes traditionnels, mais de la personnalité affranchie de toute entrave et de sujets et de règles ; c'est l'expression du drame humain, cherché non pas extérieurement, mais dans l'homme lui-même ; c'est un effort inouï pour agiter le marbre et y faire palpiter la passion d'être. L'artiste ne reflète pas le monde extérieur ; c'est lui-même qu'il veut exprimer. Son œuvre m'apparaît ainsi comme l'extériorisation voulue et consciente d'une individualité, une création du dedans au dehors, et Burchkardt me paraît avoir résumé cette position excellemment lorsqu'il dit : « Il semble que Michel-Ange ait eu de l'art qui crée le monde et le postule une idée aussi systématique

que certains philosophes l'ont eue du moi qui, selon Fichte, crée l'univers. »

Vous trouverez à la Casa Buonarrotti les premières œuvres du maître où, à dix-sept ans, il se révèle déjà puissant. Au Musée national, une suite importante, le *Bacchus ivre* au regard fixe, l'*Adonis mort*, la *Victoire*, d'un mouvement si violent, l'admirable relief de la *Madone avec l'Enfant* — que cela est donc magistral ! — le buste à peine dégrossi de *Brutus*, l'*Apollino* ; à l'Académie, le colossal *David*, qui, dans l'ensemble, n'est pas la plus heureuse de ses créations ; enfin, à San Lorenzo, les tombeaux des Médicis. — La chapelle est vraiment le lieu par excellence où se révèle Michel-Ange. Le contact de ces œuvres prodigieuses a toujours éveillé en moi une espèce de trouble et d'inquiétude. C'est le propre des figures de Michel-Ange de vous surprendre et de vous emporter, de par l'impérieuse volonté de celui qui les suscita, dans un monde de pensées douloureuses et passionnées, de rêves intenses où s'agitent des forces primitives, tendues dans un effort désespéré, frémissantes et comme accablées de ne pouvoir se réaliser. J'aime à appliquer à l'œuvre de Michel-Ange, par transposition, ces beaux passages de Schopenhauer. « Notre dépendance, notre lutte contre une nature ennemie, notre volonté brisée dans le combat, tout cela nous apparaît alors bien visiblement... » et plus loin : « C'est là l'impression achevée du sublime. Ce qu le produit, c'est l'aspect d'une puissance incomparablement supérieure à l'homme et qui menace de l'anéantir... »

Aussi est-ce bien à tort que l'on demande des impressions agréables aux œuvres de ce maître. Elles sont disproportionnées et n'ont pas cette apparence de vérité extérieure qui plaît à tous. Jamais têtes humaines ne reposèrent sur nuques pareilles; jamais être vivant ne put dormir dans la pose forcée de la *Nuit*. Elles manquent de charme ; la grâce en est absente et la naïveté ; tout y est préméditation, volonté. — Enfin elles sont pour la plupart non terminées. Il semble qu'arrivé à un certain degré dans sa lutte avec la matière, Michel-Ange se soit brusquement détourné, au moment où il pouvait dire au marbre qu'il domptait : « Arrêtons-nous ; maintenant j'ai mis ma vie en toi. Inachevé et en partie non dégrossi, une passion pourtant est incarnée dans ta dure substance, qui la perpétuera à jamais, signe visible pour tous les hommes des combats qui se sont livrés en moi. C'est assez. »

Il faudra lire la vie de Michel-Ange dans Vasari ou dans son biographe Condivi. Elle fut sombre et prise dans des luttes incessantes. Ce qui reste de lui ne sont que les ébauches de conceptions gigantesques. Il se colleta avec des tâches inouïes. Un dessin que l'on me montra dans un manuscrit à la Laurentienne le représente dressé sur les orteils, tout le corps tendu pour jeter plus haut la main armée d'un pinceau qui décore une voûte, celle de la Sixtine sans doute. Tel reste fixé dans ma pensée cet homme prodigieux.

A le situer dans l'ensemble de l'histoire de la sculpture, il ne diminue pas, car si on lui trouve des ancêtres, Jean de Pise et Jacopo della Quercia, son génie l'emporte. Il ouvre une ère nouvelle ; par lui l'époque, qui fut si belle et si grande, du moyen âge est définitivement rayée, et entre dans le monde, avec ses défauts, ses passions, son outrance, ses beautés tragiques et ses faiblesses, la sculpture moderne, la nôtre.

Après Michel-Ange l'art resta profondément troublé. Comme toute individualité puissante, il suscita de nombreux imitateurs. Dans les jardins et musées de Toscane, on voit ce que fut, entre leurs mains, le style michelangelesque. C'est l'affaire aux livres spéciaux de dire les ateliers du maître et ses élèves. Mais Michel-Ange n'est pas responsable de la médiocrité du siècle. Ce n'est pas sa faute, mais celle d'un millier de circonstances politiques et sociales, si l'Italie de ce temps ne produit plus des hommes et, fatiguée de tant de luttes, se laisse aller aux dominations étrangères.

On verra, sans qu'il soit besoin de s'y attarder, ce que furent Montorsoli, Raphael da Montelupo, Guglielmo della Porta, la faiblesse boursoufflée de Bandinelli, la maladresse d'Ammanati.

On aura aussi à chercher au musée et à la Loggia

dei Lanzi, les deux ou trois œuvres d'un des hommes les plus connus de ce temps, BENVENUTO CELLINI (1500-1572), qui est beaucoup plus intéressant la plume à la main que le ciseau. Il faut le lire et non le voir. Un modèle du *Persée*, au Musée national, est pourtant bon.

Dans la seconde moitié du siècle, c'est un Français acclimaté en Italie, qui est à la tête des maîtres de son temps. JEAN BOULOGNE (1524-1608), de Douai, que l'on préfère appeler (cela sonne mieux) Giambologna. La reproduction a popularisé son *Mercure*. Il y a, à Florence, ses pièces les plus importantes. Avec tous les défauts de l'époque, la superficialité, le goût du théâtral, le convenu, l'académisme, c'est encore ce qu'il y a de mieux à ce moment-là.

Je crois qu'arrivé à ce point vous aurez épuisé les jouissances sculpturales que peut offrir la Toscane. Lorsque vous aurez étudié cet ensemble qui va des raides sculptures romanes aux figures contournées du XVIIe siècle, vous pourrez élaborer des idées générales sur la statuaire florentine.

Le progrès

C'est à tort qu'on applique le mot de progrès à l'évolution d'un art. Il implique l'idée d'un point de départ, généralement médiocre, puis d'améliorations successives et enfin d'un feu d'artifice final, après lequel on prononce le mot de décadence. Il faut voir ici non point la traduction de faits réels, mais une simple façon de parler, une manière toute subjective de l'esprit, qui aime à imposer aux choses un principe de liaison qui lui est personnel. Appliqué aux choses, il supposerait un *substratum*, concret et permanent, qui subirait les modifications indiquées, tout en restant essentiellement le même. Il n'en est pas ainsi en réalité : l'art de la sculpture n'est pas ce quelque chose de substantiel que nous évoquons pour la commodité du langage. Ce n'est qu'un terme abstrait sous lequel nous rangeons une pluralité de faits ayant des caractères communs.

En fait, il n'y a pas progrès de la statuaire, pas plus, comme l'a finement remarqué M. de Gourmont pour la littérature, qu'il n'y a décadence. Il y a des états successifs, voilà tout ce que l'on peut dire ; quant à l'enchaînement des uns aux autres, c'est nous qui le mettons dans les choses où il n'est pas. Voyez en Italie où les critiques veulent nous faire voir une lente progression, une série d'efforts qui n'atteignent leur réalisation complète qu'en Michel-Ange.

Lorsque Nicolas de Pise fait son œuvre à l'aide de modèles antiques, c'est, après la déplorable statuaire romane, un coup d'éclat. L'art est-il lancé sur une voie qu'il va suivre ? Pas du tout. Jean de Pise est influencé non par son père, mais par le style gothique. Après lui, il n'y a aucun progrès au XIVe siècle, à la fin duquel on fait des œuvres très médiocres, et personne ne pourrait faire sortir logiquement des écoles de ce temps l'art qui lui succède immédiatement de Ghiberti, de Donatello, de Jacopo della Quercia. C'est un état nouveau de la sculpture italienne, lequel est fort brillant. Puis elle s'abaisse à nouveau ; l'originalité diminue ; on va vers le poncif ; les ateliers florentins sont d'une activité extrême ; mais la quantité ne remplace pas la qualité. Qui aurait prédit, à voir la production de 1490, le coup de tonnerre prochain qu'allait être Michel-Ange ? Et après ce grand homme, nous disons que l'art est épuisé, que la décadence commence et qu'il a vidé la coupe que des générations avaient emplie. C'est encore une façon de parler. Il y a, cela est certain, un abaissement général de la faculté plastique dès le XVIe siècle, auquel nous pouvons donner le nom de décadence. Mais nous n'avons pas le droit d'introduire arbitrairement un rapport de cause à effet entre l'action créatrice de Michel-Ange et l'œuvre médiocre de ses successeurs.

LA PEINTURE. — XVe SIÈCLE

Toutes les histoires de l'art, depuis Vasari jusqu'aux plus récentes monographies allemandes, vous enverront à l'église du Carmine où sont des fresques peintes par un génial jeune homme, mort à vingt-sept ans en 1428. Tous les écrivains d'art vous donneront avec une justesse égale les pensées nécessaires qu'éveilleront en vous ces œuvres célèbres ; connaissant préalablement le développement ultérieur de l'art du XVe siècle, ils vous le montreront en devenir dans les fresques de Masaccio et concluront que, celles-ci étant posées, tout le reste peut s'en déduire. Ils vous diront aussi que Masaccio est à la peinture de ce temps ce que Donatello est à la sculpture, qu'il est pour le XVe siècle, ce que Giotto fut pour le XIVe, ce que Raphaël sera pour le XVIe. On peut continuer ainsi longtemps ; mais je n'aime pas beaucoup ce genre de récréation.

Je dirais presque, si je ne craignais d'être accusé de paradoxe, n'allez pas au Carmine, mais achetez les photographies de ces fresques, lesquelles ont été sans doute fort belles, mais qui ne le sont plus, tant elles ont changé, tant elles ont noirci. Plutôt qu'une jouissance esthétique, le sentiment qui vous tient devant elles est celui de la recherche historique. Et puis la lumière fait défaut ; l'éclairage est abominable, et il convient d'élever à ce sujet une protestation générale.

Protestation générale contre l'éclairage des fresques italiennes du XVe siècle et contre les causes adventices qui en empêchent la vue.

Je dis et maintiens qu'il est à peu près impossible de voir les fresques de ce temps en Italie par la défectuosité de l'éclairage et par le noircissement qu'elles ont subi. On est obligé de chercher comme à tâtons les figures et de deviner l'action ; lorsqu'on peut voir un détail, l'ensemble échappe ; quand celui-ci subsiste, ceux-là ne sont plus lisibles. Je dis qu'il faut peiner devant les œuvres les plus considérables de ce temps et que seul notre grand respect peut nous obliger à des tâches aussi ardues ; que le plaisir que l'on devrait en attendre est singulièrement diminué ; que l'on a des déceptions inévitables et qu'enfin la faute n'en est pas toujours aux ravages du temps, mais que les peintres eux-mêmes doivent en être rendus responsables, lesquels acceptèrent de peindre leurs œuvres dans des conditions déplorables d'éclairage et employèrent souvent des matières insuffisamment expérimentées qui ont subi de grands changements. Je m'élève, en outre et subséquemment, contre les chapitres des églises, contre la bande des chanoines, curés, vicaires, diacres, clercs, bedeaux et sous-bedeaux, qui ont fait placer rideaux, écrans, paravents, tentures et entières parois de bois devant les fenêtres pour préserver leurs vieilles têtes de possibles courants d'air. Je proteste d'une façon générale contre l'usage des cierges et de l'encens, dont la fumée encrasse maints chefs-d'œuvre, contre les remaniements que d'imbéciles architectes ont apporté aux églises anciennes, contre les grattages et les barbouillages des bousilleurs rococos et baroques!

Quelle satisfaction attendre d'une visite au Carmine, sous cette voûte en trompe-l'œil que l'on est obligé de regarder avant d'arriver à la sombre chapelle décorée par Masaccio? Encore peut-on apercevoir, avec peine, mais sans plaisir, ces fresques noircies — mais je défie que l'on puisse tirer aucune impression de la fresque du même peintre au mur intérieur de Santa Maria Novella. Et croyez-vous que dans la même église les fresques de Ghirlandajo, un des chefs-d'œuvre de ce siècle, représentent pour nous, dans leur état actuel, ce qu'elles étaient pour lui? Non seulement l'éclairage est défectueux et des pans entiers du mur au retour de la fenêtre disparaissent dans une obscurité que l'œil ne peut percer; mais, dans les parties les mieux éclairées, le temps a fait son œuvre et a noirci l'ensemble, effrayamment. On cherche, le nez sur le mur: on trouve des figures ravissantes, de nobles silhouettes de jeunes gens, des femmes exquises de grâce et de lignes souples. D'impression générale vous n'en avez pas; — pourtant, c'est un ensemble décoratif que ce peintre avait combiné et non une série de personnages indépendants les uns des autres. Dans ce qui fut une riche unité harmonieuse, nous devons nous contenter de glaner des détails. Les fresques décoratives de Ghirlandajo ont, comme telles, disparu depuis longtemps ; ce n'est que par politesse que l'on en parle ainsi ès livres de critiques. En fait, ce n'est qu'un recueil de types et d'individus épars que l'on regarde successivement. L'œuvre réelle de Ghirlandajo dort paisible sous une couche épaisse de saleté, dans l'ombre protectrice de l'église, et ne montre que de séduisants fragments, juste assez pour vous exciter à demander davantage.

Qu'avez-vous vu, touristes mes frères, de la somptueuse fresque de Benozzo Gozzoli au Palais Riccardi? D'ineptes seigneurs, sans aucun doute protecteurs des arts en leur siècle, en détruisirent une partie pour agrandir l'escalier. Qui n'a admiré — à moins que cela ne l'ait fait pleurer! — l'ingéniosité du gardien armé d'un large écran couvert de papier de plomb, par le moyen duquel il envoie de successifs reflets sur les fresques et, prestigieux nécromancien, évoque un à un de l'ombre les chevaliers rois mages du cortège? C'était un ensemble; nous n'en avons que les morceaux. Ici une mesure radicale s'impose : fermer hermétiquement la lucarne par laquelle filtre une insuffisante lumière et installer au milieu de la pièce exiguë une blanche lampe à incandescence. Alors pour la première fois depuis qu'elles ont été peintes seront visibles les fresques dont tous parlent, mais que nuls n'ont vues, où Benozzo Gozzoli représenta les rois mages sous les figures des plus nobles princes de son temps.

Prenez les ouvrages estimés de Paul, de Pierre et de Jean, vous verrez que, par une convention tacite, on parle de ces fresques, comme si on les pouvait regarder. L'assemblée des critiques me paraît semblable à la compagnie à qui le singe montrait la lanterne magique, sans l'avoir, au préalable, allumée.

Que le *Voyage Idéal* soit un témoin sincère et dise les choses telles qu'elles sont : les fresques maîtresses du xve siècle s'entourent de mystère; seule la photographie donne de l'ensemble de chacune d'elles une image approximative.

Après cette solennelle et platonique protestation, continuons le cours de nos visites, faisant, comme chacun, semblant de voir.

*
* *

Au Carmine, aidé par les photographies, vous devinerez des choses fort belles. Adam, accablé, cachant sa figure dans ses mains, Eve, levant au ciel sa face douloureuse, s'en vont à pas lourds, chassés du jardin du Paradis. Ce sont pour l'Italie les meilleures figures nues que l'on ait encore dressées. C'est là que l'on a voulu voir une partie de l'idéal du xve siècle, la meilleure.

Le nu a fait déraisonner à plaisir. On a pris au sérieux une phrase de Benvenuto Cellini où il est dit que la fin de l'art était de mettre debout une figure nue, et l'on a cru que c'était vraiment les recherches les plus hautes qui puissent absorber un artiste.

Que le nu soit une chose admirable, que son étude soit nécessaire, qu'il ait fourni la matière de chefs-d'œuvre divins — qui, plus que moi, aime la *Vénus* du Titien ou l'*Amour sacré*, ou les figures qui s'agitent au plafond de la Sixtine? — c'est l'évidence même; mais l'absurdité serait de lui donner une préexcellence qu'il n'a pas et de constituer à son profit un royaume exclusif au sommet de la hiérarchie des genres. Cela ne fut jamais dans la pensée du xve siècle, ni des bons peintres du xvie. C'est une idée de professeur chargé d'enseignement. Car de ce que l'on est obligé de faire des « académies » il ne s'ensuit pas que cela soit noble et qu'un vêtement moderne, pantalon et veston, ne le soit pas. De ce que la coulée est superbe d'une hanche de femme arrondie et féconde, la robe d'une grisette et son chapeau n'en sont pas moins dignes de plaire. Et si l'art n'est que l'expression supérieure de la vie, il est certain que dans nos civilisations modernes, le nu, au lieu de constituer le but final de l'art, restera plutôt exceptionnel.

Avant de quitter Masaccio, notez sur votre carnet la date à laquelle furent faites ces fresques,

(1426-1428), et, en rentrant chez vous, passez chez Alinari demander les photographies d'un tableau peint entre 1426-1432, à Gand, par les frères Hubert et Jean van Eyck. Sans parler des instructives réflexions où ne manquera pas de vous induire la comparaison des Adam et Eve contemporains, l'*Agneau mystique* suffira à rappeler qu'à ce moment il y a en Flandre une école de peinture aussi avancée, pour dire le moins, que la peinture italienne de ce temps.

Ces synchronismes ne sont pas inutiles.

Des peintres de cette première période, PAOLO UCCELLO (1397-1475), celui que la perspective empêchait de dormir, il y a une belle bataille aux Offices; ANDREA DEL CASTAGNO (1390-1457), avec une *Cène* assez terrifiante à Santa Appollonia et des figures d'un trait fort net et énergique dans la même salle : DON LORENZO MONACO (1370-1425), peintre de transition : de tous ces hommes, c'est FRA FILIPPO LIPPI (1406-1469) que nous préférons. Aux Offices, à l'Académie, au Pitti, à San Lorenzo, à Prato dans le chœur de la cathédrale, nous l'avons cherché et nous l'avons aimé. Ah! le beau peintre, quelle saveur ont ses œuvres! comme c'est mieux peint que la plupart des fresques et tableaux contemporains! et quel délicieux sentiment! C'est de lui que Burckhardt écrit : « Filippo est le premier qui ait aimé de cœur la vie jusque dans ses accidents et ses hasards. » Il est vrai que le même critique dit : « Son coloris est généralement affreux », ce qui est faux. Il n'est pas d'œuvre de ce temps qui soit d'un coloris plus séduisant que la *Madone* du Pitti, par exemple, ou d'une harmonie de couleurs plus tenue que l'*Annonciation* de San Lorenzo. Ce sont des qualités rares chez les quatrocentistes florentins. Nous sommes à un moment exquis de l'art italien. Ce qui est charme sans affectation deviendra vite affectation sans charme. Botticelli, l'élève de Filippo, sera entre les deux, le charme et l'affection se livrant chez lui des combats d'issue inégale. Et chez FILIPPINO (1459-1504), fils de Filippo, lorsqu'il arrive à sa maturité, l'affectation l'emporte sans conteste (les fresques avec architecture Renaissance, de Santa Maria-Novella).

Il est du reste curieux de voir combien Botticelli jeune (*Madones* aux Offices et au palais Corsini) est près de Filippo vieux, combien Filippino dans ses meilleures œuvres de jeunesse (fresque de la Badia, *Madone* palais Corsini), est voisin de tous deux. On trouvera ici une occasion d'appliquer les analyses de Morelli, sur les oreilles et les mains particulières à chacun de ces maîtres.

Vers le milieu du siècle, Benozzo GOZZOLI (1420-1497) continue la grande tradition de la fresque. Nous avons parlé déjà de son chef-d'œuvre, la chapelle du palais Riccardi, qui sera une des joies de Florence lorsqu'on pourra la voir à la lumière électrique. Au Campo-Santo de Pise, un pan de mur énorme fut décoré par lui. L'effet d'ensemble n'est pas saisissant ; mais il y a des détails charmants, attitudes, figures et paysages. On le retrouvera à San-Gimignano.

Par ailleurs ce sont des hommes engagés dans des recherches différentes et qui travaillent avec passion sur des problèmes de technique, de matières, d'huiles et de vernis, de perspective, d'anatomie, de paysage, peintres de peu d'œuvres, mais intéressantes et nerveuses, les POLLAJUOLI qui meurent dans les dernières années du siècle, ALESSO BALDOVINETTI (1427-1499), PESELLINO (1422-1457), et ANDREA DEL VERROCCHIO (1435-1488) avec un tableau certain, le *Baptême du Christ*. Ces hommes-là représentent le côté le plus réfléchi de l'art florentin. C'est d'un de leurs ateliers qu'est sorti sans doute le très beau portrait d'homme au Pitti (n° 372, Salle de Prométhée) attribué à tort à A. Castagno.

Puis vient SANDRO FILIPEPI, dit BOTTICELLI (1447-1510), qui a monopolisé l'attention des imbéciles au point que cela en devient gênant. Pour la plupart il est, ou peu s'en faut, tout le XVe siècle. Il y a de lui des choses bien diverses : des toiles d'une banalité et d'une laideur rares, le *Couronnement de la Vierge* à l'Académie (n° 74) : des tableaux religieux, où le sentiment est remplacé par une affectation non dissimulée, l'*Annonciation* des Offices, les grands *tondi* avec anges et enfants ; les tableaux allégoriques et mythologiques, où il y a du bon et du mauvais, le bon étant le *Printemps*, d'un joli coloris gris, le mauvais, la *Calomnie*, d'après la description d'Apelles, la *Naissance de Vénus* étant voisine du *Printemps*. La meilleure, la plus solide de ses œuvres, est l'*Adoration des Mages*, et comme composition et comme couleur. Avec des qualités certaines de charme et des partis pris de lignes parfois séduisants, il a presque partout des arabesques, des attitudes fausses et pénibles, — les figures nues ne tiennent pas debout, — quelque chose de maniéré et de grêle. Vouloir y chercher, comme on l'a fait, de la pureté, du primitif et du simple ; y voir un art naïf et religieux, est d'un comique intense. Ses Vierges sont d'une sensualité maladive, triste et raffinée ; et les enfants dont il les entoure, aux bouches en cerises gonflées, aux boucles molles, sont des êtres douteux et inquiétants.

Pourquoi résume-t-il, aux yeux du touriste Cook l'élégance du XVe siècle italien, j'avoue n'y rien comprendre. Piero della Francesca et D. Ghirlandajo ont plus de grâce et sont de plus grands peintres.

De D. GHIRLANDAJO (1449-1494), le chef-d'œuvre est à Santa Maria Novella. Combien est-il regrettable qu'on le voie si mal ! La belle *Cène* d'Ognissanti, celle de San Marco, les fresques de Santa Trinita, montreront l'école florentine du XVe siècle à son apogée avant les maîtres définitifs de la Renaissance.

A côté d'eux, il y a les médiocres : LORENZO DI

CREDI (1459-1537) qui, toute sa vie, fit les mêmes tableaux de piété froide, sauf un jour, où, mieux inspiré, il peignit la *Vénus* que l'on retrouva récemment; PIERO DI COSIMO (1462-1521), qui se plut à de fantastiques histoires; COSIMO ROSSELLI (1439-1507), dont on verra des fresques à la Sixtine. Nous ne nous arrêtons pas.

Mais il y a en Toscane d'autres maîtres que les Florentins, et en première ligne, un peintre exquis, PIERO DELLA FRANCESCA (1420-1492), qui vint d'Ombrie et travailla dans le milieu toscan. Aux Offices, un dyptique, le duc d'Urbin et sa femme, est une œuvre d'un haut intérêt d'art et l'on oublie malaisément ces deux profils fermes et précis, s'enlevant sur un fond onduleux d'eau et de collines semées de maisons. De ce peintre, d'un fini si minutieux qu'il semblerait devoir le mener à la miniature, il est à Arezzo de larges fresques dans le chœur de l'église Saint-François. Elles ont souffert, mais la lumière est, chose rare, excellente. Nous fûmes surpris et charmés du puissant esprit décoratif qu'elles révèlent, de la clarté de la coloration, du jeu des lumières, de la beauté des groupes que baigne une atmosphère lumineuse en des paysages lointains. La matinée où nous fîmes connaissance de ce peintre séduisant entre tous fut une des meilleures de notre voyage en Italie.

Enfin il y eut de grands quattrocentistes, dont l'œuvre n'est pas florentine, et surtout Mantegna et Luca Signorelli ; nous en parlerons lorsque nous arriverons aux villes où ils ont laissé leurs fresques importantes.

Nous sommes au seuil d'une époque nouvelle. Avec Léonard de Vinci, Raphaël et Michel-Ange, la peinture voit son domaine s'étendre. Jetons un regard en arrière sur le XVe siècle que nous allons quitter.

Il n'est pas douteux que, dès Masaccio, nous sommes en face d'un art affranchi, qui ne se donne plus pour objet de répandre les vérités du dogme et de la morale. Les sujets, par la force de la tradition, restent religieux ; l'Eglise est encore le grand client ; mais il est infiniment rare qu'ils soient abordés dans un esprit religieux. Les œuvres de cette époque disent des recherches techniques, des tendances naturalistes — le portrait, le nu, le paysage — et nous montrent des artistes tout à la joie de créer. C'est un des traits caractéristiques de l'époque et de la race ; elle n'aborde pas les problèmes inquiétants ou, si elle les aborde, ils ne sont pas inquiétants pour elle. La vie lui est un sourire. L'on aime les cortèges, les banquets, les histoires agréables à conter, où la soie, les fourrures, la richesse des parures s'étalent, et l'on arrange les sujets sacrés au goût contemporain. On ne trouvera pas, dans le XVe siècle, Fra Angelico excepté, des pages émues comme la *Lamentation sur le corps du Christ*, de Giotto, à Padoue.

Si l'on songe à ce qu'est l'esprit de ce temps

et aux sujets quel a tradition lui impose. si l'on considère les travestissements que l'on fait subir aux récits sacrés, la réflexion suivante de Schopenhauer apparaîtra juste : « Il est cependant des sujets historiques, dont l'effet est incontestablement mauvais : ce sont ceux qui obligent le peintre à se maintenir sur un terrain limité et arbitrairement choisi, pour des considérations tout autres que celles de l'art ; mais cet effet devient surtout détestable quand le terrain est en outre pauvre en objets pittoresques et importants ; quand, par exemple, c'est l'histoire d'une méchante petite peuplade, isolée, bizarre, gouvernée hiérarchiquement, c'est-à-dire par l'erreur, et méprisée par toutes les nations de l'époque en Orient et en Occident ; car voilà ce qu'étaient les Juifs. »

Les Italiens du XVe siècle ne cherchent aucune vérité historique et transportent les histoires bibliques dans le milieu gai, riant et pittoresque de leur vie quotidienne.

La Renaissance ne fait guère sentir ses effets que dans les architectures des tableaux et, à la fin du siècle, dans les sujets. Botticelli est un des premiers à représenter des mythes antiques — avec lui les Pollajuoli et d'autres, — mais ce qui sera l'objet presqu'exclusif de l'art du XVIe siècle reste encore à l'état d'exception. Le portrait atteint une rare perfection. Il envahit la grande peinture décorative. C'est lui, comme nous le verrons, qui survivra à la décadence générale.

*
* *

En s'occupant de la peinture au xve siècle, pourquoi ne pas se faire une collection de types féminins, à l'aide des photographies excellentes d'Alinari ? J'en ai une série sous les yeux ; elles ont des traits communs bien remarquables. Les cheveux étaient tirés en arrière pour agrandir le front, qui devait être immense et bombé, cela surtout chez les peintres du milieu du siècle, Lippi, V. Pisano, P. della Francesca, Baldovinetti ; les cheveux étaient arrangés avec perles et torsades ; plus tard on adopte les bandeaux et les boucles encadrant le visage (Botticelli, Ghirlandajo) ; les yeux sont un peu bridés, l'arcade sourcilière arquée, très haute, les lèvres charnues, la figure ovale plutôt maigre, le cou immense, le nez allongé et fin, le buste étroit et serré ; le ventre, par contre, se portait gros et en avant. Telles sont les caractéristiques du siècle. Il est amusant de les réunir dans une douzaine de types bien fixés et de les comparer à une série appartenant au xvie siècle.

LE XVIe SIÈCLE

Le xvie siècle s'ouvre par la trinité Vinci, Raphaël, Michel-Ange. De ce dernier il n'est à Florence qu'un seul tableau, la *Sainte Famille* des

Offices, qui est un groupe sculptural de lignes puissantes ; comme peinture, c'est sec à plaisir et cela manque de charme ; comme conception, c'est typique de Michel-Ange ; — il n'a pas résisté au plaisir de grouper dans le fond de son tableau des figures nues, en académies, fort étonnées d'assister au passage difficile de l'Enfant-Jésus des bras de saint Joseph à ceux de sa mère.

Léonard de Vinci (1452-1519). C'est à Paris qu'il faut le chercher d'abord et à Milan. Il y a, aux Offices, une œuvre que la critique lui attribue, l'*Annonciation*, qui est ravissante, mais sur laquelle je conserve quelques doutes ; une grande esquisse, extrêmement intéressante pour les indications si précises de mouvements comme clichés par un instantané, l'*Adoration des Rois Mages ;* à l'Académie, un ange, attribué par la tradition dans le *Baptême du Christ* de Verrochio, et des dessins ; c'est tout. Si vous ne connaissez pas les chefs-d'œuvre de Paris, vous ne connaissez pas Vinci.

Mais que ces jours de Florence vous soient une occasion de relire sa vie dans Vasari, dans Burckhardt, ou chez le plus récent et le mieux informé de ses critiques, M. Eugène Müntz. Il fut un des plus admirables types d'homme que le monde ait vus ; sculpteur plus que peintre, la fortune ne nous a pas laissé trace de son œuvre sculptée, — pas même *Isabelle d'Este* au Louvre ; musicien, improvisateur, architecte (?), ingénieur militaire et civil, savant, philosophe, il ne se borna pas à de superficielles recherches dans des domaines si divers, mais épuisa les matières qu'il entreprit. Il faudrait lire la lettre qu'il écrivit à Ludovic le More dans laquelle il énumère les différents services qu'il pourrait lui rendre. N'oublions pas que dans l'histoire des doctrines scientifiques il mérite une place dans la lignée de Bacon. Et ce qui me touche enfin, il était d'une grande beauté corporelle et maître ès exercices physiques.

L'œuvre de Raphaël (1483-1520) est au contraire nombreuse à Florence, sans que l'on puisse dire qu'elle apporte une note nouvelle à ceux qui connaissent bien le Louvre.

Vous débuterez à la Tribune des Offices où, sur cinq tableaux encore à lui attribués par les catalogues, il n'y en a que trois authentiques, la très belle *Fornarina* était sans doute de Seb. del Piombo, dont on vient de placer un portrait « l'*Homme malade* », dans la même salle, permettant ainsi d'instructives comparaisons, et le *Saint Jean* n'étant qu'une médiocre copie de l'original que nous avons. Restent la *Madone au Chardonneret*, qui s'apparente à la *Belle Jardinière* avec moins de perfection, un portrait précis et charmant de Maddalena Doni et le superbe *Jules II*, une maîtresse toile : dans la salle des Peintres, son portrait.

Au Pitti, la *Madone du Grand-Duc* et celle *à la Chaise*, que j'aime toutes deux, tandis que je suis impuissant à goûter l'*Impannata* et que la *Vierge au Baldaquin* ne m'atteint pas. Il semble qu'il y ait deux parts dans l'œuvre de Raphaël ; certaines toiles me ravissent et me prennent tout : d'autres me laissent indifférent et critique. Dans les premières, je mettrai, pour n'en citer que quelques-unes, le *Jules II*, le *Balthazar Castiglione* du Louvre, la *Messe de Bolsène*, pour prendre des choses bien diverses — et parmi les autres je dirai la *Madone degli Ansidei*, de Londres, la *Transfiguration*, la *Sainte Famille de François Ier*. Au palais Pitti, les portraits des Doni, celui d'Inghirami (qui n'est qu'une copie, mais si belle), celui étonnant, de Léon X avec deux cardinaux, seraient dans la première série, tandis que la *Vision d'Ezéchiel* se rangerait dans la seconde. La *Donna Velata* est contestée, mais on la regardera avec joie.

En face d'un si grand homme, d'aucuns préfèrent abdiquer. C'est de Raphaël, par conséquent c'est beau, donc je l'admire. Je ne renonce point à mon indépendance. Je dis : je me plais ici et ici je m'ennuie. Pour l'érudit, tout se résout en somme à une question d'authenticité et de document. Que sa science s'applique à ceci ou à cela, peu lui importe, au fond : qu'il s'agisse d'établir une liste complète des éditions d'un livre ou des tableaux d'un maître, la méthode est la même et l'habitude fait passer la méthode avant tout. D'autre part il y a le public, qui ne sent rien par lui-même et dont l'ardeur à regarder les tableaux célèbres est en fonction du respect que l'on doit à des toiles consacrées. Entre ces deux classes de gens qui courent les galeries, sont ceux pour qui les œuvres d'art représentent des jouissances personnelles. Ceux-là savent aussi que l'étude est nécessaire et que l'on n'aborde pas les maîtres sans une initiation préalable ; mais ce qui est premier pour eux est l'égoïste et personnel plaisir goûté en face d'un tableau. Ont-ils ce léger choc qu'ils attendent, ils sont satisfaits; ne le reçoivent-ils pas, tous les raisonnements du monde ne leur feront pas avouer qu'ils l'ont éprouvé, alors qu'ils sont restés froids. Aucun écrivain, si grande soit son autorité, ne me fera déclarer chef-d'œuvre une toile qui ne m'a pas ému. Ce *Voyage*, quel qu'il soit, ne vaut que parce qu'il est une collection, ordonnée et classée aussi méthodiquement que possible, d'émotions personnelles.

Nous retrouvons Raphaël, à notre étape prochaine dans toute sa gloire romaine.

Autour de lui, il y eut des peintres de premier ordre et qui sont mal connus. Le seul fait que l'on a pu attribuer pendant des siècles à Raphaël des œuvres admirables, qui sont en réalité de gens classés beaucoup plus bas dans l'échelle de la notoriété, le montre suffisamment. J'indique comme tableaux le *César Borgia* de la collection Borghèse, la *Fornarine* des Offices, la *Velata* du Pitti, le *Navagero et Beazzano* de la galerie Doria ;

il y en a bien d'autres ; et comme hommes. Ricordi Ghirlandajo, Bronzino, Pontormo, Seb. del Piombo, Franciagibio, Polidore de Caravage, Bacchiaca, qui les uns très connus, les autres à peine, ont hérité récemment de toiles données jusqu'ici à Raphaël.

A Florence. l'école toscane contemporaine compte des hommes considérables dans l'histoire de l'art, Fra Bartolommeo (1475-1517) et Andrea del Sarto (1486-1531), le premier plus puissant et déjà michelangelesque ; le second plus attendri, plus coloriste aussi. Ni l'un ni l'autre ne me passionnent. C'est déjà l'outrance, le pathétique ; et quoi de plus froid que le pathétique qui ne vous émeut pas ? c'est la facilité aussi, et, chez l'un tout au moins, le manque d'accent et de pénétration ; avec cela toutes les qualités négatives de l'école. Ce sont pourtant des peintres sérieux : mais ils ont exercé jusqu'à nos jours une influence presqu'exclusive, que l'on ne peut s'empêcher de trouver exagérée.

Dans le XVIe siècle florentin, il y a quelques noms à retenir avec ceux que nous indiquons plus haut : le Pontormo, Bronzino et Mar. Albertinelli. Les grandes compositions de ce temps montrent toutes les faiblesses de l'école ; mais, de la plupart de ces peintres nous avons des portraits remarquables. C'est le contact direct avec la nature qui les sauve. Il y aurait à rechercher dans d'autres écoles l'influence du portrait aux époques de classicisme à outrance. Les ZUCCARO vous donneront, à la coupole de la cathédrale, le triste état de la grande peinture toscane à la fin du XVIe siècle.

Note sur les salles toscanes aux Offices et les raisons du succès inouï de cet art auprès des pédagogues.

Tout ici est composé. Vous trouverez de belles ordonnances où le souci de la clarté, de la symétrie et du contraste des groupes, du rythme des gestes et des attitudes, est poussé à un point incroyable (Fra Bartolommeo). Les peintres toscans, dès Giotto, ont, innées, ces préoccupations d'ordre et de composition. Sans doute ce sont là de grandes qualités, mais encore sont-elles devenues qualités d'école et de pratique. Si l'art florentin a été loué si exclusivement par les professeurs et les critiques, c'est à elles, soyez-en sûr, qu'il le doit. Ce sont, en effet, choses dont on peut raisonner, qui ne sont pas propres à l'individu, mais que l'on peut enseigner. Vous n'apprendrez jamais à un peintre à être coloriste, pas plus que vous ne ferez, avec des leçons de rhétorique, un grand écrivain d'un honnête homme quelconque ; mais, à l'un comme à l'autre, vous pouvez montrer à mettre de l'ordre dans ses pensées, à les exprimer sinon avec grâce, du moins avec clarté, à les balancer suivant les règles, l'une tirant l'autre, celle-ci faisant pendant à celle-là. L'école toscane est, pour cela, unique ;

d'un bout à l'autre elle donne une leçon de composition, avec démonstrations à l'appui. D'où la dilection spéciale qu'ont eue pour elle, en tous temps et tous lieux, ceux qui ont été chargés d'enseigner l'art ou de le commenter.

∴

Il y a, à Florence, autre chose que des Florentins. Toutes les écoles d'Italie sont représentées dans ses églises et musées. Aux Offices et au Pitti, on verra d'admirables Vénitiens, dont le charme si direct ne sera pas sans nuire aux œuvres florentines d'un aspect plus froid.

Entre tous, la duchesse d'Urbin de Titien, si mal nommée la *Vénus au petit chien*, étendue nue sur un lit de repos, tandis que des chambrières dans le fond de la pièce cherchent des vêtements dans un coffre, est une toile d'une perfection et d'une sérénité inoubliables. C'est une joie sans mélange pour nous, modernes, cette œuvre que nous pouvons regarder avec nos yeux d'aujourd'hui et qui nous plaît pour les mêmes raisons que l'art le plus voisin de nous. Ce sont, toujours aux Offices, la *Flore*, les portraits du duc d'Urbin et de sa femme, mais vieillie, une belle *Sainte Famille*, d'autres encore; de Carpaccio, un fragment; de Giorgione, deux tableaux qui n'ont pas la qualité du *Concert champêtre* du Louvre, des Véronèse, Bellini, Tintoret — pas les meilleurs — des Lorenzo Lotto, la dernière exhumation de la critique; des Corrège. qui ne me ravissent point: un Mantegna. — Au Pitti. une *Mise au tombeau* de Pérugin. ce que j'ai vu de mieux de ce peintre facile et doucereux: un beau tableau de genre. le premier. de Giorgione: à l'Académie. des Signorelli: j'en passe et combien. En courant les musées pour les peintres florentins. vous toucherez à toutes les écoles italiennes.

Et vous verrez en outre nombre de toiles étrangères de grande valeur. Memling. van der Weyden. van der Goes. avec une œuvre magistrale au Musée de l'hôpital Santa Maria Nuova; Quentin Matsys et Rubens. dont je n'oublierai pas le tableau du Pitti qui fait pâlir tous ses voisins, côtoyent Holbein et Durer. très bien représenté. Rembrandt. Claude Lorrain (pourquoi classé dans l'école allemande?). Poussin et autres « barbares » font plaisir à voir et tiennent leur place au milieu des Italiens. — Je proteste. en passant. contre l'inouïe tolérance qui a permis. dans les salles des portraits d'artistes. à côté des chefs-d'œuvre que l'on sait. l'admission des figures falotes de Bouguereau. Herkomer. Leighton, Millais et autres académiciens de l'un et de l'autre côté du détroit. en qui le sens du ridicule est évidemment aboli.

L'ARCHITECTURE DE LA RENAISSANCE

Ici, comme nous l'avons indiqué, le mot de Renaissance est à sa place. Les architectes du XVe siècle regardent les ruines avec l'intention de faire renaître l'architecture antique et les ordres fixés par Vitruve. Le sujet est immense par les conséquences que le mouvement commencé à ce moment en Italie eut sur les destinées de l'art moderne. Dans la Renaissance de l'architecture, les Italiens furent initiateurs et leur succès fut tel que nous en sommes, aujourd'hui encore, accablés. Ce fut la ruine définitive du système de construction inventé par les races septentrionales, par la race française, pour spécifier. Le XVIe siècle montre la lutte des deux conceptions en France et finalement la victoire européenne du principe italien.

Devant un changement de cette importance, il faut s'efforcer de voir clair pour en comprendre les raisons et pour juger le système. Nous multiplierons ici les notes sur des points bien fixés plutôt que nous ne tracerons une vue d'ensemble de la Renaissance architecturale.

Comme on le verra dans toutes les histoires de la civilisation, la Renaissance a débuté par les lettres. Ce sont les humanistes qui en sont les premiers pionniers, depuis Pétrarque, auteur des

Triomphes. Il y a un siècle entre l'adoption du latin comme langue littéraire et l'apparition des formes plastiques anciennes dans l'architecture. Pour ce dernier point, qui seul nous intéresse à présent, on dit, comme circonstances favorables à ce retour à l'antiquité, les racines peu profondes que le gothique français avait poussées dans le sol italien, et c'est exact. On montre aussi les Italiens désireux de renouer avec leur passé le plus glorieux. Il est certain que pour les hommes de ce temps l'époque romaine apparaissait revêtue d'un extraordinaire prestige. Ceux qu'on appelait des ancêtres avaient connu une perfection de style dont il était difficile de se faire une idée. Rome, « la ville des ruines », exerçait une attraction inouïe, et le fait est typique, vrai ou légendaire, de la découverte en 1445, d'un tombeau ancien dans lequel était couchée, miraculeusement préservée à travers les siècles, une jeune femme d'une beauté dont les hommes de ces jours n'avaient jamais vu la pareille. Cette Romaine, morte, l'emportait sur les vivantes.

J'aime à voir en elle la Renaissance sortant des tombeaux.

On trouvera, dans les écrits contemporains, les détails les plus circonstanciés sur les préoccupations des architectes de ce temps. Etudes de monuments antiques, copies de détails, de colonnes, de pilastres, de moulures, de bases, de chapiteaux, ils ne songent qu'à cela.

Ajoutons tout de suite qu'il n'y a place dans leur admiration pour aucune critique. Ils ne connaissent que les œuvres romaines : ce sont, par conséquent, les seules qu'ils admirent. Les Thermes de Dioclétien, le Panthéon, le Colisée, les ruines du Forum, le Septizonium de Sévère détruit depuis, les Théâtres ; voilà en quoi se résume le beau. Leur professeur est Vitruve, lequel n'a donné les recettes que de l'art romain et qui connaissait si mal le style grec — quoi, pas même Paestum, considéré sans doute comme une ruine barbare ! — qu'il a écrit ceci : « Les anciens ont dit que l'ordre dorique n'était pas propre à être employé pour la construction des temples... ; c'est pourquoi les anciens ont eu coutume d'éviter le mode dorique dans les demeures sacrées. »

En fait, le dorique a été le style religieux grec par excellence. Pour Vitruve, l'âge d'or est celui des Ptolémées qui, en réalité, est une décadence. Nous savons aujourd'hui distinguer l'art grec du romain et depuis que nous connaissons le premier, nous ne nous passionnons plus autant pour le second, dont la beauté n'est que d'emprunt et qui n'apporte dans l'emploi des éléments constitutifs grecs aucune intelligence profonde des principes mêmes de ce style. L'architecture romaine, formée de styles divers qu'elle combine ingénieusement, est surtout remarquable dans les travaux d'utilité publique. Envisagée en tant qu'art, il faut convenir qu'elle fit dévier de leur sens si précis les membres organiques grecs qui, dans l'architecture mère, avaient un rôle parfaitement défini. Qu'on en fasse l'analyse sur les frontons, colonnes et entablements, à Rome et à Athènes.

Tels qu'ils étaient, ce sont les monuments romains qui ravissent l'admiration des hommes de la Renaissance.

Les architectes qui dirigent le mouvement sont les florentins Brunellesco (1377-1446), Michelozzo (1391-1472), Léon Battista Alberti (1404-1472), un des grands hommes de son temps, à ce que l'on dit communément; ceux-là pour la première Renaissance. La haute Renaissance a Bramante (1444-1514), Léonard de Vinci (?) (1452-1519), Raphael (1483-1520), Fra Giocondo (?) (1435-1515), Michel-Ange (1475-1564). Enfin Vignole (1507-1573), Palladio (1508-1580) sont les maîtres les plus importants qui inaugurent l'ère baroque, dans laquelle émine le Bernin (1599-1680). Nous n'indiquons partout que les chefs de ligne.

C'est, comme il est naturel, l'ornement, que les hommes de la première Renaissance s'approprient d'abord. Ils avaient des modèles à portée que l'on pouvait faire passer directement dans la décoration des édifices; il n'y avait pas de monument antique que l'on pût copier tel quel et qui répondit aux besoins du temps. C'est ainsi l'expression du détail qu'ils demandent à l'antiquité. L'on voit revenir les rinceaux, les oves, les rais de cœur, les denticules, les masques, les guirlandes, les trophées, toute cette parure morte depuis tant de siècles, à laquelle l'habileté des décorateurs italiens redonne une vie d'emprunt pour des siècles encore.

Reparaissent aussi les colonnes, les demi-colonnes, les pilastres, les bases, les caissons, l'architrave, la frise et la corniche. Quant à l'emploi que l'on en fait, il est tout à fait libre. Manifestement, jamais les architectes géniaux de la Renaissance n'ont pensé que les membres de l'architecture avaient une précise raison d'être et que leur forme ne dépendait pas du caprice, mais du rôle qu'ils jouaient dans l'édifice. Rome avait déjà oublié la meilleure partie de la logique essentielle à l'architecture grecque. La Renaissance laissera de côté le peu que Rome avait retenu.

LA CONSTRUCTION

Au point de vue des matériaux, que voyons-nous ? — La Renaissance succédait à une époque qui avait été remarquable pour le côté technique de la construction. Dans le style gothique, la préparation de la pierre de taille et sa mise en place dans l'édifice sont l'objet d'un soin particulier. Rien de mieux appareillé que les claveaux des arcs ogives. Au point de vue technique, on ne peut aller plus loin.

En Italie, il est vrai que le gothique emploie surtout la brique.

Avec la Renaissance, il y a ici non pas le progrès clamé dans les manuels, mais un recul caractérisé. « Au beau temps de la Renaissance, qui ne peut bâtir qu'en mortier — elle l'avoue — et borne aux corniches et aux encadrements l'emploi de la pierre travaillée... » dit Burckhardt, l'admirateur le plus passionné et le plus intelligent de la Renaissance.

Voyez le beau développement à faire que nous infligeraient les professeurs, *si seulement c'était le contraire*, si la Renaissance avait marqué dans le traitement des matériaux et dans le développement rationnel des principes constructifs un pas en avant, au lieu d'en faire deux en arrière.

J'indique tout de suite qu'il ne faut accepter que sous bénéfice d'inventaire les éloges qu'on fait de la probité de la Renaissance en ce qui concerne les matières. Comme il est facile de le vérifier, on truqua tôt, et de bonne heure le mortier simula des bossages de granit, le stuc imita le marbre, etc. On accorde ces faits pour la haute Renaissance, et l'on se rejette sur l'honnêteté de la première. Or il me souvient bien avoir vu à Sant' Andrea de Mantoue « immortel chef-d'œuvre de l'immortel Alberti », les caissons de la voûte peints en trompe-l'œil, de façon à simuler la sculpture.

Pour les palais, les bossages seuls sont en pierre

de taille et constituent un plaçage sur le mur de mortier. Le palais Pitti, le palais Strozzi n'ont que l'apparence de constructions cyclopéennes. Bramante inventa les façades en béton coulé, justifiant ainsi les pires procédés de la construction moderne. Le truquage des matières devint bientôt la règle, le trompe-l'œil, la loi. Et avec l'école baroque, c'est le règne des gâcheurs de plâtre, des ornemanistes à la grosse qui commence. — Regarde, ô lecteur, le plafond au-dessus de ta tête et, s'il te plaît de vivre sous ces ornements moulurés, remercie l'Italie qui te fit ces délices.

Pour la solidité, la haute Renaissance n'est pas à l'abri de la critique.

Plus de deux cents lézardes crevassèrent la coupole de Saint-Pierre, qui ne tient que par des tirants en fer, et pour l'église elle-même, Raphaël et Fra Giocondo furent occupés principalement à consolider la faiblesse des parties construites par Bramante.

Ces premières remarques générales faites, venons-en aux monuments principaux et à leur chronologie. A Florence, la coupole de la cathédrale, San Lorenzo, la chapelle des Pazzi, le portique de la maison des Enfants-Trouvés, la Badia de San Domenico di Fiesole, sont de Brunellesco, qui mourut en 1446. A Léon Battista Alberti (✝1472), on doit Sant' Andrea de Mantoue, San Sebastiano, même ville, ruiné, le chœur de l'Annunziata à Florence et le palais Ruccellaï. A Michelozzo le palais Riccardi ou Médicis (milieu xve). A Benedetto da Majano revient l'honneur du Palais Strozzi (1489). Si l'on ajoute à cette liste la petite Madonna delle Carceri (1488-1492), à Prato, de Giuliano da Sangallo, et la Madonna dell'Umiltà à Pistoie, de Ventura Vitoni (fin du siècle) on aura indiqué les monuments les plus importants de la première Renaissance, ceux sur lesquels il est loisible de se former une opinion raisonnée et qui valent pour caractériser l'ensemble.

LES ÉGLISES

Nous dépassons ici les bornes strictes de notre plan pour comprendre quelques essentiels monuments lombards et romains.

On aura peine à se faire une idée quelconque de l'extérieur des églises, lesquelles sont, pour la plupart, inachevées. San Lorenzo est extérieurement à l'état brut, San Spirito (sur les plans de Brunellesco) aussi, San Sébastiano de Mantoue est ruiné. Il resterait dans la même ville Sant' Andrea, qui est terminé et dont on peut se procurer une photographie. Pour la façade, voici ce qu'est Sant' Andrea.

Sur un perron de quelques marches s'élève en avant-corps un portique élégant, grande arche en plein cintre, surmontée d'un entablement et d'un fronton. Les deux côtés du portique reçoivent chacun deux grands pilastres engagés qui montent jusqu'à l'entablement. Le portique est divisé dans la hauteur par une frise; à l'étage supérieur deux fenêtres; à l'inférieur deux niches, vides. Pourquoi? l'on ne sait pas. Je ferai remarquer en passant que c'est déjà l'ordre colossal dont on attribue le mérite ou l'invention à Palladio. La place devant l'église est étroite et ce que je viens de décrire est tout ce que l'on aperçoit. La photographie donne la coupole, qui est invisible et l'appendice bizarre au-dessus du fronton, dont on se demande ce qu'il vient faire là.

Je vois bien que c'est un portique ou un arc de triomphe, dessiné avec soin par un homme qui a regardé des modèles anciens; mais est-ce une façade d'église chrétienne ? faut-il l'admirer comme telle ? Il m'est impossible alors de louer ce portique en porte-à-faux devant l'édifice, qui ne l'annonce pas, qui n'en est point l'expression et derrière lequel on peut supposer indifféremment un forum, une basilique ou rien du tout. Sans doute, il est permis à un archéologue de s'amuser à ces reconstitutions : c'est froid et sans portée, mais cela peut avoir son agrément. Où je refuse mon adhésion, c'est lorsqu'on me parle de la barbarie architecturale antérieure et qu'on prétend imposer à mon admiration, comme modèle d'architecture religieuse, une façade comme celle-là.

DE LA COUPOLE

Il y a une coupole à Sant' Andrea ; il y en a une au Dôme de Florence, à San Spirito, à San Lorenzo, aux deux Madonne indiquées plus haut, à Saint-Pierre de Rome. En fait, partout où cela était possible, on en a mis une. L'église à coupole centrale a été le rêve des Italiens de la Renaissance. C'est sur ce point que les efforts de l'architecture se concentrent. Le reste finira par n'être plus qu'un accessoire, les coupoles absorbant toute l'attention. On sait que l'idée du temple de Salomon a préoccupé les architectes de ce temps. Il était rond, et l'on voulait imiter la forme du temple célèbre.

Il faut feuilleter des collections de dessins pour voir où la construction centrale a mené les architectes de la Renaissance ; ils en arrivent, pour entourer leur église à coupole, à des projets de villes bâties entièrement sur plan circulaire (Fra Giocondo, Du Cerceau).

Il faut remarquer préalablement que le problème n'était pas nouveau, qu'il n'y a pas invention, au sens où l'on peut dire qu'il y a eu invention lorsqu'on a substitué, à la voûte romane en plein cintre, la voûte portant sur arcs-ogives. Là des procédés techniques de construction nouveaux créaient des formes architecturales nouvelles. — Avec la coupole, rien de semblable ; l'antiquité romaine l'avait employée ; puis Byzance en avait fait le centre de son architecture religieuse et avait voûté de vastes espaces. L'époque romane en France avait élevé des coupoles fort belles et l'Italie de ce temps en compte aussi plusieurs, mais de moindre importance. C'est à la perfection de cette forme que travailla la Renaissance et il est certain qu'elle est arrivée parfois à des solutions satisfaisantes du problème cherché. Reste à examiner le problème en lui-même et à se demander si les maîtres de ce temps ont eu raison de vouloir en quelque sorte absorber l'architecture religieuse dans la forme centrale à coupole.

La coupole demande un plan en croix grecque. On a parfois construit des coupoles sur plan basilical ; mais il est évident que la forme logique sous la coupole centrale est la croix grecque, celle dont tous les bras sont égaux. Ce sont les plans de Bramante pour Saint-Pierre de Rome, c'est la Consolazione de Todi, la Madonna delle Carceri à Prato, celle de l'Umiltà à Pistoie, la Steccata à Parme, et bien d'autres. On forme ainsi un édifice rigoureusement concentrique. — Mais cet édifice est une église, c'est-à-dire qu'il est fait pour la célébration d'un culte, de cérémonies traditionnelles qui s'effectuent suivant un rituel fixe, qui exigent la présence en un même temps et en un même lieu d'un certain nombre de prêtres. En outre, il faut que les fidèles assistent aux mystères sacrés, en suivent le développement, le nœud, l'achèvement.

Il est nécessaire que l'ensemble de la communauté puisse avoir les yeux fixés sur l'officiant.

Ces conditions essentielles auxquelles doit satisfaire tout d'abord l'architecture religieuse avaient été comprises admirablement à l'époque précédant la Renaissance. Le plan gothique avec transept et chœur, le chapitre groupé des deux côtés du maître-autel qui se trouve à l'extrémité du chœur, est un modèle difficile à égaler, impossible à surpasser.

Les grands professeurs de la Renaissance, tout enflammés pour les ordres et la coupole, oublièrent simplement que, lorsqu'ils avaient à faire le plan d'une église, la première chose à étudier était un arrangement matériel convenant à la célébration du culte. Logiquement c'est de là que tout doit procéder ; ce fut la dernière de leurs préoccupations. Ils montèrent leur bâtiment, coupole sur croix grecque ou latine ; une fois le monument terminé, on se trouva en face de difficultés auxquelles on n'avait pas songé. — Où placer le maître-autel ? — Au centre de l'église dans la croix grecque ; mais où regardera-t-il ? Dans l'actuel Saint-Pierre en croix latine, l'autel regarde la nef, et le prêtre, caché par lui, reste invisible à la plus grande partie des fidèles. Ailleurs l'autel est arbitrairement dans un des bras de la croix grecque ; alors le centre de l'église est d'une nudité glaciale ; on y cherche quelque chose que l'on ne trouve pas.

On ne sait vraiment quel parti prendre. Si l'on

met l'autel au centre, il faut isoler cette place; comment faire ? On verra à Florence ce que l'on a imaginé : on a établi une clôture de bois pour faire un chœur factice où le clergé siège, et l'on a vitré la clôture à mi-hauteur pour que les fidèles puissent suivre les cérémonies. Cette barrière de deux mètres de haut sous une coupole immense est absurde. Mais on ne peut s'en passer.

A Saint-Pierre de Rome, c'est plus simple; il n'y a pas de chœur; il est vrai que l'autel central ne sert que deux ou trois fois l'an au Pape. On est alors obligé de faire venir les menuisiers pour édifier le chœur nécessaire à la cérémonie solennelle. Ah ! les beaux coups de marteau et le joyeux tapage dans l'église, dont cela ne trouble du reste pas le recueillement, impossible dans cette basilique trop vaste.

Il ressort de cette analyse que la forme centrale à coupole, bonne peut-être pour des temples antiques, est défectueuse pour une église chrétienne.

Extérieurement, l'architecture des églises à coupole n'est pas non plus satisfaisante. La coupole avec son tambour se raccorde mal aux lignes droites et aux angles du soubassement. Voyez-le à Santa Maria delle Grazie à Milan, de Bramante, à San Egidio degli Orefici à Rome, de Raphaël. Car il faudrait, pour être logique, adopter une forme circulaire pour l'édifice entier. De tous les édifices à coupole, il n'y a, en somme, que le Panthéon de Rome qui soit le développement nécessaire des principes de la construction centrale.

Nous ne pouvons, sur ce point, déclarer bonnes les leçons médiocres des architectes de la Renaissance.

Entrons à San Lorenzo, c'est encore ce qu'il y a de mieux comme église de la première Renaissance. Le détail est, bien entendu, antique, chapiteaux, frises et archivoltes. Tout le monde a blâmé les entablements au-dessus des chapiteaux. Il est vrai que l'époque romaine se les était permis; mais cela n'en est pas moins une faute trop fréquente en ce temps. Les bas-côtés sont voûtés en berceau ; la nef reçoit un plafond droit à caissons : car on ne veut plus des hautes voûtes gothiques. La lumière tombe à flots des oculi des bas-côtés et des larges fenêtres de l'étage supérieur. C'est vaste et clair. Y a-t-il là de belles perspectives, quelque chose de passionné et d'émouvant ? Non, c'est correct, monotone et tout semblable aux discours latins des érudits du temps, aux lettres d'un Ange Politien, avec les fleurs autorisées de la rhétorique cicéronienne et le balancement régulier des périodes. Mais nulle part ce genre de reconstitution ne s'applique plus à faux que dans l'architecture religieuse.

Je ne parle pas de l'anachronisme de la décoration, de l'emploi de l'ornement emprunté aux styles antiques, de ces éternels Génies enguirlandés de roses, de ces Cupidons — et tout le reste — qui envahissent l'église à ce moment-là et qui deviendront, en certains cas, insupportables. Mais il y a un reproche plus grave. Les maîtres de la Renaissance n'ont pas compris qu'une église doit exprimer, dans son être de pierre, le sentiment du mystère chrétien : qu'il faut que, dès qu'il y pénètre, le peuple se sente en un lieu sacré et que tout l'incline à la vénération du culte qui s'y célèbre. Cela, le moyen âge, roman et gothique, l'avait admirablement traduit : ses églises sont des sanctuaires.

Avec la Renaissance il en va autrement. Les églises, si elles intéressent par des détails, par d'heureuses proportions, n'existent pas en tant que monuments chrétiens. Nous voyons passer sous ces colonnades une foule indifférente et sceptique, que tient amusée, dans la grande clarté de l'édifice, le détail chatouillant de la décoration. Mais le sentiment de l'effroi de l'homme et de sa petitesse en face de la divinité, cette architecture ne l'inspire pas.

Au vrai, les églises de la Renaissance feraient de convenables halls pour gares de chemins de fer, des Bourses claires et sonores pour des agios internationaux, ou encore, parfois, de somptueuses salles de bal.

Ce n'est pas ici que nous trouverons la justification de l'enthousiasme général pour les maîtres de la Renaissance italienne.

Extérieurement, le portique de la chapelle des Pazzi de Brunellesco, à Santa Croce, est ce que je connais de plus parfait dans la première Renaissance, dont il montre les qualités essentielles de précision, de grâce et de sobriété.

Un des monuments importants de la seconde époque est la chapelle des Médicis à San Lorenzo (1529). Allez-y et jugez. Il est important de savoir que Michel-Ange eut une liberté absolue, que jamais artiste ne put combiner tombeaux et architecture avec une indépendance plus grande. Voilà donc l'œuvre authentique d'un des plus grands architectes du temps. Il faut ajouter que le contraste entre la pierre foncée des pilastres et des entablements et la blancheur des murs n'est pas — heureusement — imputable à Michel-Ange.

On vante « ses deux ordres de pilastres, l'un inférieur, l'autre supérieur qui révèle ici tout le progrès du XVIe siècle comparé au XVe. » Il faut remarquer que ce sont là choses élémentaires que l'on voit dans tous les monuments romains et qu'il n'y a pas lieu de féliciter l'artiste de son invention. C'est un des points les plus agaçants des éloges que l'on adresse aux maîtres de la Renaissance (à Bramante pour la cour de la Chancellerie, par exemple). Quoi ! les louer parce qu'en employant des pilastres à deux étages, ils ont mis l'ordre dorique au rez-de-chaussée. l'ionique ou le corinthien au dessus. Mais un enfant de douze ans, sachant ce que sont les ordres, en comprendra la nécessité. C'est une chose qui s'enseigne, et il n'y eut besoin d'aucun génie chez les architectes du XVIe siècle pour suivre des errements déjà pratiqués par les Romains. C'est pourtant ce dont on les loue. — Quel homme admirable, il a mis le dorique sous l'ionique ! — Que vouliez-vous donc qu'il fît.

Architecturalement, la chapelle me laisse indifférent. Les niches vides qui l'entourent sont sans raison et sans grâce. Pourquoi sont-elles ici ? Impossible de le deviner. Je n'aime point non plus les fenêtres aux jambages obliques, — qui se justifient, au dire de Burckhardt, par d'anciens modèles étrusques. Je suis las d'archéologie ! Encore des modèles ! mais qu'est-ce que cela peut bien nous faire, s'ils sont mauvais ? Enfin les niches centrales me paraissent trop petites pour les personnages qu'elles reçoivent. Laurent et Julien de Médicis ont l'air gênés dans ce cadre trop étroit.

En somme, c'est glacial et ça manque de saveur, l'architecture de la chapelle des Médicis.

LES PALAIS

A Florence même, la série est complète pour les XVe et XVIe siècles. Ce sont d'abord, le Pitti de Brunellesco, le palais Riccardi de Michelozzo, le Palais Strozzi de B. da Majano. Ce sont des monuments d'un grand effet et composés pour l'ordinaire ainsi : Le palais Strozzi a un énorme rez-de-chaussée, avec petites lucarnes grillées, qui s'élève à 10^{m},30. Vient, à ce qui est à la hauteur d'un troisième étage de nos maisons, le premier étage habitable, lequel a 9^{m},35 de hauteur de plafond, soit encore trois étages de maintenant. A la hauteur de 20 mètres au-dessus du sol — ce qui est le maximum permis sur rue à Paris, commence le deuxième étage d'habitation, qui n'est que de 7^{m},82 de hauteur. Puis vient l'entablement et la corniche qui atteint à 31^{m},31 d'élévation totale. En somme, pour deux étages habitables, la hauteur d'une maison de dix étages de nos jours. Les fenêtres sont petites et peu élevées : les bossages d'un relief vigoureux. On ne peut nier l'effet d'une telle masse de pierre, encore que l'on sache que ce n'est qu'un placage. Pour la commodité de l'habitation, il n'en faut guère parler : il n'y avait pas de cabinets et point de water-closets, si rudimentaires les supposât-on. En outre, les cuisines étaient dissimulées et sans ampleur.

J'aime l'aspect farouche du palais Strozzi ; mais a-t-il le caractère moderne d'une construction palatiale ? cette conception du palais vaut-elle pour nous? a-t-elle gardé une valeur d'exemple et de démonstration, car c'est bien de cela qu'il s'agit?

Pas le moins du monde, — rien ne se prête moins à la généralisation, rien n'est plus florentin que ces palais, et je les en loue.

Ils sont peu commodes à habiter, mais ils étaient à proprement parler des forteresses. Au moyen âge, dans les luttes incessantes que se livraient les partis, les nobles avaient appris qu'il fallait pouvoir se défendre chez soi, y rassembler ses partisans, y soutenir au besoin un siège. De là le caractère que montrent les demeures de ce temps et que les architectes du XVe siècle conservent sous une forme décorative nouvelle. Les places fortes que sont les palais Strozzi, Pitti et Riccardi, sont un legs du passé; ils appartiennent à un état bien défini de la civilisation florentine et n'ont aucune raison d'être dans une forme sociale différente.

C'est là ce que l'époque néo-classique, avec le peu de sens historique qu'elle possède, n'a pas senti. Elle a pris aux palais-forteresses de Florence les bossages qui y sont à leur place et les a mis dans des monuments modernes où ils n'ont rien à faire, où l'on ne peut les comprendre. Car le néo-classicisme a cru à l'unité de l'esthétique, ce qui lui a fait commettre, comme nous le verrons, plus d'un contre-sens.

A côté de ces monuments vénérables d'un temps qui n'est plus et ne reviendra pas, il est un autre modèle de palais, appelé à une fortune plus grande, c'est le palais Ruccellaï, construit par Léon Battista Alberti. Ici l'on voit revivre les ordres romains, sous forme de pilastres engagés; les bossages sont très modérés. C'est élégant et froid, mais non sans grâce. Il n'y a aucune saillie puissante dans cette façade, plate à en devenir monotone. Le sentiment du relief fait défaut pendant plus d'un siècle. Il ne reviendra qu'à l'époque baroque, et sous quelle forme!

Léon Battista Alberti, dont on fait un des grands hommes de son temps, est l'auteur du palais Rucellaï, qui ne révèle, à vrai dire, aucun génie, de Sant' Andrea, de Mantoue, que nous avons analysé et où apparaît déjà l'ordre colossal, de l'extérieur de San Francesco à Rimini, et enfin il donna le dessin de la façade de Santa Maria Novella où se montrent pour la première fois les *ailerons*, ou volutes, qui raccordent l'étage supérieur au rez-de-chaussée et que Burckhardt qualifie de « risqués ». On sait le lamentable succès qu'eurent les ailerons dans la suite des temps. Nous les avons vus sur toutes les églises baroques et jésuites; ils sont un des éléments actifs de leur laideur. Que notre gratitude ne s'égare pas et remonte tout droit à Léon Battista Alberti, homme universel, auteur responsable de ces méfaits.

Florence vous montrera à ce moment une suite intéressante de palais de la première et de la haute Renaissance et aussi de l'époque baroque. Burckhardt les indique tous, y compris une œuvre authentique de Raphaël, le palais Pandolfini. Mais il faut, en les regardant, libérer son esprit, oublier le ton lyrique que l'on prend en parlant de la Renaissance et juger ces monuments à leur valeur relative. Historiquement ils succèdent à un style qui a donné des chefs-d'œuvre dans l'architecture religieuse et des œuvres fort belles dans la civile. La Renaissance marque sans conteste un recul dans le domaine qui avait été jusqu'alors le domaine royal de l'architecture. Dans la construction civile, les palais italiens sont le point de départ de l'ère architecturale la plus médiocre que le monde ait vue, la moderne.

⁂

En voici assez pour l'instant sur l'architecture. Comme on le voit, le mot de Renaissance n'est que trop justifié. C'est dans les magasins de l'antiquité que l'on va chercher les éléments d'un nouveau style. Nous en suivrons le développement à Rome, où nous allons nous rendre maintenant pour la seconde fois. Car ce sont là les étapes essentielles d'un voyage en Italie. Une fois qu'on les a faites dans l'ordre que nous indiquons, on peut aller au hasard à travers les petites villes, suivant les commodités de lieux et de temps. Partout les choses nouvelles que l'on verra viendront se ranger dans des séries déjà connues.

Nous ne quitterons pas Florence sans ajouter un mot sur des travaux dont notre cadre ne nous a point permis de parler. Les travaux de marqueterie de bois — tarsia — sont intéressants;

les faïences des xve et xvie siècles comptent des chefs-d'œuvre ; il y a des miniatures importantes et des petits bronzes délicieux. Les vitraux, par contre, sont tardifs et de peu de valeur.

En Toscane enfin, on sera dans un milieu excellent pour l'étude de ce peuple très mal connu, les Etrusques. Le Musée de Florence, fort bien aménagé, renferme des pièces admirables et une foule de documents où se révèle un sens plastique profond et ingénu, réaliste et érotique. On verra par ailleurs des tombeaux étrusques à Chiusi, Orvieto, Pérouse, etc. Cet art est attirant et vaudrait une étude approfondie. J'ose à peine y engager mes lecteurs et leur recommander le livre de M. Martha, *les Etrusques*, car le directeur du Musée de Florence, l'érudit M. Milani, a découvert que ce que l'on avait écrit jusqu'ici sur le sujet était sans valeur et a trouvé la clef qui nous ouvrira l'accès de ce monde mystérieux. Il m'a annoncé qu'il allait publier le résultat de ses travaux de vingt ans et établir sur des bases solides la jusqu'ici chancelante archéologie étrusque.

En attendant ses surprenantes révélations, jouissons en ignorants des bronzes et statues funéraires de Florence.

SIENNE

Quittant Florence, arrêtons-nous, sur le chemin de Rome, à Sienne. Nous parcourons maintenant une série de villes qui nous présentent comme un tableau en raccourci du développement de l'art. Florence nous a montré l'effort de trois siècles. La variété des études auxquelles elle oblige nous a retenus plus de deux mois. Avant d'aller voir à Rome l'épanouissement suprême de l'art italien, reposons-nous huit jours à Sienne, qui renferme en ses églises et dans ses palais, les séduisants témoins d'un labeur artistique original. Elle nous offrira une vue abrégée sur le moyen âge, le xve et le xvie siècle.

Chevauchant trois collines d'argile brune, dans un paysage dont les lignes accidentées s'en vont par plans étagés jusqu'aux montagnes pâles à l'horizon, gothique dans les palais qui bordent ses rues étroites, Sienne, isolée du monde, nous fut un lieu de repos, une halte. Elle n'abritait point d'étrangers alors que nous y séjournâmes, au commencement de février. Elle n'a ni industrie ni commerce. Les voitures y sont rares ; seuls, les chars retentissants de la campagne troublent son repos aux jours de marché. Les passants sont peu nombreux ; les boutiques petites, les quartiers neufs écartés, et l'on n'est pas obligé de les traverser. Les rues dallées, sans trottoir, montent et descendent ; ici, avec la surprise d'un escalier menant à une place en amphithéâtre que termine une maison de ville d'une magnifique architecture moyen âge ; là, avec l'étonnement de deux églises superposées et d'un degré haut, que surmonte une large porte gothique aux encadrements sculptés ; plus loin c'est une arche sous laquelle plonge en tournant une route qui va aux quartiers bas ; ou bien, serrée entre les angles à bossages de deux massifs palais aux fenêtres en ogive et dont les fins créneaux dentellent le ciel, une échappée à travers l'ombre sur la campagne lointaine, que barre, voisine, la silhouette brusque d'un cyprès ; puis, se croisant et passant les unes sous les autres, un enchevêtrement de ruelles et d'allées qu'enserre la masse rouge des remparts.

Notre chambre à l'hôtel fut pour beaucoup dans les impressions délicieuses que nous a laissées Sienne. — Au second étage d'un palais, elle tourne le dos à la rue et regarde, par sa fenêtre unique, le couchant. Douze mètres de longueur, six de largeur, cinq de hauteur, la font vaste ; elle a une petite cheminée où quelques souches de vigne brûlent en pétillant et près de laquelle nous écrivons. On se promène, on fume, on travaille, on se baigne et on dort à l'aise dans cette pièce hospitalière. Mais elle vaut surtout par la vue qu'elle offre. Elle domine un grouillement de petites maisons, qui devant nous descendent en pente raide vers le fond d'une vallée, où, tout de suite, ce sont des arbres, des prés, des champs. A gauche les toits se groupent, taches brunes et rouillées, pour grimper à l'assaut de la cathédrale plantée au sommet d'une colline, qu'elle couronne de ses arêtes en découpures vives entre lesquelles fuse un campanile aigu. Somptueuse dans sa robe étalée de marbre, elle règne protectrice sur les quartiers pauvres où, au soir venu, quelques cheminées à peine fument. A droite, construite à pic sur une avancée de terrain en promontoire, une massive église noie dans l'ombre sa masse inarticulée, tandis que la ligne de son toit se profile en noir sur le couchant lumineux. Entre ces deux escarpements où se dressent, face l'une à l'autre, la cathédrale et San Domenico, c'est, dans une échancrure profonde, la fuite des quartiers bas vers la campagne toute voisine dont les plans successifs s'étagent, où se distinguent encore çà et là des habitations disséminées, un bouquet d'arbres, quelques haies roussies par l'hiver, jusqu'aux collines plus élevées derrière lesquelles pointent les montagnes neigeuses de Toscane.

Et sur la ville endormie, montait à la nuit une lune gelée, ronde et hallucinante, en face de nous.

On retrouvera à Sienne, pour chaque époque déjà étudiée, des œuvres importantes. La cathédrale est architecturalement supérieure à celle de Florence, quand même on ne peut s'y habituer aux alternances de marbres noir et blanc, par couches horizontales, qui brisent le rythme vertical de l'édifice. La façade est peu plaisante, encore qu'elle ait de fortes figures de Jean de Pise. A l'intérieur il y a une chaire de Nicolas et Jean de Pise. laquelle, pleine de vie et de mouvement, est bien différente de celle du baptistère de Pise ; on y admire un beau nègre dans le cortège des rois mages. Et c'est le pavé célèbre où s'étalent des graffiti splendidement décoratifs ; c'est l'autel Piccolomini, où des *Prophètes* attribués à Michel-Ange nous laissèrent sans émotion ; et la chapelle Saint-Jean, qui héberge un bronze de Donatello, dont il est encore une plaque tombale dans le transept : des fonts baptismaux, œuvre possible de Jacopo della Quercia et de petites fresques charmantes de Pinturicchio, entre lesquelles une séduisante *Nativité* nous retint ; puis la décoration sculptée, d'une Renaissance abondante, du portail de la chapelle par Marinna. Ce sont encore les stalles en marqueterie du chœur, des œuvres décoratives en bronze de Riccio, maître en son art, le tabernacle en bronze de Vecchieta et les deux anges élégants qui le flanquent, par Francesco di Giorgio. — Vraiment la cathédrale de Sienne se présente unique par les richesses que des siècles y ont entassées.

En outre, la Libreria, qui s'ouvre dans le bas

côté de gauche, vous retiendra longuement. Car l'on y voit d'abord les fresques notables de Pinturicchio, récit facile et sans boursouflures de la vie d'Æneas Silvius Piccolomini, pape Pie II, et ces fresques aimables peuvent être regardées sans torsion du cou, sans cassure de la nuque, sans mal de tête final ; et puis il y a, au centre de la pièce, un admirable chef-d'œuvre antique qui vous fera revivre d'un seul coup les émotions autrefois ressenties à Naples et à Rome, les *Trois Grâces*, aux lignes graciles et pleines — le jet de ces jeunes corps comme d'une plante ! — qui s'enlacent si noblement en un groupe rythmé. C'est une heure délicieuse à passer, en vagabondage de notre plan méthodique à la conquète ordonnée de l'art italien.

Les Trois Grâces furent trouvées à Rome en 1460 et envoyées par Pie II à Sienne, où Raphaël en fit de libres dessins.

Comme on le verra en courant les églises et les musées, il y a un art siennois qui ne se laisse pas réduire à son puissant rival, l'art florentin.

Il est intéressant de noter ici la part que les villes ont prise dans la culture de cette époque et l'influence que la formation politique de l'Italie du moyen âge a exercée sur le caractère des arts plastiques. Sienne, qui n'est pas séparée de Florence par plus de quatre-vingts kilomètres, fut longtemps ville indépendante et eut un art original.

Tous les manuels en donnent les caractéristiques. On aura au Musée et à l'œuvre du Dôme les peintres antérieurs à Giotto et ses contemporains. Duccio (fin XIIIe) est le premier ; le caractère de ses figures, une fois aperçu, ne se laisse pas oublier ; le visage est d'un ovale assez plein, le nez long et busqué ; les yeux fins, étroits, la chevelure délicieusement ondée, ramenée en arrière en boucles au-dessus d'un fil, au milieu duquel pend une pierre précieuse, telles sont les caractéristiques de Duccio, dont quelques-unes resteront pour un siècle dans l'art siennois, — la forme des yeux et la coiffure.

Au temps de Giotto, Simone di Martino [1285 (?)-1344] fut ici son rival. Il vint en France et peignit au Palais des Papes à Avignon des fresques que l'on a saccagées pendant la Révolution ; les soldats, à l'heure actuelle, se chargent de ce qui reste. De ce Simone il est, aux Offices, une Vierge délicate et maniérée sur un fond ouvré d'or, à laquelle un Ange étincelant annonce la prochaine naissance du Christ : entre eux fleurit un surnaturel lys. A Sienne, il fit une fresque impressionnante au Palais public, Guidoriccio se rendant sur son cheval de guerre, de son camp représenté à droite, à une ville — Sienne — plantée sur une colline. Au même Palais, une *Madone*, entourée de plusieurs saints.

Dans le XIVe siècle, Sienne se maintint à la hauteur de sa rivale, avec les Lorenzetti, Vanni,

Taddeo di Bartolo, desquels on verra les œuvres au Musée et au Palais public.

Mais au xve siècle, elle ne se renouvelle pas : elle fait de l'archaïsme ; ses tableaux de piété sont riches et mièvres ; ses Vierges d'une délicatesse excessive ; ses saints anémiés. On a toujours envie de vieillir ces œuvres de cinquante ans.

A la fin du siècle une nouvelle école fleurit avec des grands artistes étrangers. — Un Lombard, entre autres, s'y fixe, dont le nom nous attirait à Sienne, Sodoma (1477-1549), peintre fort célèbre, mais moins connu que ses illustres contemporains. Sienne et ses environs (monte Oliveto Maggiore) permettent de l'étudier.

L'*Extase de sainte Catherine* à San Domenico me paraît excellente, mais j'avouerai que, monté à tort par des louanges qui me faisaient espérer un rival de Raphaël et de Léonard, j'eus dans l'ensemble une déception. On voit dans son œuvre, sans les qualités décisives de Raphaël, les traces déjà d'une facilité un peu lâchée, une gesticulation sans raison, une tendance au doucereux et, avec de soudaines beautés de formes, un manque souvent grave d'émotion et de caractère.

A l'oratoire de Saint-Bernardin, on a, à côté des fresques de Sodoma, celles de peintres qui ont subi son influence et qui ont atteint parfois à la même hauteur. Beccafumi (1486-1551) et Girolamo del Pacchia (1477-1535) sont à noter.

Sienne eut aussi une sculpture originale. La Toscane compte plus d'un tombeau de faire siennois. Mais de TINO DI CAMAINO, chef de l'école († 1339), il n'est point d'œuvre dans sa ville natale.

On y verra, par contre, les fragments mutilés de la fontaine Gaja, d'un des plus puissants tailleurs de pierre italiens, Jacopo della Quercia. Il est à jamais regrettable que de si nobles figures aient eu à souffrir de l'insouciance des hommes et de l'inclémence des temps. Elles gisent maintenant, plus qu'à moitié défaites, comme en un cimetière, à l'Œuvre du Dôme où leur manque même la lumière indispensable (voir p. 153).

Les maîtres du XVe siècle, FEDERIGHI († 1490), GIOVANNI DI TURINO († 1454), VECCHIETTA (1412-1480) FRANCESCO DI GIORGIO (1439-1502), COZZARELLI († 1453-1515) nous ont laissé des œuvres fines, travaillées et intéressantes. Le bronze est leur matière favorite.

L'on rendra visite à la maison de sainte Catherine, à moitié chemin dans le bas quartier occupé aujourd'hui encore par des teinturiers. Bien qu'elle ait perdu toute trace de sa forme première, que des chapelles baroques et horribles l'avilissent et qu'un seul oratoire y ait une grâce un peu fine, bien qu'elle n'ait conservé aucun souvenir de la fille de foulon que fut sainte Catherine, elle vaut de s'y rendre pour le charme de sa petite cour, de sa loggia et de son escalier en brique rouge, d'une couleur et d'un dessin exquis. C'est, je crois bien, l'œuvre architecturale la plus intime et, dans sa simplicité, la plus attirante de la Renaissance italienne. On la doit à Balthazar Peruzzi, que nous retrouverons à Rome.

Le Palais public, situé au bas d'une place en amphithéâtre qu'il ferme, est une superbe construction du moyen âge, le plus bel édifice de ce genre édifié en Italie. Les églises sont nombreuses, généralement laides, mais garnies de peintures et de tableaux; le musée est riche et plus riche la cathédrale. Les Palais montrent de pittoresques et gothiques architectures, plus rarement de lourdes façades Renaissance, avec pilastres, ordres, frontons et l'ennui d'une décoration banale. Presque tous ont des ornements magnifiques de fer forgé ou de bronze, que Sienne excella à fabriquer pendant deux siècles; des torchères, des anneaux, des lanternes, des porte-drapeaux, d'une matière forte et patinée. Il est vraiment charmant de se promener dans ces rues qui grimpent sur les trois collines rapprochées; les vues sur la campagne sont soudaines et bien encadrées. L'on restera volontiers une semaine dans cette ville archaïque, dont les habitants, au dire de Baedeker, ont des manières agréables et insinuantes.

SAN-GIMIGNANO

De Sienne, il faut aller passer une journée à San-Gimignano, petite ville qui, dans l'isolement de la campagne toscane, a été à peine touchée par les changements modernes et mérite encore son nom, San-Gimignano aux belles tours. — On y arrive en voiture de Poggibonsi. Une route en lacets y mène et l'on ne voit la ville que lorsqu'on est près d'y entrer. Elle représente parfaitement le nid d'aigles qu'étaient les petites cités italiennes au moyen âge, alors que, dans un pays troublé et sans cesse en proie aux guerres civiles, on ne pouvait garder son indépendance que par la sûreté d'une position fortifiée, difficile d'accès.

L'aspect de San-Gimignano, au plus haut de la colline, enserrée dans les remparts que bordent des plantations d'olivier où courent des murs ruinés, est saisissant. Elle hérisse vers le ciel les tours rectangulaires des monuments publics et des anciennes demeures nobles, telles qu'on en voyait au moyen âge dans toutes les villes de la Toscane, avant qu'une démocratie jalouse ne les eût fait raser. Celles de Florence disparurent au XIIIe siècle déjà. Les rues étroites et raides ne permettent guère la circulation que de chars attelés de grands bœufs magnifiques aux cornes immenses, qui donnent une des jolies notes pittoresques de ce pays.

Nous vîmes la collégiale avec des fresques du XIVe et du XVe siècle; une chapelle de Ghirlandajo, où est racontée l'histoire de sainte Fina, qui ne tint pas les promesses que les photographies nous avaient faites; dans le chœur, un tableau de P. del Pollajuolo, un Gozzoli, des sculptures florentines; à Sant' Agostino, d'importantes fresques de Benozzo Gozzoli, lesquelles sont animées et bien éclairées, mais qui ne purent me passionner; puis le musée municipal. Ce sont les principales richesses de San-Gimignano. Mais c'est, en somme, San-Gimignano elle-même qui vaut d'être vue. On y arrive à travers un pays délicieux et, entre les murs rapprochés de ses rues, on respire comme une bouffée d'air du moyen âge.

En quittant Sienne, nous descendons au sud vers Rome, à travers la belle vallée de la Chiana, que dessinent à gauche et à droite des collines et des montagnes où nichent de lointaines villes escarpées. On peut s'arrêter à Montepulciano, gagner de là l'artificielle et Renaissance Pienza, voir Chiusi, l'étrusque; mais l'étape nécessaire, avant Rome, est Orvieto.

ORVIETO

Dans une extraordinaire contrée volcanique et tuffeuse, s'élève Orvieto, sur un rocher énorme surplombant le Paglia. Le progrès matériel de la civilisation a joint la ville au chemin de fer par un funiculaire, partiellement en tunnel. Mais, si l'on voyage pour son agrément, il est préférable de suivre la route qui monte en lacets autour du mamelon conique sur lequel s'édifie la ville. Orvieto, retenue par les assises formidables de ses murs, semble une gageure, plantée qu'elle est au point le plus inaccessible du pays. On s'arrête, en y grimpant, à des tombes étrusques bien conservées.

Il y a trois choses à voir ici, toutes trois à la cathédrale. La cathédrale, d'abord, fondée pour commémorer le miracle de la messe de Bolsène (1290), a une façade polychrome à trois pignons, richement décorée. Mais elle a été trop vantée et n'a pu modifier nos idées sur le gothique italien. Ensuite ce sont les bas-reliefs qui s'étalent sur les quatre piliers de la façade. J'aimerais assez y voir deux écoles différentes : l'une, d'expression élégante et infiniment gracieuse, aurait fait la série de la Genèse, avec le récit charmant de la *Création de l'homme* ; l'autre, plus terrible et plus agitée, le *Jugement dernier* et la mêlée tragique des démons et des damnés. La première serait florentine et influencée par Andrea Pisano ; pour la seconde, M. Reymond (voir Bibliographie) voudrait la donner aux Pisans : mais il ressort de sa discussion même que ces sculptures sont du second quart du XIVe siècle, époque à laquelle l'école originale de Pise ne compte plus un représentant connu, Andrea et Nino étant florentins, suivant la classification admise. Pour le *Cicerone*, le tout est siennois; cela est peu vraisemblable. D'où qu'ils viennent, ces bas-reliefs sont une des créations les plus séduisantes de la statuaire italienne du moyen âge.

Enfin la cathédrale a une chapelle célèbre, le Cappella Nuova, aux murs de laquelle furent peintes, par Luca Signorelli, les dernières grandes fresques du xve siècle. Ce Luca Signorelli (1441-1523), Ombrien, élève de Piero della Francesca, nous n'en avions vu jusqu'alors que des tableaux, à Arezzo, à l'Académie de Florence et aux Offices, d'une peinture lourde, d'aspect assez rebutant, de personnages grossiers, de vierges populacières, qui n'avaient pas justifié sa grande renommée. Mais c'est ici, dans ce vaste ensemble décoratif, qu'il le faut admirer. C'est le triomphe du nu, annoncé au début du siècle par Masaccio. Dans la *Résurrection des morts*, dans l'*Enfer*, c'est une mêlée de corps musclés et comme écorchés. Mais, avec tout le progrès anatomique que l'on voudra et que de longues études avaient préparé, je ne puis dire qu'il y ait plastiquement une supériorité sur l'*Adam et l'Eve* ou sur les *Néophytes attendant le baptême* de la chapelle du Carmine. La liberté et la puissance de la composition, la décision qui s'y marque, font de ces fresques une des œuvres capitales du siècle. Et puis elles échappent au sort terrible de la plupart des peintures de ce temps : on peut les voir, la lumière est bonne, leur conservation excellente.

Pour ce qui est du reste de la cathédrale, on n'y prendra pas grand agrément, sauf peut-être aux stalles en marqueterie du chœur (1421). En sortant, on entre à l'Œuvre du Dôme où se voient des tableaux de Simone di Martino et de Signorelli, et quelques sculptures.

Nous sommes passés enfin à San Domenico où il y a un tombeau d'Arnolfo di Cambio, et nous sommes rendus au jardin public, dit la Forteresse. De son extrémité on a une vue plongeante admirable sur la vallée du Tibre et les lointains de l'Ombrie. Près de là on nous montra un puits fort curieux dans lequel plongent deux chemins en vis parallèles, l'un pour la descente des ânes qui vont chercher l'eau, l'autre pour leur remontée.

On passera une journée charmante à Orvieto dont on aura tout ce qu'elle peut donner en quelques heures.

La route qui mène d'Orvieto à Rome est belle. On suit la vallée du Tibre, que bordent des montagnes dentelées, les cimes du Soracte, des collines où s'échafaudent des ruines de châteaux-forts. Dans la vallée, on voit des troupeaux de bœufs, gardés par d'étranges bergers à cheval. Nous y sommes passés à la fin du jour; la lumière était chaude et l'atmosphère sereine; des flaques de soleil brillaient entre les joncs sauvages; et soudain, dans le lointain, nous aperçûmes une coupole haute dans le ciel : c'était Saint-Pierre de Rome.

ROME ET LA RENAISSANCE

Nous voici à Rome pour la seconde fois. Nous n'y chercherons maintenant que les maîtres de la Renaissance et, si nous rencontrons sur notre chemin d'anciens amis, nous passerons sans nous arrêter, car c'est de bien autre chose que de l'antique qu'il s'agit.

Plus j'y réfléchis, moins je peux croire à une action salutaire de l'antiquité sur l'art de la Renaissance. Son influence s'exerce surtout à la décadence, au XVIe siècle : en peinture, on ne lui doit guère que des sujets mythologiques, des allégories, des décorations, le style pompéien, dont nous dirons ce que l'on peut en penser, et l'apparition du poncif, des types convenus et canoniques, tout ce qui formera plus tard l'académisme ; en sculpture, à côté des imitations et pastiches nombreux, elle incite au nu, ce qui n'est pas un progrès certain. Son action se borne là, car les maîtres de la Renaissance, et quels sont-ils après Michel-Ange ? si d'intention ils s'inspirent de modèles antiques, font, malgré eux, des œuvres de leur temps, qui en ont les qualités médiocres et les défauts graves, en particulier celui de vouloir paraître autre chose que ce qu'elles sont.

Quant aux architectes, je sais bien qu'ils font revivre les pilastres, les colonnes, les frontons et entablements de l'architecture romaine, mais ils changent si complètement le sens traditionnel des mots qu'ils emploient qu'ils créent une espèce de jargon, dont les termes, empruntés aux styles anciens, sont unis par les règles nouvelles d'une syntaxe défectueuse. Ce jargon devra à sa formation artificielle, à son caractère mêlé et au fait qu'il n'appartient en propre ni à un sol ni à une race, de devenir le truchement en usage courant dans l'Europe au XVIIe siècle et de rester le médiocre langage cosmopolite de l'architecture moderne.

Trois semaines suffiront pour notre tâche présente.

Cette fois-ci nous ouvrirons les yeux tout grands sur la ville moderne. Rome, dans sa forme actuelle, est du XVIe, du XVIIe et du XVIIIe siècle, plus les quartiers et rues bâtis depuis 1870. Je ne sais pas de capitale qui compte un plus grand nombre de bâtiments publics abominables! On n'y voit que des églises baroques, avec des coupoles en champignons, des façades tourmentées, des devantures de chapelles tordues en vagues ; l'on côtoye des palais bosselés en prisons, des fontaines où s'agitent des colosses hideux, et l'on traverse des ponts bordés de statues hystériquement contournées. Je ne pense pas qu'il existe au monde une accumulation aussi considérable de choses médiocres, riches et laides et la stupéfaction ne fera que grandir à découvrir chaque jour de nouvelles horreurs architecturales, sans que jamais l'on puisse reposer ses yeux fatigués sur une œuvre tranquille et pure. Et dire que c'est à partir du XVIe siècle que Rome est devenue la capitale des arts ! Et dire qu'on a voulu nous faire prendre les œuvres du XVIe et XVIIe siècles pour des modèles, et que non content de les avoir imitées tant depuis deux cents ans, on prétend aujourd'hui encore nous les faire admirer !

Nous gardons ici la division adoptée pour Florence et sérions les sujets pour la haute Renaissance, comme pour le XVe siècle.

LA SCULPTURE

Rome n'est pas riche en sculpture, jusqu'au milieu du XVIe siècle. Santa Maria del Popolo est l'église la mieux fournie. On y trouve les florentins, Mino da Fiesole, Pollajuolo, Andrea Sansovino et une série de tombeaux des XVe et XVIe siècles. Mais il n'y a rien là de capital et de nouveau pour nous.

A San Pietro in Vincoli est un des chefs-d'œuvre de Michel-Ange, le *Moïse* du tombeau de Jules II. Le tombeau adossé est d'architecture baroque ; il n'y a du maître que le *Moïse*, *Rachel* et *Lia*, personnifiant la vie active et la vie contemplative. Voici le beau passage de Dante qui a inspiré Michel-Ange : « Que quiconque demande mon nom sache que je suis Lia, et je vais portant de tous côtés mes belles mains, pour me faire une guirlande. C'est pour me plaire à mon miroir que je me pare ; ma sœur Rachel ne se détourne jamais du sien, mais elle demeure assise devant lui tout le jour. Elle est avide de voir ses beaux yeux, comme moi de me parer avec mes mains. Son bonheur est de contempler et le mien d'agir. » (*Purg.*, ch. XXVII, v. 100.)

Rachel et Lia vivent dans les vers de Dante plus que dans l'œuvre assez froide de Michel-Ange. Le *Moïse* cornu est, au contraire, magnifique et terrible. C'est une des créations les plus impressionnantes du maître.

Le *Christ* de l'église de la Minerve, par contre, m'apparaît médiocre. Ici je ne sens aucune trace du combat intérieur, de la lutte d'où sont sorties les grandes œuvres de Michel-Ange. Comme l'on sait, le Christ est nu, debout. Je n'aime pas l'idée de représenter le Christ en « académie ». Ce n'est ni à ses muscles, ni à l'attache de ses membres que je m'intéresse, mais bien à sa personne morale. Et son corps ne requiert mon attention qu'en tant qu'il traduit un état de passion ou de souffrance intérieure, ce qui n'est pas le cas du *Christ* de la Minerve. Postérieurement, on a couvert sa nudité d'un voile de bronze, et on a chaussé son pied d'une sandale de même métal, de peur que les baisers des fidèles n'usent le marbre. Habiller après coup, le Christ, est l'idée la plus saugrenue qui puisse germer dans la tête d'un prêtre. L'imbécillité artistique du clergé, sur laquelle gémit Huysmans, n'est pas d'aujourd'hui.

Il y a plusieurs choses à regarder dans cette médiocre église gothique, si mal restaurée. Mais était-ce le cadre si laid ou la fatigue, nous n'avons pu prêter qu'une médiocre attention à une œuvre des Cosmas, à un tombeau de Mino da Fiesole, et les monuments des Médicis ne firent aucune impression profonde sur nous. Je retins seulement que Fra Angelico fut enterré dans une chapelle voisine du chœur où se voit sa plaque tombale.

A défaut d'un musée de sculpture moderne que Rome n'a pas, rendons-nous à Saint-Pierre.

La plus belle des œuvres qu'il renferme est sans doute la *Pieta*, faite en 1500, alors que Michel-Ange avait vingt-quatre ans. Nous eûmes une grande joie à la trouver dans la première chapelle de droite, car c'est un groupe admirable, et nous venions de voir tant de laideurs colossales dans l'énorme basilique qu'elle nous apparut non seulement belle, mais délicate et raffinée. Ces qualités aperçues dans la *Pieta* disent l'outrance des temps postérieurs, auprès de laquelle l'emportement même d'un Michel-Ange semble le geste distingué d'un maître modéré.

A noter encore deux tombeaux de bronze des Pollajuolo, qui font apprécier dans leur richesse la sûreté d'un goût qui ne devait point survivre à ces générations ; un maigre Mino da Fiesole.

Mais comment dire le reste, depuis la porte centrale de Filarete, où l'on peut admirer, à l'entrée de la basilique vaticane, de la mère des églises chrétiennes, siège du chef de la foi successeur de Pierre, dans les encadrements des polissonneries empruntées aux mythes antiques, — chose stupéfiante que d'offrir aux fidèles venus *ad limina* le spectacle préalable d'un *Ganymède* enlevé par l'aigle, d'une *Léda* en proie au cygne, d'*Europe* suspendue au taureau, tout un recueil de sujets choisis pour illustrer de scènes excitantes, la bestialité — jusqu'à, dans l'abside, l'inouïe chaire de Saint-Pierre, de Bernin, que portent les Pères de l'Eglise, semblables à d'avinés portefaix ! Ce même Bernin (1599-1680), violent bourreau de marbre, a rempli la basilique de tombeaux et de monuments abominables. Ce sont un *Saint Longin*, le tombeau de la comtesse Mathilde — que n'a-t-on laissé la paix à ses cendres, qui reposaient depuis cinq siècles à Mantoue ! — celui d'Urbain VIII, le baldaquin colossal et torse sous la coupole, puis, au-dessus d'une porte, l'horreur inédite du monument d'Alexandre VII, un squelette en bronze doré, supportant un lourd rideau de marbre jaune et brun. On ne peut se faire une idée de la démence dont témoignent de telles œuvres. Et c'est le cavalier Bernin que Louis XIV faisait venir en France pour répandre le *goût* italien !

Qu'offre encore Saint-Pierre ? des œuvres de DUQUESNOY (1594-1644), ailleurs mieux inspiré, de l'ALGARDE (1598-1654), et d'autres de moindre importance. Il est vraiment difficile d'imaginer la laideur et la gesticulation de ces statues en coup de vent, dont les draperies voltigent comme soufflées par de furieuses tempêtes, où le marbre imite les fraises tuyautées, la finesse des dentelles, la lourdeur des velours, et qui représentent, en de démesurées allégories aux formes rebondies, les vertus dressées du défunt.

Ah ! certes, Saint-Pierre de Rome est le dernier endroit au monde où l'on ira chercher la statuaire chrétienne. C'est la salle à l'encan du rococo.

Le vieux *Saint Pierre* de bronze, sur sa chaise antique, a, malgré sa médiocrité, une supériorité de tenue incontestable. Il se tient très droit et un peu raide, comme pour protester contre l'avachissement des turbulents personnages qui l'entourent.

Rome, du reste, à part les quelques pièces que nous avons citées, est d'une pauvreté désespérante en sculptures de la bonne époque et d'une richesse non moins attristante en statues de la mauvaise.

C'est le Bernin et son école débraillée qui l'ont peuplée. On voit leurs œuvres dans les églises, sur les ponts, sur les fontaines compliquées — je n'en connais qu'une vraiment élégante et d'un joli goût, celle des Tortues, par Landini, — sur les balustrades et les frontons. Rome en est pleine et la vulgarité de cette parure est vraiment affligeante. On lira, dans le *Cicerone*, les pages consacrées à cette école. Elles sont, comme on peut s'y attendre, pénétrantes et informées. Mais, et c'est ici le côté faible de ce livre excellent, Burckhardt parle avec une sagacité presqu'indifférente de ces abominations anti-artistiques. Il a une manière philosophique d'envisager ces hommes et de les expliquer. C'est l'avantage de la méthode critique de s'appliquer indifféremment à l'étude de n'importe quel moment de l'histoire de la civilisation, aux œuvres qui ont une valeur comme à celles qui n'en ont pas. Mais, au point de vue de l'art, il y a des époques nulles et des époques vivantes. On ne le sent pas assez dans les pages que Burckhardt consacre à Bernin. De ce qu'il fut l'idole de son siècle, et de ce que les papes, les rois et les grands seigneurs le comblèrent d'honneurs, il ne s'en ensuit pas qu'il ait créé une œuvre durable et qui doive occuper — sinon comme annexe à la tératologie — la postérité.

C'est le moment où triomphait Bernin que l'intelligence artistique si vantée de Louis XIV choisit pour envoyer à Rome les meilleurs d'entre les jeunes sculpteurs français, afin qu'ils pussent, en un séjour de quatre ans, prendre là-bas les habitudes théâtrales et emphatiques, nécessaires pour plaire au public éclairé qui recevait son mot d'ordre de Versailles (relire, dans Nisard, les chapitres qu'il ne faut pas oublier, sur Louis XIV, idéal des artistes de son temps).

LA PEINTURE

Au xve siècle, les meilleurs peintres d'Italie passèrent à Rome, depuis Masaccio et Masolino (à Saint-Clément), jusqu'aux maîtres définitifs de la fin du siècle. Fra Angelico y peignit, vers 1450, la chapelle de Nicolas V au Vatican. Elle est excellente, et le vieux moine y déploya un talent toujours égal à lui-même. Mais elle est si mal placée! On n'y peut parvenir qu'à travers les Chambres de Raphaël. J'avoue n'avoir pu m'y intéresser comme je l'aurais voulu. Elle est vraiment trop étrangère ici pour nous pouvoir plaire.

LE VATICAN

De même on ne prendra guère qu'un intérêt rétrospectif, déjà! aux fresques des murs latéraux de la Sixtine qu'ont peintes Botticelli, Ghirlandajo, Luca Signorelli, Pinturicchio, Cosimo Rosselli et le Pérugin. Dans un autre cadre, loin du voisinage écrasant du plafond de Michel-Ange, elles se laisseraient apprécier et nous charmeraient sans doute.

Mais c'est Michel-Ange et Raphaël que nous venons voir. A ce moment de notre voyage, c'est eux seuls qui nous attirent. On se rendra donc à la chapelle Sixtine.

MICHEL-ANGE

Je me souviens du frémissement d'impatience que j'avais lorsque je me hâtais pour la première fois vers ce plafond célèbre dont les moindres détails nous ont été rendus familiers par la photographie. J'allais enfin voir dans leur réalité les scènes éternelles de la Création de l'homme, du Péché originel, du Déluge, j'allais méditer sous le regard des Prophètes, et les Sybilles passionnées m'ouvriraient l'avenir ; pour moi allaient revivre encore les extraordinaires figures nues, qui représentent la forme humaine dans la richesse inouïe de ses possibilités plastiques. J'attendais avec anxiété cette heure décisive.

Mais, lorsque je fus dans la Sixtine, j'éprouvai tout d'abord un grand désappointement. J'apercevais un ensemble confus où je distinguais mal quelques scènes connues, une mêlée de personnages dont je ne saisissais pas le sens. Bientôt pourtant je retrouvai un enchaînement, sinon une unité. Je repris, un à un, les sujets encadrés par des médaillons ; j'entrevis Dieu planant ; je le suivis dans la séparation de la lumière et des ténèbres ; mais, comme je me disposais à regarder enfin la Création de l'homme, une soudaine et lancinante douleur dans la nuque me força à m'arrêter et me rappela que depuis plus de cinq minutes, ma tête, renversée en arrière en angle droit avec mon corps, était dans une position impossible à soutenir.

Je m'assis; tout tournait devant moi. Il me fallut quelque temps pour recouvrer la possession de moi-même.

Puis à nouveau je braquai mes yeux sur cette foule plafonnante. Je ne pus voir cette fois-là qu'une scène, celle où un Dieu tout puissant suscite, de quel geste admirable ! Adam du limon de la terre. Mais encore je fus forcé de m'arrêter et contraint à penser à ma condition misérable d'homme, attaché au sol et mal fait pour suivre, même des yeux, l'envol des corps glorieux qui planent sur nos têtes.

J'étais désespéré. Un sacristain, ému de pitié, m'offrit un petit miroir de vingt centimètres de côtés, qui me permit de regarder lentement et un à un les sujets de la voûte. C'était donc ainsi qu'il fallait voir ce plafond, par petits morceaux dans un carreau de verre !

Du récit de ma mésaventure, je prétends tirer quelques réflexions topiques.

Le plafond de la Sixtine, comme ensemble, n'existe pas. On ne peut l'embrasser d'un coup d'œil, le lire d'affilée. Peut-être a-t-il eu une existence transcendante dans l'esprit de Michel-

Ange qui, de scènes diverses, voulait créer une unité. C'est possible, mais phénoménalement, c'est-à-dire tel qu'il apparaît, il n'est pas un ; c'est une suite de fragments que l'œil analyse.

Et ces fragments eux-mêmes ne peuvent être regardés qu'au prix d'inévitables torticolis, de maux de tête certains, par le vice essentiel de l'architecture. Les voûtes que la Renaissance a voulues, se refusent à être décorées picturalement ou, si elles le sont, elles se vengent en punissant l'audacieux qui ose lever les yeux sur elles.

Or cela est détestable. Car, enfin, il faut bien admettre que le but de l'art est de procurer une satisfaction esthétique (quelle qu'elle soit et si pure qu'on la veuille), et je demande comment on goûtera un plaisir quelconque lorsque la tête fait un angle de quarante-cinq degrés avec l'épine dorsale ! Et quelle abomination d'en être réduit au petit miroir qui détaille à vos pieds l'œuvre gigantesque de ce plafond ! La seule solution serait d'établir une série de lits de repos, sur lesquels on s'étendrait à plat pour regarder la voûte. Encore faudrait-il changer quatre ou cinq fois de lit pour en voir toutes les parties, tant le cadre se prête mal à une décoration peinte. Le seul fait d'être obligé de discuter de telles questions constitue la critique la plus sévère que l'on puisse adresser, non à la peinture de Michel-Ange, mais à la place pour laquelle elle fut faite.

Ici il faut se souvenir d'une autre chapelle.

construite au moyen âge selon les principes d'une architecture que Michel-Ange qualifiait de « barbare et de monstrueuse », la chapelle des Espagnols à Santa Maria Novella de Florence. Elle est de style gothique, les architectes n'ayant pas encore renoncé au bon sens et aux qualités logiques de construction pour aller prendre de médiocres leçons dans une antiquité mal connue. Grâce au système de voûtes sur arcs ogives, où que vous soyez dans la chapelle, vous avez devant vous un pan de mur que vous pouvez voir sans vous casser la nuque, et sur lequel les personnages apparaissent dans une position naturelle, qui se rapproche de la verticale.

Faut-il compter au nombre des progrès réalisés par la Renaissance, la substitution à la voûte gothique de la voûte en berceau avec surface plane au centre, impropre à la décoration peinte ?

A la Sixtine, il faut se contenter de jeter de rapides coups d'œil sur le plafond. Cela est fort affligeant, car ce que l'on aperçoit avec tant de peine est admirable.

En face d'œuvres si connues, je me borne à enregistrer telles quelles mes impressions. Je dirai donc avec simplicité que la *Création de l'homme* est fixée d'une façon définitive ; qu'il est difficile de combiner un *Péché originel* plus puissant et qu'Adam et Eve sous l'arbre défendu sont d'une beauté de formes inimaginable ; que j'ai pris beaucoup moins de plaisir au *Déluge* que je n'ai guère compris — à cause des difficultés matérielles expliquées ci-dessus — et que je ne me suis pas passionné à l'*Ivresse de Noé*. J'ai joui pleinement des figures nues assises aux angles de chacune des scènes centrales et des Prophètes et des Sybilles, de ceux du moins que j'ai pu voir, car la lumière est, d'un côté, exécrable. Enfin le pendentif à droite de l'entrée représente Judith et Holopherne, et c'est une bien belle chose.

Il y a, en outre, dans ce plafond, une grande partie décorative qui le surcharge, enlève de la clarté aux scènes principales et n'ajoute rien à l'ensemble. Ce sont les panneaux triangulaires au-dessus des fenêtres où sont représentées, paraît-il, les vies des ancêtres de la Vierge — mais qui a jamais eu la patience de les déchiffrer ? — des cartouches et des petits Génies dans les pilastres, tendant des guirlandes de fleurs. C'est d'une surabondance fatigante et, étant donné l'angle sous lequel on les voit, d'une confusion extrême. La voûte fut peinte de 1508 à 1512.

Le *Jugement dernier*, sur le mur du fond de la chapelle, fut exécuté plus tard, entre 1534 et 1541. La lumière est bonne. Ah ! que les scènes de la Genèse ne sont-elles là plutôt que sur la voûte !

J'avoue, avec la même véracité, que le *Jugement dernier* ne m'a qu'à peine intéressé. Le ton de l'ensemble est tout à fait déplaisant ; il a bruni et noirci incroyablement, et enfin je ne puis suivre ces groupes confus d'êtres à la gesticulation excessive, où presque jamais une forme plastique absolument belle — comme il y en a tant dans le plafond — n'arrête l'œil. Il faut dire tout de suite, pour la désolation des admirateurs à tout prix de Michel-Ange, qu'il ne reconnaîtrait pas son œuvre dans l'état où elle est, que les repeints sont nombreux, à l'huile et à la détrempe, que, postérieurement, l'on a ajouté des draperies à une foule de personnages dont la nudité choquait des papes trop aisément scandalisés, et qu'enfin les cierges de l'autel et les flambeaux des grandes cérémonies ont enfumé ce mur pendant des siècles.

Peut-être y a-t-il eu, à cette place, autrefois, un chef-d'œuvre? — il a disparu depuis longtemps.

On n'a pas accès facilement dans la chapelle Pauline, où Michel-Ange peignit deux fresques, qui sont dans un état pitoyable.

LES CHAMBRES DE RAPHAEL

Après Michel-Ange, Raphaël. Ici encore c'était avec une impatience passionnée que j'attendais l'heure de voir les fresques de Raphaël.

Je n'eus point à subir les déceptions que m'avait causées l'arrangement des voûtes de la Sixtine. Les fresques sont peintes sur des murs, dans des pièces bien éclairées. On peut les examiner, debout, assis, à son aise, à condition de se servir d'un écran pour celles qui sont placées au-dessus des fenêtres. C'est de la peinture faite pour être regardée, chose plus rare qu'on ne le croirait.

D'entre les quatre chambres qui se suivent, la dernière, ou salle de Constantin, est l'œuvre d'élèves et n'apporte rien à la gloire de Raphaël. D'autre part, la chambre de l'*Incendie du Bourg*, n'est pas complètement du maître. Il n'aurait travaillé qu'au seul Incendie du Bourg et les deux autres fresques de la même salle seraient d'après ses cartons. Et encore l'Incendie du Bourg n'est-il pas certainement de sa main. En tout cas il a été restauré et modifié comme ton. C'est la plus populaire de ses fresques auprès de la plupart des artistes et de la majorité du public. Je ne puis m'y attacher. Malgré moi, j'y vois surtout un excellent « cahier d'expressions » que tout le monde a copiées et que l'on retrouve dans une foule d'œuvres ennuyeuses. Ce n'est pas ici que se montrent les grandes qualités de Raphaël. La question des dates est, sur ce point, intéressante. On sait par ailleurs la rivalité de Raphaël et de Michel-Ange. L'*Incendie du Bourg* a été peint après l'ouverture au public de la chapelle Sixtine, dont Michel-Ange avait décoré la voûte. Et l'on voit bien dans l'*Incendie* comme un désir chez Raphaël de faire autre chose que ce qu'il avait fait jusqu'alors et de lutter dans les nus avec Michel-Ange. Le *Couronnement de Charlemagne* et la *Victoire d'Ostie* sont de belles compositions exécutées par de remarquables élèves (Jules Romain, Perin del Vaga, Franc. Penni, Timoteo della Vite).

Restent la chambre de la Signature et la chambre d'Héliodore, peintes la première de 1509-1511, la seconde de 1512-1514. Elles justifient toutes deux la gloire de Raphaël. C'est vraiment le couronnement de l'art italien, l'expression la plus haute des qualités plastiques d'une race, qualités aperçues fragmentairement, au cours de ce voyage, en des hommes tels que Giotto, Masaccio, Fra Angelico, Lippi et tant d'autres, réunies ici dans une synthèse géniale. A côté de Raphaël, il y a place pour une autre façon de sentir et de s'exprimer : mais, dans la langue qui est sienne, il est allé au chef-d'œuvre.

Dans la chambre de la Signature, c'est la *Dispute du Saint-Sacrement*, merveilleuse d'unité et de coloris : l'*École d'Athènes* dont l'ordonnance si belle, où tant de motifs divers sont reliés l'un à l'autre avec tant d'aisance, me touche cependant moins directement; et c'est le divin *Parnasse* où, en des groupes harmonieux, s'ordonnent d'inoubliables figures!

Qui ne garde précieusement en soi le souvenir de la Muse debout, vêtue d'une robe blanche, qui glisse sur le bras et laisse voir la naissance du sein? Ou qui ne revoit, même après des années, la Muse, robe jaune en tache chaude, tournant le dos au spectateur pour lui montrer une nuque admirable sous l'épaisse masse des cheveux?

Il n'y a pas pour moi de commune mesure entre la beauté sereine du *Parnasse* et l'agitation bruyante de l'*Incendie du Bourg*. Je ne me lasse pas de contempler le premier; le second tout de suite me fatigue.

En face sont les *Vertus cardinales*; mais, si l'on est particulièrement sensible à l'aspect de la peinture, que l'on regarde à droite de la fenêtre le pape *Grégoire IX*, dans sa grande robe blanche sous une chape somptueuse. C'est un étonnant morceau, qui à lui seul mettrait Raphaël au nombre des maîtres de la couleur, — ce qui tout de même est bien aussi important que de savoir composer et ordonner les lignes d'un tableau.

Cette qualité essentielle d'un peintre, la couleur, est généralement peu appréciée et par les critiques et par le public. Lisez les pages que Burckhardt consacre à ces œuvres; la composition, le choix du sujet, la façon dont le maître l'interprète, le costume, les personnages, leur groupement, voilà ce qui le préoccupe; du don premier et mystérieux de la couleur, il est à peine question. Aussi s'intéresse-t-il aux œuvres exécutées par les élèves (salle de Constantin et de l'Incendie), presqu'autant qu'à celles de la main du maître.

Mais c'est dans la chambre suivante, celle d'Héliodore, que la puissance de coloriste de Raphaël éclate dans l'œuvre, pour moi la plus parfaite : la *Messe de Bolsène*. Voyez la partie de droite, le Pape au centre, les cardinaux debout et dans le bas les gardes-suisses agenouillés. C'est un ensemble d'une étourdissante et magistrale harmonie où les rouges chantent et dominent. Pouvoir peindre un pan de mur ainsi me paraît bien autre chose que d'exprimer clairement un sujet donné et d'en tirer toute la signification.

On a dit ici l'influence d'un Vénitien, Seb. del Piombo, qui a vécu près de Raphaël dans les années où furent faites ces fresques. A tous ceux qui aiment l'art vénitien, il sera agréable de penser que l'action excellente de la peinture la plus savoureuse de l'Italie s'est exercée au moment propice sur l'auteur des Chambres.

L'*Héliodore chassé du temple* n'atteint pas à une semblable perfection : cependant il a des beautés très fortes, tout comme *Attila et Léon le Grand* qui lui font face, mais qui ne m'émeuvent pas au même degré. Le *Saint Pierre délivré* m'étonne et me ravit, sans me prendre tout entier.

Le plafond de la chambre de la Signature, peint par Raphaël, est d'un grand effet. J'y aime surtout la *Poésie* et une *Ève* délicieuse.

Telles sont les fresques vraiment supérieures où s'affirme le génie de Raphaël. J'arrivai défiant ; toute une partie de l'œuvre de Raphaël m'échappe et me paraît médiocre ! — Est-ce encore ici un coup monté, me disais-je, et je m'attendais au pire. — Mais les deux Chambres maîtresses s'emparèrent, dès l'abord, de moi.

Nous passons vite dans la salle de Constantin, ouvrage excellent d'élèves, qui serait digne de nous retenir ; mais on n'y pénètre qu'après avoir vu l'Héliodore, la Messe, le Parnasse et la Dispute ; il est impossible de s'y arrêter longtemps.

LES LOGES

Viennent les Loges. — Je n'y ai goûté qu'un mince plaisir. D'abord elles sont en mauvais état et parfois tout à fait abîmées. Ensuite elles ne sont pas de la main de Raphaël. Enfin je n'en aime pas le parti pris décoratif.

Sur ce point, il faut dire que l'école allemande veut voir dans les Loges « un des premiers chefs-d'œuvre de la décoration moderne », sans doute parce que c'est une des premières œuvres peintes à l'imitation du style décoratif antique. C'est ce que l'on appela depuis des grotesques, ou style pompéien : arabesques, treillis, masques, hippocampes, centaures, harpies, tritons, guirlandes, cartouches, coquilles, etc., le tout d'une grande finesse et d'une grâce certaine, mais d'un effet décoratif beaucoup moins sûr.

On sait le succès qu'eurent ces imitations depuis la Renaissance italienne. Quelle maison riche n'a pas eu sa salle de style pompéien, généralement d'une médiocrité désolante ? Aux Loges de Raphaël, cette partie décorative fut traitée par ses collaborateurs avec une grande maëstria ; mais c'est le principe qui me paraît défectueux.

Quant aux sujets tirés de la Genèse, ils sont plus ou moins heureux. Le Dieu séparant la lumière des ténèbres s'agite sans puissance et sans beauté. L'Eve du péché originel dresse par contre une juvénile et libre stature sous l'arbre du mal. Mais je n'ai pu me passionner à la suite de ce récit sans ampleur. Le souvenir des Loges ne me suivra pas.

LE MUSÉE DU VATICAN

Des Loges on passe au musée. Il est à la fois peu nombreux et riche. A l'entrée un étrange *Saint Jérôme*, de Léonard de Vinci, avec un lion dont la queue décrit un paraphe d'une courbe nette et superbe ; une *Annonciation* de Raphaël et trois figures en camaïeu. De Raphaël encore, dans la salle voisine, des œuvres célèbres, la *Madone de Foligno*, type du tableau qui plaît à la foule, car il n'est, en effet, pas absolument nécessaire d'aimer la peinture pour le goûter, et la dernière de ses grandes toiles, la *Transfiguration*, pour laquelle je ne partage pas l'enthousiasme général. Il manque d'unité et, dans la partie inférieure, apparaît déjà cette insupportable gesticulation sans cause qui envahira l'art à la suite de Raphaël et nous fera regretter l'immobilité conventionnelle des mosaïques byzantines. Ajoutons qu'ici Raphaël est sévèrement blâmé par les spécialistes pour avoir représenté de chic l'Enfant possédé. « Il n'a aucun des caractères précis ni de l'épilepsie, ni de l'hystérie..., ne répond à aucune autre maladie connue[1]. » Avec un *Couronnement de la Vierge* se termine la série des Raphaël du Vatican.

Il y aurait mille choses à en dire ; mais elles l'ont été si bien et par tant de critiques documentés ! La seule position à prendre est de tâcher de voir avec des yeux neufs et, s'il y a lieu, de dire son impression personnelle. Le *je* est encore ce qu'il y a de plus modeste devant les grandes œuvres. C'est aussi ce qu'il y a de plus difficile. Il est bien plus aisé de sentir par procuration.

Nous avons beaucoup regardé un tableau du Dominiquin dans la même galerie, pour tâcher d'y trouver ce qui séduisit notre Poussin, mais sans y réussir complètement. Et ce sont encore des Titien fort beaux, une fresque importante d'un bon peintre du XVe siècle, MELOZZO DA FORLI, dont les œuvres sont rares (fragments aussi dans la sacristie de Saint-Pierre), un grand Poussin et plusieurs tableaux de l'école bolonaise.

Si l'on voulait terminer avec Raphaël, il faudrait aller voir les fameuses *Sybilles* (encore à la suite de Michel-Ange) de Santa Maria della Pace,

[1] Charcot et Richer, *Les Démoniaques dans l'art*.

qui n'ont pas répondu à mon attente, les mosaïques de la chapelle Chigi à Santa Maria del Popolo et enfin, à la Farnésine, la délicieuse *Galatée*.

Au Vatican, il reste à visiter les appartements Borgia, où nous retrouvons un peintre vu à Sienne, PINTURICCHIO (1455-1513). Ce sont de grandes et riches décorations murales tout à fait dans le goût de la Renaissance à l'avènement de laquelle Pinturicchio a fortement travaillé. Ces fresques sont charmantes, et l'ensemble de l'appartement à lui seul vaudrait une visite. Et l'on y voit aussi le portrait d'un Pape notable, Alexandre VI Borgia. Malgré tout, je préfère la Libreria à la cathédrale de Sienne.

On ira à la Galerie du Capitole, qui ne renferme rien d'important pour nous. Mais, par contre, il y a quelques œuvres de premier ordre dans les collections privées.

Il faut signaler ici que « l'amateur d'art » est né à ce moment. Les galeries de tableaux datent de la Renaissance et viennent de Rome.

Jusqu'alors le peintre avait travaillé, soit pour l'Eglise, soit pour les communautés religieuses, soit pour l'Etat, soit pour les corporations. Qu'un riche marchand ou qu'un grand seigneur fît faire son portrait, c'était le plus souvent un tableau de donateur où il était représenté en adoration d'une Vierge centrale, entouré de sa famille et flanqué de ses saints patrons. L'artiste faisait des œuvres qui devaient être vues par tous, exposées publiquement et contribuer à la décoration soit d'une maison de ville, soit d'une église, soit d'une chapelle. Que cela eût une influence sur la conception de l'œuvre d'art, il n'est pas permis d'en douter.

Avec la Renaissance, les conditions sociales changent. A Rome vit une aristocratie riche et paresseuse, jouissant des grasses sinécures de la cour papale. Elle se compose de l'ancienne aristocratie romaine à laquelle s'ajoutent diverses nobles familles italiennes, qui ont fourni des Papes à la chrétienté et espèrent lui en donner encore.

C'est dans ce milieu-là que vivent les artistes; c'est pour lui qu'ils sont appelés à travailler. Leurs œuvres sont de moins en moins faites pour une place, pour un cadre fixés à l'avance. Elles entrent dans la galerie d'un grand seigneur où elles se trouvent entourées de tableaux de toutes provenances étrangères et italiennes. Elles ne sont point là à demeure, mais peuvent changer de domicile d'un jour à l'autre. En outre, elles ne sont regardées que par des gens d'une certaine position sociale.

Autrefois c'étaient les grandes idées directrices communes à la masse cultivée et au peuple, qui formaient le fonds solide sur lequel l'artiste travaillait. Maintenant c'est la culture, les idées et le goût d'une classe très restreinte qui s'impose à sa réflexion préalable ; c'est à un public limité et spécial, plus apte que tout autre à se laisser entraîner par la mode, à s'engouer, qu'il faut plaire; c'est lui qui non seulement achète, mais qui est en possession de faire la renommée d'un peintre.

On entrevoit les conséquences de ce nouvel état de choses, et l'on comprend que la formation des premières galeries de tableaux soit une date importante dans l'histoire de l'art. Les limites de mon cadre m'obligent à abréger. Je laisse le lecteur avancer seul sur la piste que je lui ouvre.

C'est ainsi que l'on trouvera à Rome, riches encore, malgré qu'elles aient perdu un grand nombre de toiles, les galeries Corsini (maintenant à l'Etat), Sciarra, Borghèse, Colonna, Doria, Barberini, Rospigliosi et autres, qui furent fondées pour la plupart aux XVIe et XVIIe siècles. On s'en aperçoit de reste ; pour quelques tableaux de grande valeur, elles ont une foule d'œuvres médiocres que la mode éleva dans leur temps au rang de chefs-d'œuvre, des Carlo Dolci, des Maratta, des Baroche, des Bolonais trop nombreux.

La meilleure des Galeries est encore, malgré tant de ventes, celle de la villa Borghèse, où nous avons admiré longuement et souvent un Titien émotionnant de beauté, l'*Amour sacré et l'Amour profane*, un des Corrège les plus séduisants, la

Danaé, une *Mise au tombeau* de Raphaël qui n'est pas de premier ordre, une bien amusante *Vénus* de Cranach, un fier portrait de Pontormo et, au milieu de beaucoup de redites, quelques toiles de valeur.

Au palais Doria abondent les Garofalo ; mais il y a un Velasquez étonnant, le *Pape Innocent X* rouge sur rouge, à faire pâlir toute la peinture italienne, deux Claude Lorrain, un Poussin, copie des Noces aldobrandines, — il est vrai que tout cela n'est guère italien — une *Salomé* de Titien et beaucoup d'autres choses que l'on regarde non sans plaisir.

La galerie Sciarra est dépouillée de ses chefs-d'œuvre. Il faut regretter que, comme quelques toiles de la collection Borghèse, ils aient quitté l'Italie pour entrer dans les triples forteresses que sont à Paris les hôtels des Rothschild. La bienveillance des vieux nobles italiens ruinés et la libéralité de leurs traditions seigneuriales laissaient aux touristes un libre entretien avec ces tableaux célèbres et servaient mieux la cause de l'art que la défiance craintive et arrogante de trop riches financiers contemporains.

Au palais Colonna, c'est de second ordre. Il faut cependant y aller, ne serait-ce que pour voir ce qu'était un luxueux palais romain au siècle dernier. Et dans la galerie, il y a des choses notables.

C'est encore la galerie Barberini, si pauvrement installée dans les communs de ce vaste palais.

Mais, dans ces chambres misérables, il est quelques toiles importantes, la *Fornarina* de Raphaël, un petit Poussin, un petit Claude Lorrain, un grand Dominiquin, un Durer improvisé, sans parler du médiocre portrait de Guido Reni, qui ne représente pas *Béatrix Cenci*; c'est lui qui amène les étrangers.

Enfin on se rendra au casino Rospigliosi, où l'*Aurore* du Guide attire les touristes des deux continents et qui est l'œuvre la meilleure de l'école bolonaise. Stendhal disait que la figure de l'Aurore le faisait penser à l'art grec; elle évoque surtout en moi le souvenir d'Ingres, dont la parenté avec le Guide s'atteste ici certaine. Il y a en outre quelques toiles recommandables de divers peintres.

Si l'on a poussé ses études sur l'histoire de la peinture assez loin, on prendra un vif intérêt à ces visites dans les collections romaines, qui comptent un nombre considérable de bonnes œuvres de second ordre dont la classification n'est pas encore définitive. Si l'on n'a, ce qui est l'hypothèse où se place *le Voyage idéal*, que sept à huit mois à donner à l'Italie, on va aux pièces maîtresses. Plus tard, avec un hiver en Toscane ou à Rome, un printemps à Venise ou en Ombrie, on aura le loisir de fouiller une époque et une école.

LES JARDINS DE LA RENAISSANCE

Avant l'architecture à laquelle ils nous mèneront, voyons les jardins de la Renaissance. Ils sont un des charmes de Rome,

Disposez des terrasses, des balustrades, un parterre ; au centre, une fontaine ; des eaux qui tombent étagées ; des allées qui s'en vont en ligne droite entre des buis taillés et que termine un bassin où s'égrène un fil d'eau silencieux ; puis des chênes verts, des pins sombres aux troncs roses, des bancs de marbre, des statues anciennes ; ajoutez des perspectives sur des architectures lointaines dans une campagne qu'habite l'homme ; mettez une villa dont les lignes s'harmonisent avec celles du parterre et des terrasses ; baignez le paysage dans une lumière dorée : voilà ce que sont les jardins de la Renaissance, à Rome.

Description en grisaille du jardin de la Villa Médicis. — Le jardin de la Villa Médicis est un endroit d'une beauté impérieuse, qui ne vous laisse point libre de suivre vos pensées, mais qui leur impose son caractère et commande leur cours.

Il s'étend derrière la villa jusqu'aux murs cyclopéens qui la séparent du parc Borghèse en contre-bas. Le parterre central, bordé de buis énormes, est dominé à droite par une terrasse. Derrière cette terrasse ensoleillée, c'est l'ombre épaisse d'un bois centenaire de chênes-verts dont deux hermès dégradés gardent l'entrée. Les troncs évidés montrent le cœur de l'arbre; ils se tordent pour jeter encore leur frondaison qui ne périt jamais. Entre eux une allée s'en va vers un escalier aux pierres moussues et hésitantes que l'on devine à peine dans l'obscurité des feuillages. Un belvédère, construit au sommet de l'escalier, jaillit d'une mer de verdure dans l'éclat du plein soleil. La vue est immense sur Rome. Mais nous n'avons pas voulu nous y attarder, car le choc est trop brusque entre la réalité de la vie que ce spectacle évoque et le rêve de solitude qui flotte sous les chênes séculaires.

Nous sommes redescendus à la terrasse, puis au parterre; nous avons longé les buis taillés et sommes pénétrés dans la partie gauche du jardin. Les allées vont entre des laurelles, des ifs, des arbres verts et sont terminées à chaque fois au mur extérieur par une fontaine adossée, où un masque antique souffle dans un bassin un mince filet d'eau qui pleure. Des bancs de marbre aux carrefours, quelques hermès mutilés, complètent ce décor de lignes droites, d'arbres taillés, d'eau comme endormie et de pierres qui semblent vieillies

Telle est la calme disposition de ces lieux, qui inclinent à la méditation intérieure, qui vous ramènent à vous-même au lieu de vous en distraire, qui vous font penser à l'homme plus qu'à la nature, à votre destinée plus qu'à la vie universelle, cadre de mélancolie sereine où nul avenir n'apparaît, mais où le passé s'évoque et chuchote à l'oreille des mots à peine reconnus et qui s'évanouissent, dès que précisés, dans l'ombre élyséenne des bosquets.

Un Allemand dirait avec justesse que les jardins de la Renaissance sont faits d'un point de vue subjectif, tandis que les parcs anglais sont plantés objectivement. Mais les créateurs de ces terrasses n'auraient point aimé ces termes barbares.

Ces jardins furent adoptés par nos ancêtres du XVIIe siècle, avec l'esprit desquels ils sont dans un accord parfait. Comme toute l'œuvre de nos classiques, ils parlent en effet de l'homme à l'homme : la nature elle-même se prête à ses desseins et sert ses vues intimes.

Lorsque les siècles ont détruit ce qu'il pouvait y avoir d'un peu raide dans ces arrangements, terni l'éclat des marbres et courbé les troncs trop droits ; lorsque la mousse a envahi les pierres et tapissé les fontaines ; lorsque le temps a fait son œuvre et que l'on sent sur les buis des parterres et sur les arbres des bosquets le poids des âges disparus, les jardins de la Renaissance arrivent à une beauté d'une harmonie grave qui me touche profondément.

On verra à ce moment les villas de Rome et des environs. Le parc Borghèse est un lieu d'une classique beauté ; on ne se lasse pas d'y rêver. La villa Doria-Pamphili a un jardin célèbre. Hors de Rome aura-t-on le temps de se rendre à la villa Lante, près de Viterbe ? Je n'en ai vu que des plans et des photographies ; c'est un modèle du genre. Mais on ira sans faute à la villa d'Este, à Tivoli ; l'arrangement des eaux et des allées sur un plan très incliné, les arbres vénérables sur a terrasse inférieure et la vue plongeante sur la campagne et sur Rome, la rendront toujours digne d'admiration.

L'ARCHITECTURE

Nous reprenons ici le développement de l'architecture de la Renaissance. Rome donne les maîtres de la haute Renaissance, Bramante, Raphaël, et l'école baroque.

Allons voir d'abord les pièces du procès. Nous ratiocinerons ensuite à loisir.

SAINT-PIERRE

Courons à Saint-Pierre. — Si vous vous attendez à voir la plus belle église du monde, vous serez désillusionné. Saint-Pierre n'en est que la plus grande.

Ce malheureux Saint-Pierre a passé par les formes les plus diverses avant d'arriver à ce qu'il est. Les « Renaissants » vous disent : Ah ! si le plan de Bramante avait été exécuté ! si l'on avait écouté un tel et fermé l'oreille à tel autre ! Ah ! si Rossellino ! Raphaël ! Michel-Ange ! si Maderna ! si Bernini !...

On ne bâtit pas avec des si. Nous ne pouvons juger que ce qui est. Saint-Pierre devait être de Bramante et en croix grecque ; il n'y a à peu près rien de Bramante, et il est sur croix latine.

L'extérieur. — La coupole est de Michel-Ange (1546-1564) et non de Giac. della Porta, comme on le dit souvent. La courbe en est vraiment très belle et vaut sa réputation ; mais il faut blâmer l'ornementation qui y est appliquée, ces petites lucarnes écourtées avec frontons ridicules ? On ne peut voir la coupole en son entier qu'à distance, de la villa Médicis ou du casino des Chevaliers de Malte, car, par une étrange maladresse, la façade en détruit l'élan et la grandeur. Cette façade, œuvre de Maderna (1606), d'ordre colossal naturellement, n'a aucun rapport, aucune liaison avec l'église qu'elle dissimule. Elle est énorme, lourde et sans raison. Le pire est qu'elle masque le tambour et la naissance de la coupole, seules choses vraiment belles de Saint-Pierre. Les bas-côtés, l'abside, les bras du transept se perdent dans une enveloppe bizarre où l'œil ne peut trouver aucune forme expressive et organique. On longe cette partie de Saint-Pierre en se rendant au musée d'antiques. Qui a jamais songé à s'y arrêter ?

L'intérieur. — C'est très vaste, c'est très laid. L'ornementation, le détail surabondant et grossier, choquent à première vue. On se sent dépaysé, sans que cependant l'immensité réelle fasse impression; on ne s'en rend pas un compte net. Comme l'a dit très bien M. Choisy, ce n'est que par un travail de l'esprit qu'on y arrive. La faute est ici à Michel-Ange qui a omis toute division, tout point de repère permettant à l'œil de saisir, grâce à une échelle donnée, la grandeur de l'œuvre. Si, par un travail assez difficile, on dépouille les murs et les piliers de la décoration baroque qui les recouvre, la nef, avec ses médiocres bas-côtés, ses formes dont on ne peut deviner la raison, et le rapprochement de ses piliers colossaux, n'apparaîtra pas satisfaisante. Le meilleur point de vue est d'une des chapelles de côté près du centre, lorsqu'on regarde en biais l'abside, les piliers de la coupole, les bras de la croix, — encore faut-il faire abstraction du tabernable ridicule qui en occupe le centre. Il y a là dans les arcades, dans les piliers énormes, dans la courbure des voûtes, dans le rapport entre les masses et les vides, quelque chose de puissant et de fort.

Il est vrai que ces formes architecturales, que l'on a de la peine à saisir dans leur pureté, s'appliqueraient à n'importe quel monument mieux qu'à une église. Et la façon dont l'édifice est envahi par la lumière ne contribue pas à créer une impression religieuse. L'éclairage serait excellent pour une bibliothèque.

Tel qu'il est, Saint-Pierre remanié par dix architectes, ne saurait être considéré comme le modèle achevé d'une conception architecturale donnée. Nous avons critiqué déjà pour une église la forme centrale à coupole, poursuivie avec rage par toute la Renaissance. On la peut juger ici encore.

Mais il est inutile d'insister. Qui voit actuellement dans Saint-Pierre le type architectural par excellence de l'église chrétienne ? Les érudits vous disent que les hommes les plus distingués de la Renaissance ont voulu à tout prix la croix grecque et la coupole. Nous le savons de reste : mais qu'ils se soient trompés, nous n'en doutons pas non plus.

LA CHANCELLERIE

De Bramante (1444-1514) il est une autre œuvre importante, le palais de la Chancellerie : le portail central baroque fut ajouté par D. Fontana, sans doute pour qu'il n'y ait pas un seul monument de la haute Renaissance intact et pur. Allez à la Chancellerie, grand palais de deux étages sur rez-de-chaussée élevé. Les fenêtres du premier étage, dans un encadrement rectangulaire, sont d'un dessin très élégant ; au second, elles sont plus étroites et sans chambranle : au dessus se trouvent les lucarnes qu'ont tous les palais romains et auxquelles je ne puis m'habituer. Deux ordres de pilastres, séparés par un stylobate, ornent la façade. Ils sont groupés deux par deux entre chaque fenêtre. Tous les détails, moulures, corniches, chapiteaux, composition des fenêtres, sont d'une sobriété précise et constituent de bons modèles d'école. Mais trouverez-vous cette façade animée d'une vie supérieure? Sentirez-vous la force de la « travée rythmique » dont on fait honneur à Bramante? Il faut vraiment une faculté exceptionnelle d'enthousiasme pour s'échauffer devant cette œuvre propre et grise. Comme la plupart des façades de ce temps, elle manque de relief, d'accentuation : les fenêtres, la corniche, le stylobate, les pilastres, tout est plat et sans saillie. C'est une œuvre qui rend honneur à la clarté d'esprit, à la sobriété de celui qui l'a construite; mais ce n'est pas un monument qui fasse époque et excite l'admiration universelle. Dans sa tenue correcte, dans son absence de défauts, dans le choix de ses qualités réservées, discrètes et classiques, il éveille inévitablement en vous le souvenir du discours français idéal que les maîtres de rhétorique vous font entrevoir. Et vraiment c'est bien le modèle du discours d'architecture de la Renaissance.

Le malheur est que les discours ne sont jamais arrivés à la grande vie de l'art, qui est quelque chose d'autre que ce que l'on enseigne dans les écoles.

La cour, avec ses deux étages de portiques, est gracieuse. L'on passe de là dans l'église Saint-Laurent in Damaso, qui n'éveille aucune pensée en moi.

SAINT-PIERRE IN MONTORIO

Pour continuer avec Bramante, il faut monter à Saint-Pierre in Montorio, d'où l'on a une vue fort belle sur Rome. Dans la cour du couvent, on trouvera un petit temple circulaire, à l'imitation évidente de l'antique. Mais les anciens refuseraient la paternité de ce monument. Il est lourd, empâté, surmonté d'une coupole mesquine, muni d'une terrasse circulaire et d'une balustrade, on ne sait pourquoi, et entouré de niches alternativement rondes et carrées ; est-il une forme décorative plus insipide ? Il faut reconnaître que le tempietto de Bramante ne peut se comparer à un monument antique. Mettez l'une à côté de l'autre la photographie du temple de Vesta à Tivoli (ou de celui de la Pace, à Rome) et celle du temple de Bramante. Le premier est ravissant par l'élancement de ses colonnes cannelées, par la légèreté de sa frise, et l'accentuation de sa corniche : voilà une œuvre qui a de l'unité, du rythme et de la grâce. Il est inconcevable que, connaissant ces modèles, Bramante ait réalisé ce médiocre monument.

Si l'on donne un regard au palais Giraud, en se rendant à Saint-Pierre, et au cloître de Santa

Maria della Pace, où les fervents de la Renaissance admirent même les colonnes de l'étage supérieur tombant sur le milieu de l'arc entre pilastres : si l'on examine la cour de Saint-Damase au Vatican, et la grande cour avec niche terminale que coupent (encore une addition postérieure) le Braccio Nuovo et la Bibliothèque ; si l'on passe devant la Casa di Bramante — est-ce bien nécessaire ? — via del Governo Vecchio, on en aura fini avec l'œuvre de l'immortel Bramante.

RAPHAËL.

Après Bramante, les histoires citent au premier rang Raphaël. Qu'existe-t-il de lui? Il fut architecte de Saint-Pierre, de 1514 à sa mort : mais on ne peut rien porter à son crédit pour ce compte-là. On visitera une petite église San Egidio degli Orefici, sans en tirer grand renseignement sur la propre valeur d'architecte de Raphaël. La Farnésine, que d'autres donnent à Peruzzi, lui revient. Elle fut construite pour le banquier siennois, Aug. Chigi, un des plus riches hommes de son siècle. C'est le type élégant d'une luxueuse villa romaine, et la galerie en fut décorée par les élèves du maître d'après ses cartons. La disposition des appartements est ingénieuse ; — mais il n'y a pas là de grand effort architectural, de problème difficile résolu avec maîtrise. — La villa Madama, qui aurait été considérable, est en ruines. Il y a eu vraiment un mauvais sort sur les œuvres de ce temps. Combien de monuments de la Renaissance ont-ils été terminés par leur auteur ?

Près de Bramante, l'on dit Balthazar Peruzzi (1481-1537), dont on a vu à Sienne une œuvre si touchante, la cour intérieure de la maison de sainte Catherine. Il y a de lui, à Rome, un palais dont le *Cicerone* dit qu'il est « un des premiers monuments de l'Italie ». Peruzzi avait à vaincre certaines difficultés matérielles provenant de l'emplacement ; mais, que le palais Massimi soit une œuvre architecturale excellente, je le nie. Cette façade à trois étages, dont deux en ridicules lucarnes d'une forme tout arbitraire, est très peu intéressante. Il faut une forte dose de crédulité pour accepter les éloges démesurés qu'on en fait.

Si l'on visite enfin le palais Farnèse où loge l'ambassadeur de France et qu'édifia A. di Sangallo († 1546) et que termina Michel-Ange, belle construction dont la corniche est célèbre et l'escalier, grand mérite, doux à monter ; si l'on cherche enfin quelle fut dans Saint-Pierre, en outre de la coupole, la part de Michel-Ange : si l'on passe devant la Porte Pia, qui n'est pas heureuse : si l'on entre à Santa Maria degli Angeli, où il ne reste pas grand chose du plan primitif, et au Capitole, également transformé, on en aura fini avec la haute Renaissance à Rome, c'est-à-dire avec les hommes qui meurent vers le milieu du xvie siècle.

C'est ici le moment de nous arrêter et, après avoir vu ces œuvres principales, de poursuivre le cours de nos réflexions de Florence sur l'ensemble de l'école.

On a voulu faire, de la proportion plus exacte entre les vides et les pleins, la qualité essentielle de la Renaissance. Je vois bien qu'elle a été cherchée souvent et trouvée dans quelques monuments, mais pas dans tous. Elle est en somme très exceptionnelle. Si je l'accorde pour la Chancellerie, pour la Farnésine, je la refuse à la plupart des œuvres de cette époque. Que l'on feuillette, par exemple, une série de photographies d'extérieurs d'églises des deux Renaissances, on sera forcé de convenir que la proportion des vides et des pleins est, le plus souvent, défectueuse. Voyez à Cortone Santa Maria Nuova et la Madonna del Calcinajo, celle de San Biagio à Montepulciano, la Badia de Fiesole, la Madonna delle Carceri, à Prato, celle de l'Umiltà, à Pistoie, le chœur et l'abside de Santa Maria delle Grazie, à Milan (de Bramante, je vous prie !) ; voyez la Steccata de Parme, le Dôme de Pienza et San Paolino de Lucques ; toutes églises de marque et des meilleurs maîtres de ce temps. La plupart d'entre elles présentent à l'extérieur des grands pans de mur percés de minuscules fenêtres, et il n'y a aucune harmonie des masses et des vides.

Il n'y a pas ici des qualités d'école et de style, comme on voudrait l'établir, mais seulement parfois d'heureuses réussites individuelles.

Jusqu'à cette époque (milieu du xvie siècle), la Renaissance montre de la sobriété dans l'ornement et dans l'emploi des membres de la construction. Cela est visible chez Bramante et Raphaël, comme chez Brunellesco et Alberti. Les pilastres, les frontons, les corniches gardent une certaine réserve, se tiennent à leur place. On ne pense pas encore qu'il soit nécessaire de multiplier les membres de la construction pour donner de la richesse aux façades. Il y a dans ce style quelque chose d'un peu sec qui n'est point déplaisant. Les profils sont beaux et ont de la pureté aux mains des maîtres.

Mais cette sobriété, qui n'est souvent qu'absence de défauts, entraine avec elle une grande terreur du relief. Chez Bramante, comme nous l'avons vu, les façades sont plates; les pilastres s'enfoncent dans les murs; les cadres des fenêtres en sortent à peine. Cela est infiniment distingué, mais n'est guère vivant. Les Grecs, dans l'antiquité, et les Français, au xiiie siècle, ont eu un autre sens du relief profond et vigoureux, de la lutte magnifique sur les façades, de l'ombre et de la lumière.

LA DÉCORATION

De même l'ornement, d'une élégance si fine parfois, sort à peine de la plaque de marbre. Les monuments romains auraient pourtant pu apprendre à la Renaissance ce qu'est le haut relief de la décoration. Les modèles ne manquaient pas à ces hommes qui, en composant, avaient toujours un œil fixé sur les œuvres antiques; mais ils n'ont pas su en tirer la moelle substantielle. Leur interprétation de l'antique est pâle, effacée. Lorsqu'il y a un motif plus vigoureux, il est purement et simplement copié (corniche célèbre du palais Strozzi).

Puisque nous en sommes à la décoration, épuisons le sujet, qui touche du reste aux principes mêmes de l'architecture.

Nous avons dit la sobriété de la première et de haute Renaissance au point de vue décoratif. Cela n'est pas absolu; dans bien des monuments, même de Bramante, la décoration est riche, trop riche.

Mais, qu'elle soit sobre, qu'elle soit abondante, elle a un caractère, celui d'être sans raison, de ne pas faire corps avec l'édifice.

Illustrons cette thèse avec le chœur de Santa-Maria delle Grazie de Bramante, à Milan. Sur les faces extérieures du transept et du chœur, ce sont, en terre cuite, des médaillons, des rinceaux, des pilastres ornés, des guirlandes. En soi, chacun de ces motifs est gracieux et d'une élégance achevée. Mais pourquoi sont-ils réunis ici ? Suivant quelle loi se groupent-ils, quelle est leur raison d'être architectonique ? Il est impossible de le dire. Il pourrait y avoir plus d'ornements; il pourrait y en avoir moins, car ils ne sont pas commandés nécessairement par la structure intime de l'édifice. Devant ces grandes masses de murs pleins, il était urgent d'amuser l'œil, de le distraire : les formes architecturales n'étaient pas d'une beauté telle qu'elles pussent se suffire à elles-mêmes. Aussi la Renaissance comprit la nécessité de cacher l'organisme sous des ornements variés. Ce sont les niches et les médaillons, les pilastres et les cartouches; si l'un ne suffit pas, on en mettra deux et trois. Nous avons ainsi le type de la décoration appliquée sur l'architecture, arbitraire, sans rime et sans raison, qui va devenir bientôt surabondante, car on est obligé de multiplier les motifs pour faire croire à la richesse ; c'est le système décoratif de la Renaissance, qui deviendra par une suite logique, celui de l'école baroque, puis le nôtre.

Si les premiers maitres gardent encore une mesure, si, jusqu'à Bramante et Raphaël, la décoration se tient dans des limites acceptables, l'honneur en revient au goût individuel et non au système, qui est mauvais et ne pouvait conduire qu'au pire.

Analysez la façade de la Chancellerie. Cherchez le rôle que jouent dans l'édifice les pilastres. Ce membre fut inventé pour une fonction précise. Où la colonne n'était pas de mise, le pilastre au droit d'un mur la remplaçait, portait une charge, et jouait dans l'organisme de la construction le rôle nécessaire qui lui était dévolu de par sa nature. Ici, au contraire, les pilastres ne portent manifestement rien. Ils vont, de stylobate à corniche, ne recevant aucune charge spéciale. Supprimez-les; la façade tiendra sans eux, comme avec eux. Ils y sont ajoutés; leur fonction n'est plus architectonique, elle n'est que décorative. On voit combien ils ont dévié de leur destination première.

Cela posé, allons plus loin. Bramante a mis deux pilastres de relief faible entre chaque fenêtre. Il aurait pu en mettre trois ou n'en mettre qu'un. Ce sont des raisons de goût et non des nécessités de construction qui ont déterminé son choix. Nous lui savons gré de sa discrétion. C'était un homme d'un sentiment très raffiné. Mais qu'arrivera-t-il avec ses successeurs, et ne voit-on pas le danger qu'il y a à pervertir le caractère essentiel des membres architecturaux ? Du moment que ces formes, dont le rôle était si précisément défini, perdent leur ancienne raison d'être et que, d'organiques, elles deviennent décoratives, qui fixera la règle nouvelle de leur maniement ? Personne, car il n'y a plus de loi, laquelle ressortait de la nature de ces membres et de leur fonction dans l'édifice. Seul, le goût individuel décidera, et l'on verra bientôt les membres se multiplier, colonnes et pilastres se dresser à l'aventure pour soutenir rien, s'enfler, comme s'ils avaient vraiment quelque chose à faire, comme s'ils travaillaient réellement. On pourrait faire la même analyse sur d'autres éléments de construction, sur le fronton, par exemple, nécessaire à la façade d'un temple grec en coupe de la toiture dont il donne l'angle, tandis qu'il devient un motif purement ornemental sur les façades de la Renaissance, où il n'a rien à exprimer. Aussi est-il indifféremment droit ou arrondi, et bientôt on arrivera à ce contre-sens entré dans la langue courante. le fronton brisé. L'effort sans raison, l'emploi arbitraire des formes plastiques, voilà le grand mal dont souffre l'architecture moderne; nous le devons à la Renaissance.

Réfléchissez à l'histoire des formes architectoniques depuis ce temps, à travers l'école baroque et le rococo jusqu'à nous, et jugez.

Songez en comparaison à ce que furent les styles grec et gothique. Admirez chez eux, pourtant si différents, la logique absolue de leur développement. Voyez la décoration exprimer en beauté les nécessités organiques de la construction, au point qu'il est impossible de l'isoler de l'architecture. Pinacles, gables, dais, arcs et encadrements, meneaux des fenêtres, profils des bases et des corniches, tout a une forme nécessaire fixée par sa destination dans l'édifice gothique. De même, le diamètre de la colonne, son renflement, ses cannelures, la tension du chapiteau, la largeur de l'abaque, la composition de l'entablement, architrave, frise et corniche, l'angle du fronton enfin, sont donnés par le rôle que ces éléments architecturaux jouent dans l'économie du monument grec.

Il faut reconnaître ici le vice constitutionnel de l'architecture de la Renaissance, laquelle n'a pu éviter les défauts inhérents aux styles dérivés.

Dans les styles secondaires même, elle ne tient pas une place de premier rang, et les Romains ont atteint à des réalisations infiniment supérieures à celles de la Renaissance, qui n'a rien à opposer ni au Panthéon, ni aux fragments du Forum, ni au Colisée.

LES TOITS PLATS

Parmi les principes que la Renaissance fait triompher, il en est un sur lequel il faut attirer l'attention. Elle ramène dans l'architecture la ligne horizontale; cela l'entraîne à abaisser les toits, qui bientôt deviennent invisibles derrière la corniche ou la balustrade surmontant la façade. Léonard de Vinci a écrit quelque part : « Il ne faut pas que l'on puisse voir les toits. »

J'admets le toit plat, si le climat le permet. En Italie, ou du moins en certaines parties de l'Italie, le froid n'est pas intense, et il pleut relativement peu.

Mais cette disposition nouvelle parut la seule noble, la seule bonne en soi. Avec les architectes du XVIIe siècle, dont on peut dire beaucoup de bien, mais qui n'étaient doués à aucun degré du sens historique et croyaient à l'unité de l'esthétique comme à un dogme, les toits plats furent adoptés en France. Ce qui était une forme à la rigueur possible en Italie, ne l'était plus dans un climat septentrional où il faut faire du feu en hiver dans les appartements, par conséquent avoir des cheminées, et où il pleut assez fréquemment pour que l'on soit obligé de protéger l'édifice contre la pluie. Or les toits plats n'admettent pas les cheminées et ne défendent pas de la pluie. Les maîtres gothiques, qui tenaient compte des exigences du climat, l'avaient bien compris. Ils avaient élevé leurs charpentes assez pour que la pente raide empêchât l'eau de séjourner sur les combles, et ces toitures aigües s'ornaient de cheminées monumentales dont la verticalité ajoutait à l'élan de l'édifice; ainsi ont-ils fait sortir de formes nécessaires, une nouvelle beauté architectonique.

Au XVIe siècle encore, les châteaux Renaissance, en Normandie et sur les bords de la Loire, dessinent dans les brumes légères du ciel français, la fierté élancée de leurs combles.

Avec les néo-classiques du XVIIe siècle, on en vint aux terrasses à balustrades; mais l'on ne changea pas le climat, qui resta ce qu'il était, malgré le progrès des lumières et les découvertes des humanistes. L'on arriva à cette absurdité: il pleut et, sous un toit plat, nous sommes à la merci d'un engorgement des tuyaux par lesquels la pluie doit s'écouler. Que des feuilles en recouvrent l'orifice supérieur, le dessus de nos palais se transforme en lac ; avec quelles menaces d'infiltration, de dégâts pour tout l'édifice, il est facile de le prévoir ! La partie est du Louvre est ainsi arrangée, pour la gloire de la colonnade et d'une balustrade, de telle manière qu'un rien suffirait pour transformer cette énorme surface en vaste étang. Et parfois en hiver l'on y pourrait patiner !

En outre, il continue, malgré la Renaissance, à faire froid quatre ou cinq mois par an. Du feu est nécessaire dans les appartements, donc, des cheminées. On n'avait pas songé à cela. On sent bien que l'on ne peut construire une grande cheminée verticale sur un toit à terrasse, dont l'horizontalité serait ainsi rompue. Alors que faire ? Il faut avoir des cheminées, et l'on voit d'hésitants tuyaux de poêle crever les nobles combles de nos palais et mettre la note ridicule de leurs maigres chapeaux de fer-blanc dans l'harmonie imposante des architectures classiques. On l'admire sur la place de la Concorde, où les palais de Mansard, supérieurs du reste à la plupart des œuvres italiennes, montrent, au-dessus de leur balustrade, une inattendue végétation de cheminées en tôle, formant le couronnement le plus bizarre aux lignes si élégantes de l'entablement et du portique.

La course aux chefs-d'œuvre

Un voyageur éclairé et bénévole, élevé comme nous dans l'admiration de la Renaissance, arrive en Italie et veut trouver les un, deux ou trois monuments types et chefs-d'œuvre de cette époque. Il a de la lecture, du respect et du goût. Il a entendu des hommes éminents et grands érudits parler « des chefs-d'œuvre impérissables de la Renaissance ». Il a lu des passages enthousiastes comme celui-ci : « Les monuments qui, de 1500 à 1520, devaient s'élever à Rome sous la direction de Bramante et de Raphaël, sont d'une grandeur et d'une perfection dont il serait difficile de se faire une idée. Le critique capable de reconnaître dans les monuments de la Grèce et du moyen âge l'organisme qui leur est propre, avouera que l'idéal poursuivi par ces maîtres, par un Fra Giocondo et par un Léonard de Vinci, est tout aussi légitime (*Cicerone*, éd. franç., p. 83). »

Notre voyageur, qui a de la méthode, se reporte aux tables du même livre et à la notice consacrée à Fra Giocondo, dont le nom lui est moins familier. Quelle n'est pas sa surprise de trouver que Fra Giocondo s'est borné, à Rome, à consolider les parties de Saint-Pierre élevées par Bramante et qu'en Italie il n'y a de lui que le seul Palais del Consiglio, à Vérone. Le reste de son œuvre est à l'étranger, c'est-à-dire en France. Avec ténacité, il suit son homme en France et découvre qu'on n'a pas de preuves de sa coopération au château de Gaillon, qui lui était attribué, et que, du même coup, on lui refuse la paternité du Palais del Consiglio, à Vérone. Sans aller plus loin, notre voyageur pense qu'il aura de la peine à juger de l'idéal de ce maître en Italie.

Mis en goût, il passe à Léonard de Vinci. Sa stupeur arrive à son comble ; non seulement Léonard n'a rien construit à Rome, mais encore il est impossible de trouver dans le *Cicerone*, qui le met si haut comme architecte, la moindre notice sur ses travaux. Quoi! ni à Milan, ni à Florence, ni ailleurs? — Nulle part. — Peut-être la fortune lui a-t-elle été contraire et a-t-elle ruiné des œuvres jadis glorieuses qui justifieraient sa renommée d'architecte ? — Non, rien n'a été détruit ni par le temps, ni par les hommes, qui ait été édifié par Léonard.

Dans une bibliothèque, notre touriste cherche l'apaisement de son âme, et finalement il découvre que le maître n'a pas été architecte, qu'il n'a jamais donné le plan détaillé d'un monument qu'un autre aurait élevé sous ses ordres, qu'il s'est borné à crayonner des édifices, à dessiner des moulures et des colonnes, des coupoles et d'extraordinaires projets de villes sur deux niveaux, toute une partie des rues passant à six mètres au-dessous de l'autre, une suite de fantaisies ingénieuses, à moitié réelles, à moitié fantastiques, comme il en est éclos tant dans l'imagination géniale de Vinci, sans qu'elles puissent se prêter à une réalisation. — Voilà qui complique ma besogne, pense notre chercheur. Et il se relance sur les autres maîtres.

Il a vu, dans un ouvrage fort estimé, que « les quatre plus grands architectes que l'art connaisse sont (*en capitales*) : Bramante, Léonard de Vinci, Raphaël, Michel-Ange [1] ». Léonard est supprimé pour carence d'œuvres.

Il fait le bilan de Raphaël. A Florence, un palais, agréable, sans plus ; à Rome, la petite église San Egidio degli Orefici, coupole hémisphérique, surmontée d'une lanterne et portée sur un plan carré par quatre arcs qui ouvrent sur les bras de la croix ; il n'y a pas là de quoi lever le nez ; puis la chapelle Chigi, à Santa Maria del Popolo, riche et indifférente ; la Farnésine élégante, mais qu'on ne saurait enfler au chef-d'œuvre. A Saint-Pierre, la collaboration de Raphaël est réduite à quelques travaux secondaires, une arcade de la voûte du transept sud, deux piliers de la nef élevés à douze mètres et la consolidation de l'œuvre commencée par Bramante. Reste la villa Madame, qui n'a jamais été construite telle que l'avait projetée Raphaël, et il découvre qu'elle n'existe vraiment que sur plans.

C'est curieux, se dit notre touriste, toutes les fois que je suis près de saisir l'œuvre décisive,

[1] H. de Geymuller. *Raffaello architetto.*

elle m'échappe. Les chefs-d'œuvre de cette architecture ne sont donc que sur le papier.

De Michel-Ange, il a vu sans joie la chapelle des Médicis et, toujours sur plans, il a compris que le maître avait gâté profondément le Saint-Pierre de Bramante ; en outre la coupole s'orne de lucarnes ridicules ; il examine la porte Pia, déjà baroque, et le palais Farnèse qui ne donne pas cette note suprême qu'il attend.

Alors Bramante ! Voici venir les chefs-d'œuvre certains ! — mais ce n'est pas Saint-Pierre, où il n'y a presque rien de ce grand homme. Faut-il aller voir les plans ! — Ce sont des pierres dressées qu'il demande, non des dessins et des coupes. Ce n'est pas non plus Saint-Pierre in Montorio, ce petit temple sans ampleur ; ce n'est pas Saint-Laurent in Damaso, ni le Palazzo di Bramante, oh ! non ! ni le palais Giraud, ni Santa Maria delle Grazie à Milan, ni le cloître de Santa Maria della Pace à Rome, ni Notre-Dame-de-Lorette ? Serait-ce enfin la Chancellerie ? En serait-il réduit à ce seul édifice ? S'échauffera-t-il devant cette façade correcte ? Quoi, on lui répète qu'il est à l'âge d'or de l'architecture, que les œuvres de ce temps sont dignes de servir d'exemple aux siècles à venir ; — en effet, elles ont été imitées à l'envi, — et lorsqu'il en arrive au fait, il s'acharne en vain à poursuivre d'insaisissables chefs-d'œuvre.

Chemin faisant, dans cette course éperdue à la

beauté, il songe que dans les grands styles antérieurs on n'a pas cette difficulté inouïe à trouver les œuvres types, que, si l'on parle architecture grecque, on dit le Parthénon, l'Erechthéion, Olympie, Paestum, ou style gothique, Paris, Chartres, Amiens, Reims, Bourges, Beauvais et que, dans l'un et l'autre cas, on indique sans peine les chefs-d'œuvre certains sur lesquels se fonde notre admiration.

Mais ici, quels sont les monuments que la Renaissance opposera à cette liste glorieuse? où sont ses titres de gloire, en pierre ou en marbre?

Le voyageur bénévole finira par conclure, comme nous, que quelques édifices sont intéressants et parfois gracieux, mais ne justifient pas les panégyriques enthousiastes qu'il a lus, et que finalement on ne saurait donner une liste des chefs-d'œuvre de l'architecture de ce temps, pour la bonne raison qu'il n'y a pas de chefs-d'œuvre de la Renaissance.

L'ÉCOLE BAROQUE

Finissons-en avec les écoles baroques qui, plus encore que celles de la première et de la haute Renaissance, dont elles sont la suite logique et nécessaire, ont contribué à faire l'architecture moderne ce qu'elle est. Bornons-nous à indiquer les Pères du Baroque.

Voici Vignole (1507-1573), auteur toujours lu du

Traité des cinq Ordres, car il y en a cinq. Il eut une influence énorme, et par son livre, manuel des architectes jusqu'à nos jours — combien en voit-on d'éditions récentes sur les quais de Paris? — et par son œuvre principale, je néglige le détail, l'église du Gesu à Rome. Arrêtons-nous ici. Dans l'église faite pour les Jésuites, dans cette vaste et haute nef avec un rang de chapelles latérales, dans l'éclat des marbres jaunes qui la revêtent, dans l'or qui recouvre les moindres ornements, les directeurs de la foi chrétienne reconnurent le style religieux par excellence. Les jésuites le transportèrent en Italie, en France, en Allemagne, dans les Flandres et les Pays-Bas, en Espagne et au Portugal, lui firent franchir le détroit pour l'implanter en Angleterre, l'exportèrent avec leurs missions au-delà des mers sur toute la surface du globe terrestre, au Cathay et au Paraguay, au Japon et dans les îles de l'Océanie, dans les deux Amériques, au Canada et en Patagonie, à Buenos-Ayres et à la Nouvelle-Orléans. L'église-boudoir, l'église-salon, l'église pour les gens de qualité était trouvée. Elle remplaça le vieil et populaire édifice gothique, qui avait la prétention imbécile d'être ouvert à tous, d'accueillir les simples d'esprit et les pauvres de bourse. Allez par reconnaissance voir le Gesu de Rome. C'est lui qui nous a débarrassés des contacts malpropres des loqueteux et a donné à la religion des gens du monde son cadre nécessaire. Visitez la somptueuse église. Vous la reconnaîtrez, car, où que vous soyez né, dans quelque hémisphère du monde que l'on vous ait baptisé, vous avez déjà pénétré dans une église jésuite, petite-fille du Gesu de Rome.

Palladio (1508-1580), qui fut probablement le meilleur architecte de ce temps, inventeur, après Alberti, de l'ordre colossal, qu'il mania avec sûreté, devint plus tard un modèle de sobriété, alors que l'architecture s'égarait dans les pires folies. Il n'y a rien de lui à Rome ; nous le verrons à Venise et à Vicence.

Scamozzi (1552-1616) est un écrivain comme Serlio (1475-1552), car ils sont tous historiens, théoriciens et archéologues. Les maîtres grecs et gothiques ont fait de belles œuvres au lieu d'écrire de médiocres livres.

Puis c'est la bande des Giacomo de la Porta († 1604), Fontana († 1607), Maderna (1556-1639), l'Algarde (1602-1654), Borromini (1599-1667) dont le nom ressemble à ses œuvres, le Bernin (1599-1680) et une série de gâcheurs d'ouvrages, Guarini (1624-1683), les Bibbiena (xviiie siècle) Juvara, Vanvitelli, du même temps. Je résume sur eux la critique qu'en fait Burckhardt (lorsqu'il arrive aux œuvres, il se laisse trop souvent attendrir).

Les ordres sont employés avec moins d'intelligence encore que par les maîtres de la Renaissance. Comme il le dit très bien, « c'est un fortissimo constant ».

On double et triple les membres séparés des

façades; les reliefs deviennent énormes; les frontons se brisent et oscillent; les colonnes torses fleurissent.

« Il est rare que l'on songe à s'exprimer sérieusement les fonctions. Tout au contraire les formes isolées ont une vie indépendante de l'organisme, qui plus tard devient maladive... ; ce sont les fantaisies de la fièvre et du délire. »

Les façades ne sont que des pièces de parade. Les recherches de perspective et de recul sont à l'ordre du jour. On en arrive à des façades gonflées et tordues (San Carlo alle Quattre Fontane). Les coupoles sont médiocres. A l'intérieur, les églises sont généralement à une seule nef avec chapelles latérales; les colonnes disparaissent; la voûte s'élève et, dans la décoration, le hideux trompe-l'œil est promu à la dignité de principe architectural.

Vous n'aurez pas besoin de chercher à Rome les œuvres de ces architectes : elles sont partout. Où que vous alliez, vous resterez dans le baroque et à chaque pas verrez des lignes qui dansent, des colonnes qui se tordent, des corniches qui se brisent et des frontons interrompus. A Saint-Pierre, presque tout est baroque, le Gesu, San Carlo, Santa Francesca Romana, Sant' Andrea della Valle, San Vincenzio et Anastaso, San Carlo alle Quattre Fontane, Santa Agnese, Sant' Andrea delle Fratte, les chapelles de Santa Maria Maggiore, la décoration de Saint-Jean de Latran ; il est impossible de tout citer. Les monuments de la première et de la haute Renaissance sont en comparaison de ceux de l'école baroque dans la proportion de un à cent.

Cette école déplorable, c'est la nôtre encore. Nous ne faisons guère que de la Renaissance; mais ce n'est pas la première que nous imitons : le style baroque règne en maître dans nos écoles. A mon retour d'Italie, je suis entré au hasard à l'Ecole des Beaux-Arts, où l'on exposait les épreuves d'un concours. J'ai vu dans cent cinquante projets les façades d'ordre colossal, les colonnes engagées, les membres multipliés de l'organisme, les corniches à ressauts, les ailerons, qui nous viennent d'Alberti ; ce n'étaient que pilastres inutiles, cartouches, caissons, frontons courbes et brisés, enfin, combinés dans une formule au goût du jour, tous les éléments chers aux Italiens du XVIIe siècle.

Je ne pense pas que les jeunes gens trouvent du plaisir à exécuter ces étranges variations sur un thème si vulgaire ; mais quoi ! thème et variations sont les seuls que connaissent les professeurs de notre enseignement national. Ils les tiennent d'une tradition trois fois séculaire.

Pendant longtemps on crut de bonne foi que ces jeux de mauvais goût étaient gréco-romains ; de là leur fortune et le sérieux avec lequel on les propagea. Mais voilà deux ou trois générations que l'on est fixé sur leur état civil. Ils se réclament de l'antiquité, et l'antiquité que nous connaissons les renie. Antiques les Vignole, Bernin, Maderna, Guarini et Bibbiena ! il faudrait rire d'une prétention pareille, si le sujet n'avait pas une réalité actuelle. — Nous savons tout cela et qu'ils furent d'impudents gâcheurs de mortier. A l'heure présente, on ne trouvera pas un critique pour prononcer un panégyrique de l'école baroque et une défense de ses principes. Pourtant l'enseignement, la tradition orale, lui restent fidèles. L'Ecole des Beaux-Arts ne connaît point d'autres dieux, et les deux mondes, dans la construction de luxe, suivent encore le mot d'ordre donné à Paris. S'il est un projet couronné en Amérique ou en Europe pour un vaste monument d'utilité publique : Université, Bibliothèque, Bourse ou Opéra, l'enseignement des Beaux-Arts triomphe, sinon par ses élèves directs, du moins par des architectes à la suite.

Il ne faut plus croire à la valeur absolue de la Renaissance. Si elle n'avait pas été vantée à l'excès, nous ne serions pas obligés de nous élever contre elle avec tant d'ardeur.

L'école de critique allemande nous a fait le plus grand mal à cet égard. De par l'autorité de ses écrivains, du reste si intelligents, si documentés, elle nous a engagés à persévérer dans la voie de l'imitation italienne où le néo-classicisme entraîna la France. On s'est efforcé ici de remettre les maîtres de la Renaissance à leur place, qui est bonne, sans être excellente. Burckhardt a écrit : « Il n'est pas douteux que les Grecs n'eussent cherché des formes nouvelles pour des besoins nouveaux. » — Je l'approuve. C'est ce qu'ont fait les Français du XII° siècle, lesquels, pour des besoins nouveaux, ont trouvé des formes nouvelles, créant du même coup le seul style organique que l'on puisse citer avec le grec. Les architectes de la Renaissance au contraire, pour des besoins nouveaux ont emprunté les membres anciens du style gréco-romain et ont jugé légitime d'en faire un libre emploi. Mais ces membres étaient partie intégrante d'un tout ; leur forme n'était pas arbitraire et ne se prêtait pas au jeu de la fantaisie. Qui ne voit la condamnation de la Renaissance et la justification du gothique sortir de la formule même de Burckhardt ?

*
* *

Nous voici arrivés au terme de la course que nous avons entreprise de l'antiquité à la Renaissance. Nous avons accompli du temple de Poseidôn à Paestum à celui de Saint-Pierre à Rome le voyage idéal du touriste d'art en Italie et esquissé, suivant notre programme, un itinéraire raisonné, facile à suivre en somme, par lequel « les transitions sont ménagées et un enchaînement établi entre les grandes époques d'art ». — Nous avons cherché à voir bien plutôt qu'à tout voir. Ce voyage accompli, on aura une idée assez nette des richesses d'art de l'Italie et de la suite chronologique de leur développement.

Il reste encore une infinité de choses belles et intéressantes à chercher. C'est une des caractéristiques de la civilisation italienne de s'être formée dans un grand nombre de centres locaux et de n'avoir pas, comme la nôtre, toujours tendu à l'unité. Qu'on aille maintenant à l'aventure. Partout on pourra situer les monuments nouveaux que l'on rencontrera, c'est-à-dire les rattacher à une série connue. Il reste à visiter la ville la plus passionnante de l'Italie, Venise, qui n'a été à aucune des étapes de ce voyage ; car, à elle seule, elle constitue un tout qui ne se laisse point entamer. L'art vénitien va du moyen âge au siècle dernier, fleurissant encore alors que l'Italie entière est comme un arbre desséché.

Gagnons, à travers les « *Villes isolées* », Venise, but dernier de nos pérégrinations d'art.

VILLES ISOLÉES

NAPLES

Trois ou quatre journées à Naples suffisent pour voir le musée, qui contient de fort belles toiles de la dernière époque que nous avons étudiée, et pour visiter la cathédrale et les principales églises, où différents tombeaux et peintures des XIVe et XVe siècles solliciteront votre attention. S. Chiara, en particulier, est intéressante par ses monuments funéraires, qui montrent les influences florentine et française au XIVe siècle. Quant à la peinture, elle fut surtout d'importation, avec les DONZELLI au XVe siècle, M.-A. DA CARAVAGIO au XVIe siècle, et l'espagnol G. RIBERA au XVIIe. LUCA GIORDANO (1632-1705) est le dernier nom à citer.

Puis nous remontons vers le nord. Comme il n'y a plus de nécessité dans l'itinéraire à suivre, chacun gagnera Venise à son gré, suivant le temps et les moyens de transport dont il dispose.

Nous donnons ici de brèves notices sur les plus importantes des petites villes où l'on peut s'arrêter.

En allant de Rome à Pérouse, les amateurs de

l'architecture Renaissance verront Todi, dont la Consolazione (1508), est un des « chefs-d'œuvre » du style que nous venons d'analyser. Puis on remonte la vallée du Tibre jusqu'à Pérouse.

PÉROUSE

Pérouse vaut avant tout par la vue qu'elle offre sur le pays d'Ombrie.

L'art est secondaire. D'entre ses premiers peintres seul Gentile da Fabriano (1370-1450), est remarquable. De l'école du xve siècle, de Bonfigli, de Fiorenzo di Lorenzo, la valeur est mince. Il faut arriver au Pérugin (1446-1524), pour enregistrer un grand nom. Mais on a vu, en Italie et ailleurs, tant et tant de tableaux de lui que l'on est blasé sur les effets d'expression d'un peintre qui, plus qu'aucun autre en son temps, fit du métier. L'atelier de cet athée notoire fut une boutique achalandée de tableaux religieux. On se lasse vite de sa manière. Les célèbres fresques du Cambio, gloire de Pérouse, nous laissèrent indifférents. C'est joli, ce n'est que cela. On cherchera la première fresque de Raphaël à Saint-Sévère. On parcourra Saint-Dominique, et l'on trouvera, à la cathédrale, un Signorelli.

Pour la sculpture, Pérouse a la fontaine de N. et G. Pisano, bien détériorée et, à la cathédrale, deux œuvres d'un ravissant maniériste, Agostino di Duccio (1418-1481), que nous retrouverons à

Rimini. D'Agostino, il est ici une gracieuse façade d'église Renaissance, l'Oratoire de Saint-Bernardin, qui est, dans sa polychromie délicate, une des plus jolies choses de ce temps.

Le musée étrusque est riche, et Pérouse s'enorgueillit d'une antique porte romaine. Mais ce qu'il y a de charmant à Pérouse, c'est Pérouse elle-même, ses palais moyen âge et Renaissance, le pittoresque de ses rues et de ses escaliers, l'inattendu de ses rampes et de ses escarpements; c'est surtout la beauté de sa position. Il faut se loger dans l'excellent Grand-Hôtel, en face du panorama attendu. De ses fenêtres, on domine la route aux amples courbes, qui monte de la gare, et la délicieuse Ombrie, vallonnée et montueuse.

De Pérouse on peut visiter Cortone, Gubbio, Citta di Castello, Borgo-San-Sepolcro, toutes petites villes qui présentent, avec quelques œuvres d'art de choix, le charme de ravissants paysages. Par Urbin, on gagnera Rimini, qui vaut une journée.

RIMINI

En quelques heures, on verra la Porte et le Pont romains, qui, aujourd'hui comme au temps d'Auguste, commandent les deux extrémités de la rue principale; le musée de peintures, avec un Giovanni Bellini, beau de lignes et de couleur, et un Tintoretto; l'assez médiocre musée archéologique. Mais il faut visiter, avant toutes choses, l'extraordinaire Temple des Malatesta, que l'on appelle Saint-François bien à tort, car rien n'y parle de ce saint, mais tout y célèbre Sigismond Malatesta, qui l'éleva pour sa gloire et pour celle de sa maîtresse, Isotta di Rimini. Ce fut une des entreprises les plus étonnantes du XVe siècle, une de celles qui jettent le jour le plus surprenant sur l'état d'esprit des tyrans italiens, que l'édification de ce monument, église si peu, où partout sur les frises et sur les barrières des chapelles, l'S de Sigismond enlace l'I d'Isotta, où des petits Génies portent leurs armes accouplées, dont les éléphants et la rose forment le thème décoratif. Le Dieu qu'on célèbre en cette cathédrale n'a qu'une lointaine ressemblance avec celui qu'adora saint François. — Artistiquement, c'est une des œuvres d'ensemble les plus réussies de ce temps. Agostino di Duccio en est l'auteur principal. Il y triomphe dans le bas-relief, où son style ondoyant et arabesqué atteint une grâce spéciale. On trouvera deux médaillons de Sigismond et une belle fresque gris clair de Piero della Francesca, où il est représenté agenouillé devant son patron. Extérieurement la façade est de Léon-Battista Alberti : c'est un des meilleurs motifs architecturaux de la Renaissance.

BOLOGNE

Bologne est plus intéressante par l'unité d'aspect

que lui font ses rues uniformément bordées d'arcades, que par la valeur intrinsèque de ses monuments. Sa principale église, S. Petronio, qui rivalise de grandeur avec le dôme de Milan, fut commencée à la fin du xive siècle. Ici, comme à Milan, les dissensions des architectes, les rivalités dans les conseils de la ville, firent traîner la construction interminablement. Ces grandes entreprises furent trop tardives et d'une époque où il n'y avait plus l'élan d'enthousiasme, qui, en des temps plus ardents, avait mené à fin les nobles cathédrales de France.

Et puis l'esprit de l'époque était tourné vers d'autres dieux; on retrouvait l'antiquité. Déjà de nombreux palais, portes, petites églises s'édifiaient dans le style nouveau; on croyait alors que la destinée de l'Italie était de faire revivre la beauté antique. S. Petronio, inachevé, ne nous présente qu'un soubassement de marbre et au-dessus un appareil grossier de briques qui se continue sur les bas-côtés et sur le mur qui ferme, en guise de chœur, l'église. — Du moyen âge, on verra un groupe d'églises romanes, avec fragments pré-romans, réunies au nombre de sept, sous le vocable de S. Stefano. Une citadelle, comme le palais Pepoli, n'est pas sans grandeur, et la Loggia dei Mercanti est charmante.

La Renaissance eut ici un caractère spécial. La formule bolonaise des palais sur arcades a de la richesse et de la grâce.

Pour la sculpture, l'Arca de Saint-Dominique (à Saint-Dominique), est de l'école pisane du XIVe siècle, avec des adjonctions au XVe siècle, par NICCOLO DELL'ARCA et Michel-Ange, lesquels y sculptèrent chacun un ange agenouillé, celui-ci plus décidé et volontaire, celui-là d'une légèreté élégante et fine. Mais Bologne nous montre surtout l'œuvre de Jacopo della Quercia (voir p. 153), qui orna de bas-reliefs excellents le portail de S. Petronio ; au tympan, il mit une Vierge puissante et deux saints : à S. Giacomo Maggiore, un tombeau de professeur, genre très bolonais. Une Vierge de Niccolo dell'Arca, encastrée au mur du palais communal, témoigne de l'influence de Quercia. La Fontaine de Jean Bologne rentre dans une série de nous connue. On verra aussi différents groupes de personnages en argile traités d'une façon naturaliste (Lombardi à S. Pietro, à Santa Maria della Vita) et d'un art médiocre.

L'école de peinture est intéressante. On aura, à la Pinacothèque, les représentants du XIVe siècle, ceux du XVe, dont le meilleur est FRANCIA (1450-1517) : il y a de lui toute une salle de belles figures à l'expression assez pure, mais froide ; l'œuvre la plus parfaite m'a paru être une fresque à Santa Cecilia ; près de lui, il faut dire le Ferrarais LORENZO COSTA (1460-1535). Puis vient la grande école bolonaise, qui est suffisamment connue, car elle fut à la mode pendant plus de deux siècles et, jusqu'à nous, forma des disciples et des imitateurs. Au musée, on compte une salle toute de Guido Reni (1574-1642), des Dominiquin (1582-1641) à n'en plus finir, des Carrache, les fondateurs de l'école (1555-1619), des Albane (1578-1660). Historiquement on en peut dire qu'ils ont fait une Renaissance alors que la peinture était tombée au plus bas et qu'ils se sont efforcés de ramener l'art aux traditions des maîtres, à la discipline ancienne. Absolument, il faut constater qu'ils voulurent émouvoir et qu'ils n'agissent pas sur notre sensibilité; l'exagération extérieure de leur douleur nous laisse indifférents: nous ne la sentons pas; nous n'en voyons que l'outrance. Enfin ils ont parfois de nobles arrangements, de belles compositions, qui se tiennent bien. Le Guide paraît être le meilleur peintre de la bande. Le Guerchin (1591-1666), après le Caravage, intéresse par la couleur.

Il y a en outre, au musée, un Raphaël célèbre, *Sainte-Cécile*, qui malgré l'enthousiasme général, ne m'a point paru de premier ordre.

Au musée civique, sculptures, objets d'art et antiquités, on passera deux heures agréables. Avant de quitter Bologne, on se fera mener à S. Michele in Bosco, non pour l'assez médiocre église Renaissance, mais pour la vue sur la ville et sur la plaine aux riches cultures; la tour des Asinelli monte très haut dans le ciel en barre inclinée, et près d'elle, intentionnellement déviée, est la Garisenda, trapue et inachevée.

FERRARE

Un château pittoresque avec des souvenirs de la famille d'Este ; au palais Schifanoja des fresques de Cosimo Tura et de Francesco Cossa qui, dans leur délabrement, donnent une note aiguë du xve siècle ; une cathédrale romane, gothique et baroque, avec des sculptures au portail et une Vierge de della Quercia à l'intérieur ; des palais Renaissance grandement vantés et qui sont fort peu intéressants, car une porte décorée, bas-reliefs et Génies, avec colonnes supportant un balcon, ne font pas d'une médiocre maison un palais ; un musée de peinture où il y a quelques bonnes toiles et, d'un nommé Giuseppe Zola (milieu du xviiie siècle), quelques paysages académiques et languissants où il serait difficile au plus clairvoyant des chercheurs de découvrir un air de famille, si lointain soit-il, avec les vigoureuses pages brossées par Emile Zola ; enfin, le charme de vastes rues désertes d'où la vie se retire ; — voilà Ferrare.

PADOUE

Plus riche, très riche, où l'on stationnera deux jours, si Venise, voisine, vous en laisse la patience. Elle a des œuvres capitales de trois siècles. Tout d'abord le chef-d'œuvre de Giotto, la chapelle de l'Arena, décorée tout entière par le maître de fresques à peine restaurées, qui sont restées d'une délicieuse fraîcheur de ton. Ce sont ses pages les plus célèbres, l'*Apparition du Christ à la Madeleine* la *Lamentation sur le corps du Christ*, enfin la série de sujets la plus complète de ce temps sur la vie de la Vierge et sur celle du Christ. Ici l'on jugera, mieux qu'à Florence, la puissance expressive du premier des grands peintres, la beauté des attitudes, l'émouvante signification des gestes. On sortira de l'Arena, rafraîchi par ce voyage aux sources si pures de l'art italien. On se rendra aussi un compte plus net des limites de la peinture décorative, telle que l'ont comprise les maîtres de ce temps. En somme c'est ceci : étant donné un mur plan sans divisions, le fractionner en un grand nombre de parties, recevant chacune une scène différente, sans autre unité que celle, abstraite, du sujet. Cela se feuillette, cela ne se lit pas d'un coup d'œil. Une statue d'Enrico Scrovegno, fondateur de la chapelle, par Giovanni Pisano, et un tombeau de son école complètent la décoration.

Aux Eremitani, sont les fresques de Mantegna (1430-1506), le maître de l'école padouane. Pour la première fois, on se trouvera devant une grande page de ce peintre, qui s'égale aux meilleurs de son temps. Il a, en propre, une fermeté d'accent, une précision de lignes quasi sculpturales, un sens dramatique profond et une façon à lui de draper les étoffes à petits plis parallèles. Malgré son goût vif pour l'ornement et le décor antiques, son œuvre montre la forte personnalité d'un Italien du XVe siècle.

Puis toujours à la hâte, car Venise est là, là-bas où le ciel s'adoucit et se fond en brumes claires, courez au Santo. Le Santo, c'est saint Antoine, un saint qui ne chôme pas. Saluez au passage *Gattamelata* sur le lourd cheval de guerre où Donatello l'érigea, Gattamelata, un des bons condottieres de Venise, et entrez au Santo, byzantino-gothique, dômes et ogives, bâtard en somme et, malgré sa grande taille, mal venu. Ici vous verrez des bas-reliefs de Donatello et quelques statues, des œuvres décoratives en bronze d'une riche Renaissance, par RICCIO, et la chapelle du saint où la foule se presse et vient toucher une pierre du tombeau, laquelle dispense de spéciales vertus ; autour de la chapelle une série de bas-reliefs vous feront connaître quelques maîtres de l'école vénitienne du XVIe siècle. Voyez aussi d'excellentes fresques d'ALTICHIERO DA ZEVIO et de JACOPO D'AVANZO, qui montrent la personnalité des écoles du nord dans la formule giottesque. On retrouve les mêmes maîtres dans la chapelle Saint-Georges devant l'église ; ce sont des œuvres pleines de charme, de couleur, de vie, d'entre les meilleures du XIVe siècle. Dans la Scuola del Santo voisine, parmi d'autres, trois fresques de Titien. « Le clair obscur dans les chairs y est d'une délicieuse volupté, dit Burckhardt. » Nous sommes entrés ensuite au Musée, où il y a quelques toiles importantes, Squarcione, maître de Mantegna, les Vivarini, Romanino, que nous retrouverons à Crémone et à Brescia.

Si tant de peinture vous fatigue, allez vous délasser au Jardin botanique, où de très vieux arbres vous diront, par le moyen de petits écriteaux, que la Sérénissime république de Venise les planta il y a plus de trois siècles. Vous songerez aussi que Gœthe médita ici sur les métamorphoses des plantes. Entrez au café Pedrocchi, où Stendhal passa de longues heures, « à Padoue, ville heureuse où, comme à Venise, le plaisir est la grande affaire ». C'est là qu'il prit l'idée de *la Chartreuse de Parme*.

Il resterait à voir Sainte-Justine, de dimensions colossales, qui possède un glorieux Véronèse et des stalles de chœur en bois, sculptées dans le goût vénitien du XVIe siècle ; sur la Piazza dell'Erbe, la Ragione, palais de justice avec quelques curiosités; non loin, la Loggia del Consiglio.

Nous évoquâmes, en bon élève de rhétorique, la Patavinité de Tive-Live : nous vîmes le tombeau d'Anténor le Troyen ; nous cherchâmes la maison de Dante, que visita Giotto en 1306, et nous allions nous mettre en quête de la demeure du fameux Dr Bellarius d'où un nouveau Daniel vint au jugement de Shylock devant le duc de Venise ; mais nous n'eûmes pas le temps de faire les recherches nécessaires, car l'heure de l'express qui devait nous emmener, sonnait.

VENISE

Qui n'a vécu à Venise? En espérance, en souvenir, réellement? Qui n'a enfermé, ne fut-ce qu'une heure du rêve de sa vie, entre les frêles parois d'une gondole? Qui n'a habité cette cité vide des bruits et des laideurs indissolublement associés pour nous au nom de ville? un calme inouï, une paix inconnue y règnent que ne troublent aucune voiture, aucun char sonore roulant sur le pavé; l'atmosphère elle-même est spéciale; le vent ne charrie ni sables ni charbons, mais soulève des brumes éthéréennes qui sont, comme volatilisées et plus subtiles, les poussières de l'eau. Les architectures se reflètent dans les miroirs aux mille facettes des flots, tandis que dans le ciel d'une douceur de caresse, des nuages tendent sur le bleu de l'azur de larges pans de pourpre arrachés on ne sait où. Qui n'a longé, dans le lit presque cercueil que sont les gondoles, les canaux étroits où plongent des murs de brique qui renvoient sur le silence des eaux les brefs appels des gondoliers? Qui n'a oublié ici la médiocrité de son sort et, la tête pleine de littérature et d'art, n'a évoqué les heures, plus belles parce que lointaines, d'autrefois? Aux murailles hautes du Ghetto, nous avons aperçu l'ombre souple de

Jessica glisser hors de la maison du riche Shylock pour s'enfuir, par une nuit belle comme celle-ci, as far as Belmont; pour nous, les Magnifiques, descendus des cadres où les fixa le génie des Titien, des Tintoret, se sont réunis dans la salle du grand Conseil où les attendaient de fâcheuses nouvelles de l'île de Chypre que menace le Turc; et, sur des terrasses aux balustrades découpées, sont apparues de grasses courtisanes aux cheveux teints d'un blond ardent.

A la fraîcheur du matin, nous avons vu Santa Maria della Salute déchirer les molles brumes argentées qui la couvrent comme d'un long vêtement et lever dans le soleil la tête fière de ses dômes. Là-bas, près du quai des Esclavons, les bateaux de pêche tendent leurs voiles brunes ou rouges, en ailes de papillons couvertes d'étranges ornements ; elles battent un instant, frissonnantes à la surface des eaux, et s'envolent vers le Lido, traînant au ras d'une mer verte et bleue leurs taches vives. Qui n'est revenu de Torcello ou de Chioggia, entre les files mélancoliques des pilotis, quand le soleil disparaît et n'éclaire plus que les blanches cimes lointaines des Alpes du Frioul et de floconneux nuages qui font vibrer encore de la lumière dans le ciel ? A cette heure crépusculaire qui a vu sans émotion surgir des eaux calmes des lagunes, Venise, reine épuisée, que berce la lente respiration des flots qui ne se lassent pas de baiser ses murailles rongées ? Et, lorsque la nuit est descendue, qui ne s'est laissé prendre au charme de ces sérénades, dont la banalité est transformée par la magie d'un décor baigné de lune en quelque chose d'exquis et de rare : musiques sur l'eau !

Qui n'a recommencé ces journées toujours les mêmes et délicieuses, où l'on se satisfait à contempler sans cesse les changeants aspects de la lumière et des architectures? Qui n'a vécu à Venise ! En souvenir, en espérance, réellement?

*
* *

Nous avons à dire ici pourquoi Venise ne s'est trouvée à aucune des étapes du *Voyage idéal* et à montrer comment elle eut un développement original d'une prodigieuse richesse qui, sept siècles durant, lui fit une étincelante parure d'art.

Porte de l'Orient et voisine de la Lombardie, Venise fut d'abord byzantino-lombarde. On trouvera en cent endroits divers des traces de la décoration que nous connaissons depuis Ravenne, plaques, chancels, margelles de puits. Si l'on veut voir l'épanouissement suprême de ce style, qu'on se rende à Torcello, dont la cathédrale garde une superbe clôture aux entrelacs et paons byzantins. Ce qui reste de Torcello est la forme dernière de la civilisation byzantino-lombarde et qu'il est mélancolique de penser qu'autrefois cette cathédrale dominait une ville nombreuse et que la vie d'une cité battait au pied de ces murs maintenant abandonnés !

L'état roman de Venise est donné avec éclat par Saint-Marc (x[e] et xie siècles), par ses coupoles byzantines, l'éblouissante *Pala d'oro*, et par la décoration en mosaïque qui revêt d'un somptueux vêtement d'or la vieille basilique. La couleur et la patine de l'église, plus que son architecture, en font une chose rare et comme un objet précieux. Pour l'extérieur, il faut le voir du fond des Procuraties lorsque, entre deux averses, le soleil couchant vient laver la façade, jouer sur les marbres et les mosaïques et animer ses formes lourdes.

Puis c'est l'époque gothique d'une délicieuse et infiniment variée richesse. Ah! la souplesse de cet art qui s'adapte si bien à un climat et à des besoins nouveaux! Il prend racine au terroir vénitien fortement imprégné d'orientalisme, et pousse sous ce ciel méridional une fleur délicate et magnifique, quelque chose comme une orchidée dans les jardins de l'architecture. Les palais gothiques de Venise, avec l'asymétrie de leurs façades, les à-jour de leurs arcades trilobées, de leurs balustrades percées de trèfles à quatre feuilles, avec leurs balcons ornés et leurs fenêtres en arc outrepassé, dans l'éclat de leurs marbres et la couleur de leurs briques, sont, au bord des canaux où ils se mirent, un perpétuel enchantement.

Vient enfin la Renaissance à qui ne survivent as ces délices. Des œuvres froides, compassées, régulières et monotones s'élèvent. Pour la richesse fouillée d'une bibliothèque que de formules insignifiantes et creuses, que d'églises baroques et vilaines ! Mais Venise intervient ici. Par la magie de son ciel et de ses eaux changeantes comme le ciel lui-même, elle anime ces vaines rhétoriques et, par quelques touches de couleur, par l'enveloppe de son atmosphère baignée de vapeurs, elle donne du charme et de l'intérêt aux plus médiocres architectures.

Je n'énumérerai pas. Je signale seulement les œuvres de Palladio, le Redentore, S. Giorgio Maggiore, S. Francesco della Vigna, l'église du couvent delle Zitelle, un des côtés de la cour de l'Académie, cher à Gœthe. Palladio fut, malgré l'ordre colossal, un des meilleurs maîtres de la Renaissance : au milieu des baroques de son temps, il se dresse presque classique.

SCULPTURE

L'époque gothique fut riche et se prolongea dans le XVe siècle. De la fin du XIVe siècle, on verra les statues à la clôture du chœur de Saint-Marc, le tombeau du doge Venier à Saint-Jean et Saint-Paul, dans cette noble église où tant d'illustres Vénitiens reposent, — aux Frari, des figures dans la chapelle baptismale, le tombeau de S. Dandolo; ces œuvres sont des MASSÈGNE. Dans la première moitié du XVe siècle, furent sculptés, aux angles du Palais ducal, le *Jugement de Salomon*, la *Honte de Noé*, le *Péché originel*; la charmante porte de la Carta est de B. Buon; Antonio Rizzo fit l'*Adam et l'Ève* à l'intérieur de cette porte et des bustes au musée Correr. Puis les Lombardi, Pietro, Antonio et Tullio et Alessandro Leopardi enjambent le XVIe siècle, Jacopo Sansovino, florentin, Girolamo Campagna, dans la seconde moitié du même siècle, marquent la fin de la statuaire à Venise. On verra, pour les premiers maîtres, le naturalisme et le sentiment plastique qu'ils révèlent, la franchise et la spontanéité de leur art ; pour les derniers, la façon libre et personnelle dont ils usent de l'antique, la santé relative qu'ils conservent, alors que l'art italien s'en allait lamentable et vieillot. Il faut courir les églises, surtout les Frari et Saint-Jean et Saint-Paul. Il y a une foule de choses intéressantes et belles que l'on ne connaît pas assez, éclipsées qu'elles sont par la peinture vénitienne. Le Baedeker en mains, on cherchera ces œuvres si diverses et l'on sera vite payé de ses peines.

Enfin, près de Saint-Pierre et de Saint-Paul, se dresse le plus certain des chefs-d'œuvre du XVe siècle florentin, le *Bartolommeo Colleoni* sur son cheval de guerre, d'Andrea Verrocchio. Jamais plus ferme silhouette de cavalier ne se dessina sur le ciel.

PEINTURE

Ici, pour peu que l'on soit sensible à la couleur, qui est bien quelque chose en peinture, il n'y a qu'à se laisser séduire, à ne pas se défendre. Il n'est pas besoin d'efforts pour comprendre, pour juger les motifs. L'aspect nous conquiert à première vue. Les chefs-d'œuvre de la peinture vénitienne sont chers à tous. Nous ne les commenterons pas l'un après l'autre, mais nous bornerons à quelques vues sur la chronologie de l'école.

Venise vint tard à la peinture. La mosaïque lui suffit pendant des siècles. Après quelques médiocres au XIVe siècle, elle ne débute vraiment que dans la seconde moitié du XVe et tout de suite par des tableaux; il y avait cent cinquante ans que la Toscane couvrait les murs de ses églises et de ses cloîtres de fresques. Il est curieux de voir que la fresque n'a aucun succès à Venise et que, du commencement à la fin de son école, elle préfère les tableaux. Ce sont d'abord les maîtres de Murano, les VIVARINI jusqu'à la fin du XVe siècle, CRIVELLI. Ils sont d'un réalisme calme et ordonné, mais déjà d'une couleur belle et profonde qui joue sur les ors du fond. Venise se détache comme avec peine de la tradition gothique. Elle n'a pas la fièvre de changement que l'on voit en Toscane. Son développement est lent, tardif, mais naturel et fécond. On verra cette première école à Saint-Zaccharie, aux Frari, à Saint-Jean et Saint-Paul, à Santa Maria Formosa, à l'Académie. Tous les manuels signalent ici l'importance exceptionnelle du séjour à Venise, vers 1473, d'Antonello de Messine qui, revenant d'un voyage aux Pays-Bas, enseigna aux maîtres vénitiens l'usage de l'huile et des vernis.

Ce sont alors les premiers grands peintres, les Bellini, qui furent trois Gentile et Giovanni, fils de Jacopo et beaux-frères du grand Mantegna de Padoue. Gentile (1427-1507) a trois vastes tableaux à l'huile, la charmante *Histoire de la Sainte-Croix*, à l'Académie. Ce sont des récits délicieux et naïfs où se voient déjà les incomparables qualités de couleur des Vénitiens, auprès de qui les autres peintres italiens paraissent essoufflés et secs. Giovanni (1428-1516) dépasse son frère. Ses toiles sont fortes et concentrées; il fit des *Pieta* d'une beauté de couleur et d'une puissance dramatique surprenantes. On se souvient de celle de Rimini : on verra plus tard celle du Brera à Milan, le chef-d'œuvre. A Venise il y a, aux Frari, un tableau célèbre et, à l'Académie, pour ne citer que les meilleurs, un tableau d'autel et la délicieuse *Vierge entre Sainte-Catherine et la Madeleine*. Ces demi-figures sont d'une exquise beauté calme et pénétrante. Leur contemporain, fort à la mode de nos jours, Vittore Carpaccio (✝ 1519) fut leur élève. Il se rapproche plus de Gentile que de Giovanni et me paraît inférieur à ce dernier. Celui-là, il faut vraiment aller à Venise pour le connaître. Son *Histoire de sainte Ursule* à l'Académie, celles de *Saint Georges* et de *Saint Jérôme*, à Saint-Georges des Esclavons, sont d'une liberté fraîche d'allures, d'une naïveté raffinée et luxueuse de composition, qui charmeront toujours. De ce maître, si à l'aise dans le récit et l'épisode, il est une page sobre, d'une rare puissance expressive; c'est le petit tableau du musée Correr, *Deux Courtisanes*. Elles sont assises sur une terrasse, vêtues d'amples robes décolletées, bouffies et gorgiasses, le bas de la figure épaissi, les traits marqués et empâtés, comme le sont à l'ordinaire ceux des filles vieillies dans la noce: leur regard est stupide, leurs cheveux teints et frisés; elles s'amusent avec des chiens et des oiseaux apprivoisés. Ici Carpaccio dépasse l'anecdote et crée un type.

Dans le même temps vécurent Cima da Conegliano (✝ 1508) et Marco Basaiti (✝ 1521). On verra un assez grand nombre d'œuvres aimables du premier, avec des fonds de paysage, où apparaissent les montagnes du Frioul, et, du second, le tableau le plus important, la *Vocation des Fils de Zébédée*, à l'Académie.

L'on arrive à la grande époque de la peinture vénitienne qui, pendant plus de cent ans, va produire des chefs-d'œuvre. C'est d'abord un maître sur lequel presque tout est à chercher encore, Giorgione (✝ 1511). A Venise, il ne reste qu'un seul tableau authentique, chez le prince Giovanelli : à Florence, au Pitti, c'est le *Concert ;* enfin le chef-d'œuvre, est, sans conteste, le *Concert champêtre*, au Louvre.

Puis voici Palma le Vieux (1480-1528) avec un beau tableau à S. Maria Formosa et un à l'Académie ; puis Titien (1477-1576), une des plus pures gloires du royaume de l'art. Je ne puis oublier ici les lignes suivantes de Théophile Gautier : « Titien est le seul artiste entièrement sain qui ait paru depuis l'antiquité. Il a la sérénité puissante et forte de Phidias. Chez lui rien de fiévreux, rien de tourmenté, rien d'inquiet. La maladie moderne ne l'a pas touché. Il est beau, robuste et tranquille, comme un artiste païen du meilleur temps. Sa superbe nature s'épanouit à l'aise dans un tiède azur, sous un chaud soleil, et son coloris fait penser à ces beaux marbres antiques dorés par la blonde lumière de la Grèce ; nul tâtonnement, nul effort, nulle violence. Il atteint l'idéal du premier coup, sans y songer. Une joie calme et vivace éclaire son œuvre immense. Seul, il semble ne pas se douter de la mort, sauf peut-être dans son dernier tableau. Sans ardeur sensuelle, sans enivrement voluptueux, il étale aux regards, dans la pourpre et dans l'or, la beauté, la jeunesse, toutes les amoureuses poésies du corps féminin avec l'impassibilité de Dieu montrant Eve nue à Adam. Il sanctifie la nudité par cette expression de repos suprême, de beauté à jamais fixée, d'absolu réalisé qui fait la chasteté des œuvres antiques les plus libres. Lui seul a fait une femme qui pourrait, sans paraître mièvre et chétive, s'allonger à côté de la femme couchée du Parthénon. »

Venise n'apprendra rien de nouveau sur Titien à ceux qui connaissent les grandes galeries d'Italie et d'Europe. A l'Académie, l'*Assomption* n'a pas produit en moi l'enthousiasme qu'elle excite chez tous. Venise a bien des toiles qui, à mon goût, passent avant elle. A la Salute, à la Scuola di San Rocco, aux Frari, aux Jésuites, à l'Académie, au Palais ducal, on trouvera les toiles maîtresses de Titien. L'Académie a sa dernière œuvre inachevée, une *Déposition du Christ*, émouvante comme un Delacroix. Entre les autres, je noterai seulement la belle *Vierge de Pesaro*, les portraits à l'Académie, — Titien fut-il jamais dépassé comme portraitiste ? — un tableau du Palais ducal.

De Sebastiano del Piombo († 1547), l'ami de Raphaël, de Michel-Ange, dont nous avons admiré la « *Fornarina* », à Florence, il n'est aucune œuvre à Venise.

Lorenzo Lotto († 1554), montre au Carmine, à Saint-Jean et à Saint-Paul, ses grandes qualités de coloriste : mais c'est à Bergame qu'on jugera le mieux de son talent. Puis c'est Pordenone († 1539), qu'il faudrait aller chercher à Pordenone. A Venise, il voulut lutter avec Titien. Un tableau de lui à l'Académie, deux personnages à Saint-Roch, une toile à S. Giovanni Elemosinario, montreront, avec ses mérites, l'excès de ses prétentions.

Dirons-nous les BONIFACE à l'Académie ? Sur ces peintres secondaires, je tire une juste remarque de Burckhardt, dont chacun peut vérifier l'exactitude. « Ces maîtres, dit-il, montrent d'une façon éclatante pourquoi et comment les artistes de deuxième ou troisième ordre l'emportent sur les Florentins et les Romains d'un degré correspondant. » Il est certain qu'ici, à côté de géants comme Titien, Véronèse, Tintoret, vivent d'honnêtes peintres qui ne se laissent pas troubler par ce dangereux voisinage et font en conscience, avec leurs qualités à eux, de l'excellente peinture. Il y a des toiles charmantes et personnelles de tous ces maîtres. Nulle part il n'est, aux chefs-d'œuvre, une telle escorte de bons tableaux.

Du même temps, on verra, à l'Académie, un superbe PARIS BORDONE († 1570), l'*Anneau de Saint-Marc*.

Ce sont enfin deux peintres admirables qui meurent à la fin du siècle, TINTORET (1512-1594) et PAUL VÉRONÈSE (1528-1588). Jamais homme ne fut plus emporté par la furie de peindre que Tintoret ; créer était pour lui une fonction vitale. Venise a conservé le plus grande partie de son œuvre : des portraits d'abord et de premier ordre, à l'Académie, au Palais des Doges ; des tableaux d'église, à l'Académie, le superbe *Miracle de saint Marc* ; à la Scuola di San Rocco, cinquante-six vastes toiles, à Santa Maria dell'Orto d'immenses tableaux et une saisissante *Présentation au Temple*, à San Trovaso une *Cène*; à l'Académie et au palais des Doges, de belles figures nues, *Adam et Ève* sur un fond roussi de feuilles, *Mercure et les Grâces*, et d'autres; au même palais enfin, des plafonds, de grands tableaux votifs et le colossal *Paradis*. Certes, il fut un puissant improvisateur : la peinture coulait de ses doigts; son œuvre dit la joie inouïe qu'il eut à peindre. En somme, il est relativement peu de tableaux lâchés; il en est d'excellents, et de supérieurs. Pour connaître Tintoret, Venise est indispensable.

Paul Véronèse se tient avec Titien sur les plus hauts sommets où soit parvenue l'école. Quelle que soit la valeur de ses œuvres à l'étranger, au Louvre surtout, il faut encore venir ici pour le voir tout entier. J'ai eu un plaisir indicible au Palais des Doges. *Venise trônant sur le monde* et le *Triomphe de Venise* — ah ! si seulement on le pouvait voir mieux ! — sont inséparables pour moi du souvenir de Venise elle-même; c'est son opulente beauté, la magie de sa couleur, le calme heureux et souriant de sa vie. Nous nous sommes assis longuement devant le *Festin chez Lévi* à l'Académie; nous avons visité toutes les églises qui contiennent ses œuvres, San Sebastiano, en premier lieu. C'est une fête d'art magnifique à laquelle il nous convie; la richesse des costumes, l'éclat des nuques blanches et des gorges amples des Vénitiennes, leurs bras nus, forment, dans la lumière ambrée qui les baigne, un inoubliable spectacle. On peut, en certaines pages, les *Deux Amours*, la *Vénus* de Florence, préférer Titien : mais personne ne donnera une idée plus complète et plus belle des dons admirables de la peinture vénitienne que Paul Véronèse.

Trouvera-t-on un plaisir, même médiocre, à ces animaliers de Bassan, père et fils? Ils ne m'en ont donné aucun. Il nous faut franchir plus d'un siècle pour arriver au dernier grand maître vénitien. Mais la lueur que jette Venise avant de mourir est encore vive. Tiepolo (1693-1770) a l'aisance, la clarté, la fécondité vraiment vénitienne de ses plus illustres prédécesseurs. Comme eux, il a cette qualité, si rare ailleurs, si commune ici, d'être de son temps et d'ignorer le pastiche. Il donne le dernier état verveux et carnavalesque de cette Venise du XVIIIe siècle, auberge de plaisir de l'Europe. On cherchera ses œuvres dans différentes églises, à l'Académie et surtout au palais Labbia. Canaletto, Guardi sont, encore au XVIIIe siècle, de bons peintres, dont les tableaux sont justement appréciés à l'étranger. Pietro Longhi n'est plus qu'anecdotique.

C'est la fin. Venise, après dix siècles d'indépendance, allait se trouver sur le chemin de celui qui disposait à son gré des trônes et des républiques. D'un trait de plume, en 1797, Bonaparte donna Venise à l'Autriche. La longue décadence de la

Sérénissime république fut ainsi brusquement terminée. Ce qui restait de vie artistique disparut dans la tourmente.

Je sens la sécheresse de ces notes. Mais comment parler de Venise? Lorsqu'on l'aime, il y a dans les joies qu'elle vous donne quelque chose d'intime, de personnel, que l'on ne peut pas, que l'on ne voudrait pas traduire, de peur que cette nuance d'émotion ne s'évaporât au contact brutal des mots et ne perdît son charme secret.

*
* *

De Venise il faudrait aller à Vicence, patrie de Palladio, qui nous fit l'ordre colossal. On y voit le Théâtre, d'après l'antique, la Ragione ou Basilique de Vicence, de nombreux palais et, près de la ville, la Rotonda, villa qui montre à quel point l'idée de l'édifice à salle centrale circulaire troubla les meilleurs cerveaux de ce temps. A côté de l'œuvre de Palladio, Vicence n'aura guère à vous offrir que quelques bons tableaux de Montagna (1450-1523), chef de l'école locale.

VÉRONE

Vérone, sur l'Adige torrentueuse, est dans une position admirable au pied des Alpes devant la plaine immense de la Vénétie. C'est une vue qu'il faut aller chercher à la terrasse du célèbre jardin

Giusti, dont des cyprès six et sept fois centenaires font la gloire. Et tous les touristes veulent voir aussi la maison de Juliette, voisine de la charmante Piazza dell'Erbe, et son tombeau, près duquel les bourgeois de Vérone jouent aux boules. L'antiquité a laissé ici des Arènes fort belles, sur lesquelles il y a une page de H. Heine à lire (*Reisebilder*) ; au musée lapidaire, est une collection de marbres antiques que l'on visitera. Le moyen âge fit le dôme dont les sculptures romanes sont connues et assez médiocres : Saint-Zénon une des grandes églises romanes de l'Italie ; les très remarquables tombeaux gothiques des Scaliger, ce qu'il y a de mieux dans le genre au XIVe siècle. Ils furent de lettrés tyrans et de puissants hommes de guerre. Au-dessus de la porte de la chapelle, sur un cheval couvert d'un manteau qui flotte, Can grande della Scala se dresse et, le cimier renversé en arrière, montre, entre le casque et le hausse col, une large face rasée qui rit superbement.

A Sainte-Anastasie, des fresques diverses, une, entre autres, de VITTORE PISANO (1380-1456), qui nous laissa en de précises médailles les portraits des plus illustres princes de son temps.

Le XVIe siècle enfin fit une œuvre considérable. Les portes sont remarquables de SAN MICHELI (1484-1559) et nous avons, avec le Palazzo del Consiglio, qu'il soit ou non de Fra Giocondo, un des plus élégants édifices de la Renaissance. Vérone compte plusieurs palais de la haute Renaissance. Palais Bevilacqua, Canossa, Pompéi et d'autres. C'est l'intérêt de ces villes secondaires d'offrir une belle collection de monuments de toutes les époques, qui complètent les séries que nous avons étudiées à loisir dans le *Voyage idéal*.

Au musée de peinture, les écoles vénitiennes sont particulièrement bien représentées, et des églises comme S. Giorgio in Braida ont des toiles remarquables des meilleurs peintres. Enfin on ne négligera pas de visiter S. Maria in Organo qui a, dans les stalles du chœur, les chefs-d'œuvre de marqueterie de bois et de sculpture de FRA GIOVANNI DA VÉRONE (1469-1537).

MANTOUE

Nous sommes venus chercher ici les églises de Léon Battista Alberti (voir p. 200) et les fresques de Mantegna. Mantegna ne nous a point déçus.

Le palais des Gonzague, marquis, puis ducs de Mantoue et de Guastalla, ne témoigne que du mauvais goût du XVIe et du XVIIe siècle. Les décorations de Jules Romain et de ses élèves remplissent le palais restauré. Ces maîtres, connaissant leur valeur, en ont été réduits, pour solliciter la curiosité de la postérité, à inventer des trucs illusionnistes, à faire tourner sur lui-même, par exemple, aux voûtes qu'ils décoraient, le quadrige du soleil avec le spectateur qui se déplace. Cela les juge. Les beaux cartons de Mantegna ont été transportés à Hampton Court et ont subi, au siècle dernier, d'abominables restaurations. Ils sont du reste exposés dans une étroite galerie où il est impossible, grâce aux verres miroitants qui les recouvrent, de les voir.

Dans une salle abandonnée du vieux château, une chambre reste entièrement décorée par Mantegna qui y peignit la rencontre de Louis, troisième marquis de Gonzague avec son fils, le cardinal François, âgé de douze ans : une scène de chasse ; au-dessus de la cheminée, les Gonzague et leur cour ; au plafond enfin, sur le bord d'une balustrade des femmes en toilette et des enfants nus, suivant une formule qui allait devenir chère à l'école vénitienne. Malgré la dégradation d'une partie de ces fresques, malgré les repeints, elles font encore une grande impression et montrent dans sa plénitude le noble talent d'Andrea Mantegna.

Du palais, on a une vue étendue sur les lacs qui entourent la ville et l'ont faite la place forte qu'elle a été, lacs fiévreux, marécages plutôt, qu'envahissent les roseaux et où, à mi-jambe dans l'eau, se dressent d'immobiles pêcheurs ; puis c'est la plaine, verte et plate, que ferment à l'horizon les Alpes.

On passera une excellente demi-heure dans la collection d'antiques du Musée civique, où il y a quelques pièces de choix, et d'autres qui sont historiquement intéressantes, comme ayant appartenu à Mantegna. Aux portes de la ville, nous sommes allés voir, et pour son architecture et pour sa décoration, le palais du Té. Jules Romain en fut l'architecte et le décorateur. C'est lourd et plus semblable à une caserne qu'à une maison d'été. Jules Romain et ses élèves l'ont remplie de peintures grotesques dont on vante l'ingéniosité, qui m'échappe.

MODÈNE

Une grande petite ville. Le Dôme a de beaux lions lombards et des sculptures de l'époque romane ; des bas-reliefs d'Agostino di Duccio. On verra, ici et en différentes églises, des groupes de personnages en argile, propres à la statuaire de Modène. MAZZONI († 1518) BEGARELLI († 1565), s'y distinguèrent. Oserai-je avouer que je les retrouve laids et peu artistiques ? Au musée, quelques primitifs, un Velasquez, quelques Bolonais et beaucoup de médiocres.

Il faut aller voir S. Agostino, église rococo du pire modèle XVIIIe siècle par Bibbiena. C'est une grande salle en carré long qu'on jurerait être une salle de bal ; au plafond, une bande d'Amours et de Génies en stuc menacent de vous fracasser la tête. Burckhardt ne blâme pas ce dévergondage.

PARME

Parme a les meilleures sculptures romanes de l'Italie à la porte du Baptistère, et une *Crucifixion* à la cathédrale. Trait bien italien, elles sont signées, Benedetto Antelami (fin XIIe); en France, l'œuvre admirable de nos cathédrales est anonyme. Il faudrait mettre en comparaison des statues contemporaines françaises, celles de Corbeil, par exemple, avec ces bas-reliefs intéressants, mais à quelle distance de notre statuaire!

La grande attraction est, à la cathédrale, la coupole du CORRÈGE (1494-1534). Le biographe de Corrège a écrit : « Les anges semblent s'élever d'un vol rapide et sûr, et le monde chrétien paraît entraîné à leur suite dans un élan extatique (!). » Le malheur est qu'on n'en voit rien et qu'on ne distingue qu'un fouillis de jambes nues, d'Amours, de Génies. Quant à représenter le monde chrétien, cette grande fresque de lumière, de chair et de joie, n'y saurait prétendre. Personne n'est moins religieux que Corrège. Il est fâcheux qu'il ait été contraint à des sujets de piété, qui étaient tout à fait antipathiques à sa nature voluptueuse.

A Saint-Jean-Evangéliste, il peignit aussi la coupole; elle est très noire, et le Christ y présente ses pieds au spectateur. Sur la porte de la sacristie, un *Saint Jean* que l'on voit bien. Il faut aller au Musée riche de ses œuvres. La *Madone della Scodella*, vierge et bambin ont des têtes délicieuses; le saint Joseph me gêne. La *Madone de saint Jérôme* avec des parties exquises, Vierge, enfants et Madeleine ; au premier plan, à droite, un grand diable de saint Jérôme fait des effets de jambes agaçants.

La *Madone della Scala* (fresque) me plaît infiniment : c'est peut-être ce qu'il y a de plus parfait. Les *Martyres de saint Placide et de sainte Fulvie* m'attirent beaucoup moins ; je n'en aime ni l'ordonnance, ni le sentiment. La *Descente de Croix* est inférieure. Ces deux derniers tableaux montrent qu'il ne faut pas à Corrège des sujets tragiques. A la Bibliothèque, il y a une belle demi-coupole. — Au couvent de Saint-Paul on verra (mal) toute une voûte. C'est, dans des panneaux foncés, une série de médaillons avec des amours, jouflus et de derrières capitonnés, qui s'amusent. Cet étalage de petits génies, polissons et polissonnant, ornait ce qui fut la salle de l'abbesse Jeanne de Plaisance ; ils étaient faits évidemment pour ne pas effaroucher les vocations indécises. La Renaissance italienne a incroyablement abusé des *Putti*.

Au musée, l'on trouvera encore quelques bonnes toiles et des statuettes antiques, entre lesquelles un excellent *Hercule ivre*. Il y a dans le Palais, énorme et du reste médiocre, un théâtre célèbre à l'imitation de l'antique, fantaisie baroque d'un des Farnèse. On inondait — à un premier étage ! — pour les Naumachies.

Nous allâmes, en voiture, à la citadelle où fut enfermé Fabrice del Dongo ; nous entrâmes à la Steccata, où il prêcha et où Clelia vint l'entendre.

Ces souvenirs emplissaient Parme.

CRÉMONE

En plein centre de la plaine lombarde, — qu'elle est riche et monotone! Les noms les plus fameux n'arrivent pas à la rendre intéressante. Marignan, Lodi, sonnent en vain à vos oreilles. Que cette plaine est donc plaine! — Les rues perpétuent à Crémone la gloire des luthiers. Nous avons vu le Dôme et le Baptistère, de style roman, avec de beaux lions-griffons lombards, porteurs de colonnes. A l'intérieur du Dôme, des fresques riches du Vénitien Pordenone, du Brescian Romanino et du Crémonais Boccaccino († 1518); au musée, les œuvres des Campi (fin XVe, XVIe siècle). Campi aîné est encore assez probe.

Pour la sculpture, Crémone possède d'excellents spécimens de la technique lombarde; au Dôme, les bas-reliefs énergiques des deux chaires par Amadeo (1447-1522), avec la longueur et la maigreur des personnages, le quelque chose de sec, de cassé, d'anguleux, dans les draperies très fouillées, qui est propre à l'école de ce temps. On verra aussi l'Arca de S. Marcellino, de Benedetto Briosco dans la crypte; c'est une œuvre harmonieuse et composée, dont on se souviendra devant la porte centrale de la Chartreuse de Pavie. — Puis il y a des palais Renaissance ornés; la plus belle porte, celle du palais Stanga, est aujourd'hui au Louvre.

Le souvenir de Crémone est celui d'une toute

petite ville, calme et bourgeoise, propre et peu pittoresque, avec une place d'une belle couleur où sont réunis le Dôme, le Baptistère et le Palais municipal : le tout en briques rouges.

BRESCIA

On y passera une pleine journée excellente. Les villes du nord de l'Italie sont tout à fait agréables ; aucun touriste ne devrait négliger de s'y arrêter. En outre du charme d'une position ravissante au pied des Alpes, de l'agrément de promenades sur les remparts qui dominent la campagne, en outre du pittoresque de ses places et de ses rues, de monuments comme l'ancienne cathédrale, le Broletto, le Palais communal, Brescia offre artistiquement un grand intérêt. De l'antiquité, elle a des ruines et un chef-d'œuvre, la *Victoire* en bronze. Le musée du moyen âge, bien installé, a des pièces remarquables. Enfin la Renaissance y compta des peintres excellents. Comme Vérone, comme Bergame, Brescia était rattachée à la République de Venise au plus grand moment de son art (XVIe siècle). Les peintres de ces écoles terriennes se rapprochent des maîtres vénitiens, mais savent garder leur dialecte propre. SAVOLDO († 1548) est le premier des notables brescians; puis vient G. ROMANINO (1485-1566), dont nous avons déjà vu maintes œuvres (Padoue, Crémone); c'est enfin le meilleur maître de l'école, MORETTO (1498-1555), dont le coloris gris et la pâte solide sont aisément reconnaissables, et que Brescia, dans ses églises et dans ses deux galeries, Martinengo et Tosi, permet d'étudier à fond. Un de ses élèves, MORONI († 1578), fut un grand portraitiste. Aux Offices, nous en avions noté un portrait; à Milan, il a un chef-d'œuvre, et à la National Gallery à Londres, d'excellentes toiles. En somme, Brescia, pour le milieu du XVIe siècle, est bien supérieure à Florence.

BERGAME

Entre Brescia et le lac de Côme, pittoresque exquisement, elle se compose de deux villes séparées : la moderne, commerçante et animée, s'étend dans la plaine, tandis que l'ancienne ville occupe une colline élevée où l'on parvient aujourd'hui par un funiculaire. Les remparts ont été transformés en promenade avec, comme toile de fond, le paysage charmant des Alpes bergamasques. Bergame est riche d'art (je ne parle pas des deux monuments élevés à la gloire de l'aborigène Donizetti). A la cathédrale, je ne vois guère qu'un Giovanni Bellini ; à Santa Maria Maggiore, romane, il y a de belles tapisseries, des stalles de chœur en marqueterie célèbres, et, au portail, des lions lombards. Mais toute voisine est la chapelle Colleoni, fondée par le grand condottiere, Bart. Colleoni qui sut non seulement gagner des batailles, mais rendre son nom immortel en l'associant à de durables œuvres d'art. Ici nous avons une des entreprises capitales de la statuaire lombarde. Amadeo en est l'auteur (voir Crémone). L'ensemble décoratif, riche et gracieux, est complété par des fresques de Tiepolo au plafond. Rien n'est plus facile à suivre que l'école lombarde de statuaire avec ses caractéristiques si nettes.

Pour la peinture, l'Académie Carrara est un musée dont s'enorgueillirait plus d'une grande ville. Elle se compose de trois collections différentes, dont la plus récente, celle du critique Morelli, excitera l'intérêt de tous ceux qui ont suivi les vives polémiques que cet écrivain mordant a excitées. Quelle que soit l'opinion que l'on ait sur ses livres, on ne pourra nier qu'il n'ait eu la main heureuse et qu'il n'ait réuni des œuvres excellentes. Dans l'ensemble du musée, on fera connaissance avec le Bergamasque Previtali († 1515); on reverra des portraits de Moroni, plusieurs tableaux de l'école lombarde, des Vénitiens, deux Mantegna, un Botticelli, quelques étrangers, des toiles de L. Lotto, natif de Bergame, une série de pièces de choix qui valent d'être étudiées et qui rendent une visite à Bergame, indispensable à tout amateur de la peinture italienne. Dans le bas de la ville, nous avons visité S. Spirito avec peu de tableaux, mais de bons. Il y aurait aussi à voir S. Bernardino in Pignolo et S. Bartolommeo, pour compléter l'œuvre importante de Lorenzo Lotto.

MILAN

Moderne et sans pittoresque. Milan est d'aspect peu italien. En certaines de ses rues, elle fait penser à New-York. Comme dans Broadway, les tramways se succèdent à se toucher, filent silencieusement et s'arrêtent net. Aux rues voisines du Dôme et de la Galerie, l'animation est grande. Il y a plus de flâneurs que chez nous. A Paris, à Londres, on ne s'arrête que pour dire un mot à un ami rencontré. Ici, admirable perpétuité du sentiment de l'ordonnance et de la composition, on se groupe; même les gens isolés, sans cet air ennuyé ou distrait qu'ils ont au Nord, prennent une pose et, drapés dans leur ample manteau, stationnent et regardent.

Milan, dans ses églises et musées, doit retenir le touriste une semaine au moins. On ne s'y arrête pas assez, et pourtant elle a une infinité de choses à montrer. J'énumérerai les monuments indispensables que, pour chaque époque, il faut avoir vus.

S. Lorenzo, église paléo-chrétienne, a un portique antique. Le plan de l'édifice circulaire préoccupa Bramante et Vinci, qui le jugeaient admirable. On visitera S. Babila, S. Celso, S. Eufemia et surtout S. Ambroise, pour l'époque romane. La portique en atrium de S. Ambroise est du IXe siècle, l'église du XIIe. La sculpture décorative y est très intéressante. Le revêtement du maître-autel, œuvre remarquable d'orfèvrerie du IXe siècle, ne se voit que difficilement.

A l'époque gothique, l'architecture est assez pauvre. Je sais bien qu'il y a le Dôme, clamé par les Milanais la huitième merveille du monde : mais c'est une œuvre bâtarde où les contre-sens abondent, dont la décoration est désolante et la façade baroque. Il ne faut le regarder qu'à la pâle lumière d'un clair de lune voilé de légers brouillards ; alors seulement, comme on n'en distingue ni les formes exactes, ni le détail, apparaît-il irréel et séduisant. A l'intérieur, il est un chef-d'œuvre indiscutable, l'*Arbre de la Vierge*, en bronze, du XIIIe siècle. Au pourtour du chœur, des tombeaux de Bambaja et de L. Leoni, médiocres ; dans la sacristie, des statues d'argent « espovantables ». De la fin de cette époque, la riche et belle façade de l'Hôpital (fin XVe), d'un gothique tardif où déjà la Renaissance se mêle. La statuaire compte des monuments importants du XIVe siècle : l'*Arca de S. Pietro martyr*, à S. Eustorgio, œuvre de Balduccio, dans le style pisan ; quelques-unes des figures en sont belles, et la patine du marbre est admirable ; au musée archéologique, des tombeaux du même temps ; celui de Bernardo Visconti est impressionnant.

Arrive la Renaissance. De la première, je ne dirai que la porte de la banque Médicis au Musée, par Michelozzo Michelozzi, et du même la Chapelle

Portinari à S. Eustorgio, de décoration polychrome gracieuse. Puis c'est Bramante (1444-1514). Nous avons analysé déjà S. Marie des Grâces, pourtour chœur et coupole (p. 269). On verra S. Maria Presso S. Satiro, dont la sacristie, avec frises de Caradosso, est ce qu'il y a de plus séduisant : puis une cour à l'Hôpital majeur. Après lui, viennent les inévitables baroques, sans importance.

Au xve siècle, la sculpture prend un développement original. Les Mantegazza (3e quart xve) forment Amadeo, vu à Crémone, à Bergame; Briosco, T. de Cozzanigo, Cristoforo Solari, le Bambaja, Fusina, continuent l'école et occupent la première moitié du xvie siècle. Leurs œuvres se voient à S. Eustorgio, à Sta Maria della Passione, au musée archéologique et surtout à la Chartreuse de Pavie. Cette école a un sentiment à elle et des caractéristiques techniques que nous avons indiqués déjà.

Milan compte enfin des peintres illustres. Ses églises et ses beaux musées offrent une abondance de documents sur les xve et xvie siècles. Elle vint tard à la peinture: il faut attendre Vincenzo Foppa († 1492) pour trouver un maître qui vaille d'être étudié. Ses contemporains, Buttinone, Zenale, Bramantino, dans des tableaux d'ordonnance calme et grave, n'atteignent pas à l'expression que cette première forme de l'art lombard allait revêtir dans les œuvres de Borgognone

(† 1523). Du même âge que L. de Vinci, il montre une personnalité rare dans un développement plutôt lent. A côté du maître florentin toujours en quête de nouveauté, il continue à peindre des toiles et des fresques où, en des arrangements conventionnels, d'immobiles personnages entourent le trône de la Vierge. Mais le sérieux qu'il y apporte, et le sentiment aussi, la grâce des figures et la fraîcheur du coloris perpétueront ses œuvres.

Léonard de Vinci fut le maître décisif à ce moment de l'histoire de la peinture lombarde. Il vint à Milan en 1483 et y séjourna jusqu'en 1500. Il ne reste à Milan que la *Cène* de Sainte-Marie-des-Grâces, le portrait d'Isabelle d'Aragon, des dessins à l'Ambroisienne, et, au Brera, la tête si belle du Christ. La Cène est la plus populaire des œuvres de l'art italien. On sait les vicissitudes qu'elle eut à subir. Non seulement les moines et les soldats lui furent hostiles, mais Léonard lui-même contribua à sa ruine prématurée en employant pour une peinture murale de l'huile au lieu du procédé dit à fresque. Qu'allions-nous voir de la Cène? — Nous craignions une déception. Mais non, il n'est pas de copie, si bonne soit-elle, il n'est pas de photographie, si parfaite qu'on en ait, qui rende le charme mystérieux de l'œuvre de Léonard. La Cène est encore une source d'émotion et de beauté; les personnages, sous les balafres qui les rayent, sous les écailles qui tombent, tressaillent encore de la vie supérieure que leur insuffla le peintre. Il y a, malgré le noircissement de l'œuvre, malgré le changement des tons, des parties restées admirables, et saint Jean sourit douloureusement, alors que le Maître prononce les terribles paroles.

Après Vinci, c'est une éclosion de talents charmants dans l'école lombarde. Que ceux qui nient l'action d'un homme viennent ici et regardent ! Qu'ils voient BERNARDINO LUINI, MATTEO DE PRETIS, MARCO D'OGGIONO, CESARE DA SESTO, SALAINO, SOLARIO, BOLTRAFFIO, PEDRINI, GAUDENZIO FERRARI, — tous peignent à la fin du XVe et dans la première moitié du XVIe — qu'ils les voient exprimer chacun leur tempérament propre dans une formule léonardesque qui les réunit. Il y a de ces maîtres des fresques dans presque toutes les églises de Milan (ne pas oublier Saint-Maurice pour B. Luini), et le Brera offre, dans ses premières salles, les toiles les plus caractéristiques de l'école. On passera des matinées excellentes dans ce beau Musée si bien aménagé. En outre des peintres lombards, il a des œuvres importantes de toutes les écoles italiennes, un Tintoret, frémissant et passionné, une *Pieta* de Giovanni Bellini, un Sodoma, un séduisant Raphaël première manière, de beaux portraits de L. Lotto, un grand Gentile Bellini, et bien d'autres ; c'est une des collections, sinon les plus nombreuses, du moins les mieux choisies d'Italie.

A l'Ambroisienne, il est quelques tableaux

célèbres, le portrait d'Isabelle d'Aragon, de Léonard, le carton de l'*École d'Athènes* et de bonnes toiles de l'école lombarde. Au musée Poldi-Pezzoli, un portrait de femme attribué à Piero della Francesca et un petit nombre de toiles intéressantes solliciteront votre attention. Comme nous-même, vous admirerez sans doute les grands tapis persans anciens, et vous vous étonnerez de l'abominable laideur de la riche décoration de ce palais. La collection Borromée est aussi à visiter.

Avec ces différents musées, galeries et églises, on se fera une juste idée de la fécondité des peintres lombards, qui se plurent en des œuvres infiniment gracieuses et souriantes. C'est une des particularités intéressantes de l'histoire de la peinture que la soudaine éclosion de l'école lombarde, son extrême richesse et sa brièveté. Avant 1486, à peine quelques toiles ; Borgognone commence alors à produire, puis c'est Léonard de Vinci, dont la présence à Milan suscite littéralement des peintres. Vers 1510, l'activité est grande, mais, chose très curieuse, le mouvement ne s'étend pas sur plus d'une génération. Solario et Salaino meurent en 1515, Boltraffio l'année suivante, Cesare da Sesto et Pedrini en 1523, B. Luini en 1529, Marco d'Oggiono en 1530, Gaudenzio Ferrari en 1549. Après eux, l'histoire de l'art n'a plus rien à enregistrer en Lombardie ; seuls les érudits connaissent les noms de Lanini, Lagaia, Figino, Lomazzo, lamentables maniéristes. L'école de peinture lombarde est une fleur magnifique, tôt fanée.

PAVIE ET LA CHARTREUSE

De Milan, on ira voir la Chartreuse de Pavie, qui, dans la seconde moitié du xve siècle, fut le grand atelier d'art de la Lombardie. C'est un monument dont la prodigieuse richesse décorative n'exclut ni le goût, ni la grâce, ni la fraîcheur. Architecturalement il est assez pauvre, et la façade, bien que témoignant d'un effort original, est le type de la façade plaquée, sans rapport avec l'édifice qu'elle commande ; vu des cloîtres, il est pittoresque à souhait et d'une délicieuse couleur. Pour la peinture et la sculpture, il est tout à fait important. C'est par lui que l'on devrait commencer ses études sur l'art lombard, car les Mantegazza et Amadeo travaillèrent à la façade et dans la sacristie ; C. Solari sculpta les belles figures tombales de Ludovic le More et de Béatrix d'Este, les portes des sacristies si fines avec leurs médaillons; Crist. Romano et Briosco élevèrent le tombeau de Galeas Visconti, qui fut comme le modèle de nos grands tombeaux de Saint-Denis au xvie siècle; Briosco fit la porte principale ; Borgognone a des tableaux d'autel et les imposantes fresques des absides du transept; tous les grands noms de l'art lombard de ce temps y figurent. La Chartreuse que voulurent les Visconti n'était pas un endroit où l'on pouvait oublier le monde et, dans l'austérité, gagner le ciel ; par l'artifice de ses peintures, par la splendeur de sa décoration, elle offrait aux princes de ce temps le charme d'un séjour calme dans un cadre d'art raffiné.

A Pavie même, il n'y a guère que Saint-Michel qui soit intéressant. On y voit ce qu'ont produit dans le style roman-lombard les influences byzantines que nous avons analysées à Ravenne. J'aime encore à Pavie le vieux pont en bois sur le Tessin. Le touriste consciencieux visitera la cathédrale Renaissance où repose, dans un grand tombeau du XIVe siècle, le corps de saint Augustin. Au Musée municipal, un petit Corrège et un Antonello de Messine le retiendront un instant. Trois heures suffisent pour épuiser les richesses d'art de Pavie.

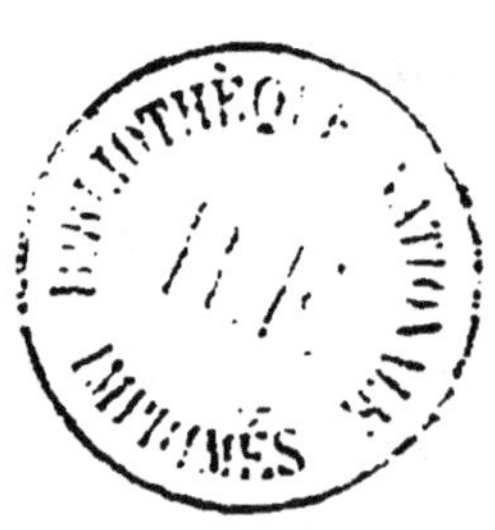

FIN

MEMENTO BIBLIOGRAPHIQUE [1]

ANTIQUITÉ

A. CHOISY. *Histoire de l'architecture.* 2 vol. gr. in-8°. 1899. (Nécessaire pour toutes questions d'architecture ancienne et moderne.)

J. BURCKHARDT. *Le Cicerone.* In-18, trad. franç., 1894. 1re partie. Antiquité. (Ouvrage excellent, facile à manier.)

MAX COLLIGNON. *La Sculpture grecque.* 2 vol. in-4° 1892. (Ce qu'il y a de mieux en français sur le sujet.)

Mythologie figurée de la Grèce. In-8°.

S. REINACH. *Répertoire de la statuaire grecque et romaine.* 2 vol. in-8° 1898-99. (Véritable dictionn. graphique ; très utile.)

SYBEL, *Weltgeschichte der Kunst bis zur Erbauung der Sophien Kirche.* 1888. gr. in-8°.

WINCKELMANN, *Histoire de l'art chez les anciens.* 3 vol. in-8° 1798-1803. (Représente par excellence l'état d'esprit académique.)

PERROT et CHIPIEZ. *Histoire de l'art dans l'antiquité.* 6 vol. gr. in 8°.

G. BOISSIER. *Promenades archéologiques. Rome et Pompéi.*

FUSTEL DE COULANGES, *La Cité antique.* In-16. (Indispensable bien que systématique.)

P. GIRARD. *L'Education athénienne.* In-8° 1889.

1 Nous indiquons ici non pas tous les livres importants parus sur l'art et la civilisation en Italie, mais seulement, sur chaque question générale, les ouvrages les meilleurs, les plus récents, ceux que l'on peut consulter sans peine.

LES PREMIERS TEMPS CHRÉTIENS

E. Renan,	*Les Origines du Christianisme*. 7 vol in-8°.
De Rossi,	*Roma sotterranea*. 3 vol. in-fol., 1864-1877. (Ouvrage classique.)
Spencer Northcote and Brownlow,	*Roma sotterranea*. Trad. franç. par Allard. (Catholique.)
Schultze,	*Die Catakomben*. 1882.
—	*Archäologie der altchristlichen Kunst*. 1895. (Critique.)
Gerspach,	*La Mosaïque*. In-8°.
J. Burckhardt.	*Le Cicerone*. Trad. fr.. 1892. (Partie moderne.)

L'ART BYZANTIN

Bayet.	*L'Art byzantin*, In-8°.
Cte Melchior de Vogüé.	*Les Eglises de la Syrie centrale*. In-fol.
	Le Temple de Jérusalem. In-fol.
R. Cattaneo,	*L'Architecture en Italie du VIe au XIe siècle*. Trad. franç., gr. in-8°. (Important.)
A. Choisy.	*Ouvrage cité*.
Kraus.	*Geschichte der christlichen Kunst*. 2 vol. in-8°. 1897.
A. Marignan.	*Un Historien de l'art français. Louis Courajod. Les Temps francs*. In-8°. 1899. (Sur la diffusion des influences byzantines.)

MOYEN AGE ET RENAISSANCE

GÉNÉRALITÉS

Jacques de Voragine,	*La Légende dorée*.
R. Bonghi,	*Francesco d'Assisi*. 1884.

SABATIER, *S. François d'Assise*. In-8°.

THODE, *Franz von Assisi und die Anfänge der Kunst der Renaissance*. In-8°, 1885.

MARIGNANO, *Francesco d'Assisi*. 1893 (Excellente critique des précédents.)

GEBHART, *L'Italie mystique*. In-18.

J. BURCKHARDT, *La Civilisation en Italie au temps de la Renaissance*. Trad. franç., 2 vol. in-8°. (Très important.)

SYMONDS, *Renaissance in Italy*. 5 vol. in-8°, 1881.

E. MUNTZ, *Histoire de l'art pendant la Renaissance*. 3 vol. in-4°. (Considérable par l'abondance des faits contrôlés et vérifiés.)

RUSKIN, *Passim*. — *Stones of Venice*. *Mornings in Florence*, etc. (Avec infiniment de précaution.)

SISMONDI, *Histoire des républiques italiennes*. 16 vol. in-8, 1826. (Encore excellent à lire.)

PERRENS, *Histoire de Florence*. 4 vol. in-8, 1879.

RANKE, *Les Papes*. Trad. franç. (Œuvre classique.)

STENDHAL, *Rome, Naples et Florence*. In-16.

— *Promenades dans Rome*. 2 vol. in-16. (Pour la psychologie de l'Italien.)

GAUTIER, *Voyage en Italie*. In-16. (Très fragmentaire.)

TAINE, *Voyage en Italie*. 2 vol. in-16. (Insuffisant pour l'art, du reste remarquable.)

L'ART

J. BURCKHARDT. — Aug. CHOISY. — Eug. MUNTZ. — *Ouvrages cités*.

G. VASARI, *Les Vies des plus excellents peintres, sculpteurs et architectes*. Ed. italienne. Gaet. Milanesi. 8 vol. in-8, 1882. (Détestable traduction française de Leclanché, 1839.)

Architecture

MOYEN-AGE

C. Enlart.	*Origines françaises de l'architecture gothique en Italie.* In-8°. 1894.
Gonse.	*L'art gothique.* In-fol. 1890.
Goodyear.	*A discovery of the entasis in mediæval italian architecture. — Architectural Record.* 1897-1898.)

RENAISSANCE

Geymuller et Widmann.	*Die Architektur der Renaissance in Toscane.* 5 vol. in-fol. (Planches superbes.)
Geymuller (H. de).	*Raffaello architetto.* 1884.
—	*Cento disegni di architettura, d'ornato e di figure di fra Giocondo.* 1882.
Richter.	*Literary works of Leonardo de Vinci.* (Avec un chapitre sur ses dessins d'architecture.) 2 vol. in-8°. 1883.
Palustre.	*L'Architecture de la Renaissance.* In-8°. 1892.
—	*La Renaissance en France.* 3 vol. in-fol. 1879-89.
Vignole.	*Traité des cinq ordres de Vitruve.* (Nombreuses éditions modernes.)
Du Cerceau.	*Les plus excellens bastimens de France.* 1576.
-	*Recueil de monuments antiques de Rome.*
C. Gurlitt.	*Geschichte des Barockstyles.* 2 vol. in-8°. (Le plus complet sur le baroque.)

Sculpture

Bode.	*Die Italienische Plastik.* 1893. in-16.
—	*Denkmäler der Renaissance Sculptur Toscanas.* 5 vol. in-fol. (Très belles planches.)

M. REYMOND, *La Sculpture florentine.* 2 vol. in-fol., 1897-1898. (Avec de bonnes tables synchroniques.)

L. COURAJOD, *Les Origines de la Renaissance en France.* 1888.

— *La part de la France du Nord dans l'œuvre de la Renaissance.* 1890.

— *Les origines de l'art moderne.* 1894.

— *L'Imitation et la contrefaçon des objets d'art antiques aux* XV*e* *et* XVI*e* *siècles.* 1881.

— *Documents sur les arts et les artistes à Crémone aux* XV*e* *et* XVI*e* *siècles.* 1885.

CICOGNARA, *Storia della Scultura.* 3 vol. in-fol., 1813. Venise. (La première grande histoire de la sculpture.)

PERKINS. *Les Sculpteurs italiens.* Trad. franç., 2 vol. gr. in-8°.

Peinture

RIO, *L'Art chrétien.* 4 vol. in-8°, 1861. (Avec quelque précaution.)

CROWE and CAVALCASELLE, *Storia della Pittura in Italia.* 8 vol. in-8°, 1898. (Fait autorité.)

WOLTMANN et WOERMANN, *Geschichte der Malerei.* In-8°. Stuttgart, (Considérable.)

LAFENESTRE, *La peinture italienne.* In-8°.

INDEX ALPHABÉTIQUE

DES NOMS D'ARTISTES CITÉS DANS CE VOLUME

A. Architecte. — P. Peintre. — S. Sculpteur. — L'indication qui suit est celle de l'Ecole.

TABLE DES MATIÈRES

LA TOSCANE AU MOYEN AGE

LA TOSCANE AUX XVe ET XVIe SIÈCLES

SIENNE

ROME ET LA RENAISSANCE

VILLES ISOLÉES

www.ingramcontent.com/pod-product-compliance
Lightning Source LLC
LaVergne TN
LVHW010537100826
845148LV00001B/219

9782012632950